古代歷史文化 研究輯刊

十五編

王明蓀 主編

第 15 冊

北宋武將研究（續編）（下）

何冠環 著

國家圖書館出版品預行編目資料

北宋武將研究（續編）（下）／何冠環 著 — 初版 — 新北市：
花木蘭文化出版社，2016〔民105〕
目 2+170 面；19×26 公分
（古代歷史文化研究輯刊 十五編；第 15 冊）
ISBN 978-986-404-612-6（精裝）
1. 軍人 2. 傳記 3. 北宋
618   105002221

ISBN-978-986-404-612-6

古代歷史文化研究輯刊
十五編　第十五冊　　　　　　ISBN：978-986-404-612-6

北宋武將研究（續編）（下）

作　　者　何冠環
主　　編　王明蓀
總 編 輯　杜潔祥
副總編輯　楊嘉樂
編　　輯　許郁翎
出　　版　花木蘭文化出版社
社　　長　高小娟
聯絡地址　235 新北市中和區中安街七二號十三樓
　　　　　電話：02-2923-1455／傳眞：02-2923-1452
網　　址　http://www.huamulan.tw 信箱 hml 810518@gmail.com
印　　刷　普羅文化出版廣告事業
初　　版　2016 年 3 月
全書字數　698211 字
定　　價　十五編 23 冊（精裝）台幣 45,000 元

北宋武將研究（續編）（下）

何冠環　著

下篇：武將研究續論

將門學士：
楊家將第四代傳人楊畋生平考述

一、導 言

　　北宋楊家將各代人物中，改從科舉登仕成爲文臣而最有代表的人物，首推第四代的楊畋（1007～1062）。楊畋雖然以文臣身份入仕，但他的友朋同僚仍看重他出於顯赫的楊氏將門，而許他爲儒將。爲此，宋廷在慶曆七年（1047）一度將他自文資轉爲武資，授他東染院使、荊湖南路駐泊鈐轄，委他以統兵平亂之重任，使他又和乃父楊琪（980～1050）一樣，繼續擔著楊氏將門之旗幟。他後來要求宋廷恢復他文官的身份，不過宋廷仍以知兵儒將視之；然盛名之下，楊畋卻擔當不了皇祐四年（1052）五月率兵平定廣源儂智高（？～1055）之任，不能將楊家將之威名重振。他兵敗覆師，此後未有再被委以軍旅之任。幸而他擁有廣泛的文臣人脈關係，加上他道德文章皆有值得稱道之處，結果他很快便在仕途回陞，在擔任一陣子知州、轉運使等外官後，在至和、嘉祐之間，他被召入朝，歷任三司副使、知制誥、知諫院等重要差遣，並加職爲天章閣待制，最後職至龍圖閣直學士兼侍讀，擠身於侍從之列。他「折節喜學問，爲士大夫所稱」，爲楊氏將門少數的飽學之士和文學名臣。因他科甲出身，而且望重士林，平生又與眾多當代的名臣朝士，包括人們熟知的杜衍（978～1057）、胡宿（986～1067）、范仲淹（989～1052）、孫抃（996～1064）、宋祁（998～1061）、余靖（1000～1064）、梅堯臣（1002～1060）、歐陽修（1007～1072）、韓琦（1008～1075）、趙抃（1008～1084）、蔡襄（1012～1067）、韓維（1017～1098）、文同（1018～1079）、司馬光（1019～1086）、王珪（1019～1085）、宋敏求（1019～1079）、李壽朋（？～1071）、

王陶（1020～1080）、王安石（1021～1086）、吳師孟（1021～1110）、沈遘（1028～1067）與蘇轍（1039～1112）均有交往，故在宋人的文集和詩集中，有大量關於他與文臣交往的記載，可以補充《宋史‧楊畋傳》之不足。〔註1〕在楊家將各代人物中，即以楊畋的生平史料最豐富。值得一提，除了他本人有墓誌銘傳世外，他的家屬包括父楊琪、元配陶氏（1005～1036）、侍妾長壽縣太君恭氏（1039～1113）、妹壽陽縣君楊氏（1036～1095）及妹婿張景儒（1018～1070）均有墓誌銘傳世，一門共有六道墓誌銘傳世，可說是一個特例。〔註2〕反之以楊業為首的楊家將本房，迄今仍未發現墓誌銘等出土文獻。

有關楊畋的生平事跡，聶崇岐教授（1903～1962）在1939年發表的〈麟州楊氏遺聞六記〉的第六記〈記楊重勛及其子孫〉，只以四十餘字簡述他的生平，而突出他「具文武材，官至龍圖閣直學士吏部員外郎直諫院」。上世紀八十年代初出版，常征（1924～1998）的《楊家將史事考》也不過以五頁的篇

〔註1〕 參脫脫（1314～1355）：《宋史》（北京：中華書局點校本，1977年11月），卷三百〈楊畋傳〉，頁9964～9966。考吳師孟曾為楊畋妻陶氏書寫墓銘，王陶後來為楊畋撰寫墓銘，宋敏求為墓銘書寫，而李壽朋既為楊畋墓銘的姻親，又為楊畋墓銘篆蓋。

〔註2〕 楊畋及其元配的墓誌銘是新發現的珍貴文獻。楊畋的墓誌銘由王陶所撰，楊畋元配陶氏之墓誌銘則為楊畋親撰。這兩篇墓誌銘在2002年前於洛陽出土，拓於2002年，拓片現藏於中國國家圖書館。筆者在2009年曾撰專文錄寫此兩篇墓誌銘，並考論兩篇墓誌銘對楊畋生平事蹟的價值。李裕民教授亦據此兩篇墓誌銘，重考楊業的籍貫，確定楊業原籍麟州（今陝西榆林市神木縣）。李教授該文與筆者此一考證，均刊於陝西神木縣及楊家將文化研究會所編的《楊家將文化》2009年第三期。另外楊畋妹及妹婿張景儒的墓碑現藏洛陽市新安縣鐵門鎮西北隅的千唐誌齋博物館第十四室。筆者在2012年7月參觀千唐誌齋博物館時，還能親手撫摸這兩方碑石，細認墓誌銘的文字。這兩篇墓誌銘拓片原文收入中國文物研究所及千唐誌齋博物館所編的《千唐誌齋藏誌》下冊，點校錄文後收入曾棗莊、劉琳所編的《全宋文》。為讀者查考方便，本文使用《全宋文》的校點文本。參見李裕民：〈楊業籍貫神木新證〉，《楊家將文化》，2009年第三期（總第七期），頁3～4；何冠環：〈楊家將研究的新史料：讀楊畋『楊畋妻陶氏墓銘』及王陶『楊畋墓誌銘』〉，載本書下篇，頁539～550；中國文物研究所、千唐誌齋博物館（編）：《千唐誌齋藏誌》（北京：文物出版社，1983年），下冊，頁1280，〈宋故朝奉郎守太子中舍騎都尉賜緋魚袋張君（景儒）墓誌銘并序‧熙寧八年九月二十六日〉；頁1296，〈宋故壽陽縣君楊夫人墓誌銘‧紹聖二年三月八日〉頁1296；曾棗莊、劉琳（編）：《全宋文》（上海：上海辭書出版社，2006年8月），第廿七冊，卷五百七十九〈陸經‧朝奉郎守太子中舍騎都尉賜緋魚袋張君墓誌銘‧熙寧八年九月〉，頁223～224；第七十八冊，卷一七○四〈張峋‧宋故壽陽縣君楊夫人墓誌銘‧紹聖二年三月〉，頁185～187。

幅的簡單介紹楊畋的事蹟，而該書的取材也僅限於《宋史・楊畋傳》以及歐陽修所撰的〈供備副使楊君墓誌銘〉和蘇轍的〈楊樂道龍圖哀辭并敘〉三種史料。〔註3〕筆者舊作〈北宋楊家將第三代傳人楊文廣（？～1074）事蹟新考〉也在有關地方談到楊畋的一些事蹟。〔註4〕另外，2007年二月出版的《楊家將研究・歷史卷》所收錄的論著中，也有數篇文章以最多三頁的篇幅簡略提及楊畋的事蹟。〔註5〕本文即擬據現存的史料，考述楊畋的生平事蹟，並從楊畋這位雖改習文卻未忘家風的將門學士之楊家子弟個案，論述楊氏將門子弟的出處。

二、三代爲將

　　楊畋一族嚴格說來，是以楊業（935？～986）爲首的北宋楊家將的旁支。

〔註3〕　聶崇岐：〈麟州楊氏遺聞六記〉，原載《史學年報》1939年第三卷第一期，後收入聶氏《宋史叢考》，下冊（北京：中華書局，1980年3月），頁376～387（有關楊畋部份見頁387）；常征：《楊家將史事考》（天津：天津人民出版社，1980年9月），第二章第二節〈楊重勛及麟州楊氏〉，頁46～51。

〔註4〕　何冠環：〈北宋楊家將第三代傳人楊文廣（？～1074）事蹟新考〉，載何著：《北宋武將研究》（香港：中華書局，2003年6月），頁385～436。

〔註5〕　衛聚賢（1899～1989）等著，裴效維校訂的《小說考證集》的〈楊家將考證〉一文，將歐陽修所撰的〈供備庫副使楊君墓誌銘〉及《宋史・楊畋傳》抄錄於該章的第八節〈楊延昭的堂姪楊琪〉及第九節〈楊延昭的堂孫楊畋〉下；但沒有甚麼分析，只附上一則簡單的楊家世系表，所佔篇幅共三頁餘。該文原載衛聚賢等（著）：《小說考證集》（上海：說文社，1944年）及裴效維（校訂）：《楊家將演義》（北京：寶文堂書店，1980），頁270～341；現收入蔡向升、杜書梅（主編）：《楊家將研究・歷史卷》（北京：人民出版社，2007年2月），頁41～82（有關楊畋部份，見頁72～75）。另外李裕民教授所撰的〈楊家將新考三題〉第一節〈楊業并非不知書，而是精通兵法〉，引用了歐陽修所撰的〈書遹甲立成旁通曆後〉一文，也略提到楊琪及楊畋父子。該文原載《晉陽學刊》2000年第6期，現收入《楊家將研究・歷史卷》，頁99～107（有關楊畋部份，見頁99～100）。又知非所撰〈楊門男將〉一文第四節〈楊琪、楊畋父子〉，也以半頁的篇幅簡略介紹楊琪父子的生平，所引用之史料仍是常征所引用的三種。該文原載《文匯報》1962年10月5日第3版，現收入《楊家將研究・歷史卷》，頁197～204（有關楊畋部份，見頁199～200）。另楊建宏所撰之〈略論楊門男將演變成楊門女將的文化意蘊〉，第一節〈楊門男將事實考略〉也用四分一頁的篇幅談及楊畋，稱他也是楊門「名將」；不過，該文引用司馬光《涑水記聞》對楊畋領軍之正面評論之餘，沒有指出司馬光也批評楊畋是「儒者，迂闊無威，諸將不服」。另作者沒有留意楊畋父楊琪，又巧合與楊門女將的楊八姐同名。該文原刊於《長沙大學學報》2004年第1期，現收入《楊家將研究・歷史卷》，頁307～315（有關楊畋部份，見頁310）。

其曾祖父楊重勳（？～975），原名楊重訓，是楊業（本名楊重貴）之弟。其父楊信爲麟州新秦（今陝西榆林市神木縣北）土豪，自任爲刺史，後接受後周的封號。楊信死後，楊重勳繼其任，不久以麟州降北漢，與兄楊業同仕太原劉氏。後周太祖廣順二年（952）十二月，麟州被群羌所圍攻，楊重勳被逼又向後周輸誠，並向鄰近的夏州（今陝西榆林市靖邊縣以北 55 公里白城子）李氏和府州（今陝西榆林市府谷縣）折氏求救；但他反覆無常，一度又再降北漢，最後在後周世宗顯德四年（957）十月降周，授麟州防禦使。宋太祖代周後，他向宋室臣服。建隆二年（961）三月及建隆三年（962）四月，北漢兩度進犯麟州，他均率兵將之擊退，爲新朝立功，然與乃兄楊業各爲其主。〔註6〕楊重勳一直爲宋廷守邊，捍禦北漢。到乾德五年（967）十二月，太祖爲嘉許其功，置建寧軍於麟州，授楊重勳爲建寧軍節度觀察留後。〔註7〕開寶二年（969）正月，太祖御駕親征北漢，在太原（今山西太原市）之保衛戰中，楊業（當時名劉繼業）從太原城的外圍到太原城外，一直力抗宋軍。楊重勳在是年五月，當太祖攻城失利，打算退兵時，卻不待太祖之命，而與權知府州折御卿（959～996）率兵趕至太原城下應援。太祖嘉其來援，惟退兵在即，於是厚賞二人而遣歸，楊重勳倒也避免與乃兄兵戎相見。〔註8〕三年後，即開寶五年（972）八月，太祖建保靜軍於宿州（今安徽宿州市）。翌月，太祖徙楊重勳爲保靜軍節度觀察留後，將他調離世居的麟州，而別命武臣鎮守。〔註9〕楊重勳在開寶八年（974）七月在保靜軍節度使任上卒，得年

〔註6〕 據司馬光（1019～1086）的考異，楊重勳在《周世宗實錄》作「崇訓」，以避梁王崇訓（即周恭帝）諱改爲重勳。關於楊重勳避北漢主劉崇及周恭帝宗訓名字的問題，余嘉錫（1883～1955）先生曾有考證。參見余嘉錫：〈楊家將故事考信錄〉，收入余著：《余嘉錫論學雜著》（臺北：河洛圖書出版社，1976 年 3 月），頁 444；司馬光：《資治通鑑》，（北京：中華書局點校本，1956 年），卷二百九十一〈後周紀二〉，太祖廣順二年十二月癸卯條，頁 9487～9488；卷二百九十三〈後周紀四〉；世宗顯德四年十月癸亥條，頁 9573；李燾：《續資治通鑑長編》（以下簡稱《長編》）（北京：中華書局點校本，1979 年 8 月至 1995 年 4 月），卷二，建隆二年三月辛亥條，頁 41～42；卷三，建隆三年四月戊申條，頁 67；卷九，開寶元年九月辛卯條，頁 208；卷一百四十四，慶曆三年十月戊申條，頁 3483；《宋史》，卷三百〈楊畋傳〉，頁 9964；何冠環：〈楊家將研究的新史料：讀楊畋『楊畋妻陶氏墓銘』及王陶『楊畋墓誌銘』〉，載本書下篇，頁 542。

〔註7〕 《長編》，卷八，乾德五年十二月己巳條，頁 197。

〔註8〕 《長編》，卷九，開寶元年九月辛卯條，頁 208；卷十，開寶二年正月戊午條、二月乙亥條、三月丁未條、五月癸卯條，頁 216，218，220，222。

〔註9〕 《長編》，卷十三，開寶五年八月癸卯條、九月戊寅條，頁 288～289。據李燾

多少不詳。宋廷依例輟朝兩日，並贈侍中。〔註10〕

楊畋的祖父楊光扆，排輩與楊延昭（958～1014）屬從兄弟，他的生卒年不詳。據歐陽修所記，他以父蔭爲西頭供奉官監麟州兵馬，後卒於官。後以其子楊琪推恩，贈左驍衛將軍。其妻韓氏，即楊畋的祖母，後亦贈南陽縣太君。〔註11〕

楊畋之父楊琪，字寶臣，排輩是楊文廣（？～1074）的再從兄弟。他少喪父，以蔭授殿侍，後因其從伯父楊延昭之蔭授三班奉職。他的墓誌銘稱許他「少喪父，事其母韓夫人，以孝聞」。他先後兩娶，初娶慕容氏，續娶李氏。作爲將家子，楊琪「獨好儒學，讀書史」，是故後來其子楊畋棄武從文，走上科舉仕進之路。歐陽修稱他「爲人材敏，謙謹沈厚，意恬如也」，其實是說他仕途並不得志。他以將家子而任武官，但一生都沒有在沙場效命。歐陽修稱他「材敏」，特別舉出一事爲證，記載當他以三班奉職監大通堰時，那時他的上司，擔任制置淮南、江浙、荊湖發運使的李溥（？～1018後），素來以峻法管束屬下。凡李溥巡視的地方，屬吏雖然都做好準備，但仍給他找到過錯，受到劾責被罷廢的官吏前後共有數百人。他們每聽到李溥前來，均驚恐不安，甚至有人怕得投水自殺。楊琪在眾多官員中年紀雖最輕，但他毫不擔憂。李溥的治所眞州（今江蘇揚州市儀徵市）距大通堰最近，李溥曾經突然夜乘輕

引楊億（974～1020）《談苑》的說法，太祖因靈武軍（今寧夏銀川市靈武市西南，一說在寧夏吳忠市南金積鄉附近）節度使馮繼業（？～977）來朝，將之徙鎮同州（今陝西渭南市大荔縣），命儒臣知靈州的同時，就將同樣世守麟州的楊重勳徙鎮內地，那是太祖罷藩鎮的做法；不過後來靈州失守，麟州也多番周折，議者以馮、楊二族「稟命朝廷，而綏御蕃族，爲西北邊扞蔽」，太祖將他們撤藩之做法爲失策。

〔註10〕 徐松（1781～1848）（輯），劉琳、刁忠民、舒大剛、尹波等（校點）：《宋會要輯稿》（上海：上海古籍出版社，2014年6月），第三冊，〈禮四十一·輟朝·節度使〉，頁1666；第四冊，〈儀制十一·武臣追贈·節度使〉，頁2542；歐陽修（撰），李逸安（點校）：《歐陽修全集》（北京：中華書局，2001年3月），卷二十九〈供備庫副使楊君墓誌銘〉，頁443～444；何冠環：〈楊家將研究的新史料：讀楊畋『楊畋妻陶氏墓誌銘』及王陶『楊畋墓誌銘』〉，載本書下篇，頁542。

〔註11〕 《歐陽修全集》，卷二十九〈供備庫副使楊君墓誌銘〉，頁444；何冠環：〈楊家將研究的新史料：讀楊畋『楊畋妻陶氏墓誌銘』及王陶『楊畋墓誌銘』〉，載本書下篇，頁543。據楊畋的墓誌銘所記，楊光扆最後的贈官依舊是左驍衛將軍，沒有再加贈。據楊琪的墓誌銘所記，楊光扆在楊琪少時即喪。按楊琪生於太平興國五年（980），楊光扆在楊琪少時卒，轟崇岐先生認爲他約卒於至道、咸平間。參見轟崇岐：〈麟州楊氏遺聞六記〉，頁387。

舟來到楊琪的治所，檢按他的文簿紀錄，視察他的職事。楊琪素有準備，這次李溥突擊查察，完全找不到他有甚麼過錯，連李溥也稱許他的才幹。〔註12〕

楊琪從眞宗（968～1022，997～1022 在位）晚年到仁宗（1010～1063，1022～1063 在位）皇祐年間前後三十餘年，先後任同提點河東、京西、淮南三路刑獄公事，他的官職由三班奉職累遷至諸司副使最低一階的供備庫副使，最後的階官爲銀青光祿大夫，爵位爲原武伯。雖然歐陽修稱他「君所歷官，無不稱職」，但他實在算不上仕途得意。比起他的族弟楊文廣最後官至步軍都虞候，位列三衙管軍，就大大遜色。歐陽修稱許楊琪在任上樂於舉薦人，並稱他多年來共舉薦二百餘人，而「往往爲世聞人」。這番說法顯然有溢美之嫌。撇開浮詞不論，楊琪爲官數十年，可資稱譽的政績實在不多。楊琪在皇祐二年（1050）六月壬戌（初七）卒於淮南任上，年七十一。因楊畋之故，宋廷贈楊琪左驍衛將軍。翌年（皇祐三年，1051）十月甲申（初六），時任屯田員外郎、直史館的楊畋將亡父及亡母慕容氏合葬於洛陽縣（今河南洛陽市東北三十里漢魏故城）杜澤（一作翟）原，並請得好友歐陽修爲亡父撰寫墓誌銘。到楊畋在十二年後逝世時，楊琪的贈官已晉爲左武衛將軍。楊琪除楊畋外，尚有女壽陽縣君楊氏一人，爲繼娶之李氏所出，生於景祐三年（1036）。考在楊家將各代人物中，雖然楊琪官職及事功均不顯，他與其子、幼女以及女婿張景儒卻都有墓誌銘傳世，眞算得上是異數。另外，楊琪父子女兒的籍

〔註12〕殿侍是武臣未入流之武階之最低等，因楊光宸死時僅官西頭供奉官，故楊琪以父遺蔭所得之官只能得到最低級的武階官殿侍。至於三班奉職，屬三班小使臣階列，在三班借職之上，左右班殿直之下，太宗淳化二年（991）正月，由殿前承旨改。元豐改制時定官品爲從九品。考楊延昭卒於大中祥符七年（1014）正月，宋廷授其三子官，很有可能楊琪也在這時（他是年三十五），以伯父之遺蔭授三班奉職。又考李溥在眞宗景德二年（1005）五月，授制置淮南、江浙、荊湖茶鹽礬稅發運副使。景德四年（1007）八月遷發運使，直至天禧二年（1018）被罷黜，前後任發運使十四年。楊琪在何年何月以三班奉職監大通堰，史所不載，疑在大中祥符七年（1014）正月後。至於大通堰的所在，據吳越國王錢俶（929～988）異母弟錢儼（937～1003）所撰之《吳越備史》所記，太祖在開寶九年（976）正月前，因錢俶入覲，命「供奉官張福貴及淮南轉運使劉德言開古河一道，自瓜州口至潤州江口，達龍舟堰，以待王舟楫。其堰遂名大通堰。」參見龔延明：《宋代官制辭典》（北京：中華書局，1997 年 4 月），頁 401，480，591；《長編》，卷六十；景德二年五月壬子條；頁 1336～1337；卷六十四，景德三年十二月甲午條，頁 1439；卷六十六；景德四年八月己酉條；頁 1481～1482；卷八十二；大中祥符七年正月甲午條；頁 1861～1862；卷九十一；天禧二年二月癸酉條；頁 2100；錢儼：《吳越備史》，文淵閣《四庫全書》本，〈補遺〉，葉七上。

貫均作麟州新秦。此外，楊琪的名字又與小說的楊門女將楊八姐雷同，也是
有趣的巧合。〔註13〕

〔註13〕《歐陽修全集》，卷二十九〈供備庫副使楊君墓誌銘〉，頁444～445；《全宋文》，
第二十七冊，卷五百七十九〈陸經・朝奉郎守太子中舍騎都尉賜緋魚袋張君墓
誌銘・熙寧八年九月〉，頁223～224；第七十八冊，卷一七零四〈張峋・宋故
壽陽縣君楊夫人墓誌銘・紹聖二年三月〉；頁185～187；何冠環：〈楊家將研究
的新史料：讀楊畋『楊畋妻陶氏墓銘』及王陶『楊畋墓誌銘』〉，載本書下篇，
頁543。考歐陽修這篇墓誌銘撰於皇祐三年。歐陽修爲了稱頌楊琪，特別表揚
楊琪愛士之品德，記楊琪曾說：「吾本武人，豈足以知士大夫哉？然其職得以
薦士，亦吾志也。」又記楊琪曾因所舉薦一人犯過，而坐罪罰金時，他不但毫
不介意，反而喜說：「古人拔士，十或得五，而吾所薦者多矣，其失者一而已。」
關於楊琪曾推薦的人，可能包括楊琪的族弟楊文廣。筆者曾推測在慶曆三年，
楊文廣得以出任討伐軍賊張海的巡檢職位，可能出於當時任知岳州（今湖南岳
陽市）、提點荊湖南路刑獄的楊畋推薦。而另一個可能就是楊琪的推薦。參見
〈北宋楊家將第三代傳人楊文廣（？～1074）事蹟新考〉，頁395，註27。又
楊琪幼女卒於紹聖二年（1095）二月，年六十，則其當生於景祐三年（1036）。
關於楊畋女及其婿張景儒的事蹟，詳見本文第六節。她這篇墓誌銘撰於紹聖二
年三月，撰寫人是左朝奉大夫、管勾西京嵩山崇福宮、上柱國、賜紫金魚袋張
峋（？～1095後）。書寫墓誌銘的是右朝奉郎、監兗州東嶽廟、輕車都尉、賜
緋魚袋程公孫（？～1097後），而篆蓋的正是楊畋的獨子楊祖仁，他當時的官
職是簽書崇信軍（即隨州，今湖北隨州市）節度判官廳公事、賜緋魚袋。按張
峋的生平不詳，據《長編》及《宋會要》所記，他在熙寧二年（1069）九月壬
申（初九），以太常博士提舉兩浙路常平廣惠倉兼管勾農田水利差役事。到熙
寧四年（1071）四月癸酉（十八）以丁憂罷任，然言官卻劾他在任並未推行新
法，指責他出巡只到過明州（今浙江寧波市）和越州（今浙江紹興市）。至於
程公孫的生平，據《長編》及《宋會要》所記，他是程頤（1033～1107）的族
子，呂公著（1018～1089）子呂希純之妻兄。他在熙寧九年（1076）五月，以
光祿寺丞管勾合賣太醫局。到元豐元年（1078）四月，三司以程公孫所管勾的
太醫局熟藥所在熙寧九年六月開所以來，至十年（1077）六月，收息錢二萬五
千餘緡，所收的息錢倍於預計，於是請給程公孫及另一監官殿直朱道濟減磨勘
三年，依條例給賞，自今二年一比較。他在元祐三年（1088）八月以奉議郎授
監在京商稅院，爲右正言劉安世（1048～1125）劾以執政姻親見用。他在紹聖
四年（1097）中，又曾被京西轉運使周秩辟爲部僚，專察訪外事，助新黨誅除
舊黨之人。他被王鞏（1048～1117）批評爲「素名能刺人事者也」。舊黨人稱程
頤在紹聖四年十一月再被送涪州（今重慶市涪陵區）編管，也是程公孫所致。
據說程頤語曰：「族子至愚，不爲足責，故人情厚，不敢疑。」參見《宋會要
輯稿》，第六冊，〈職官二十二・太醫局〉，頁3636；〈職官二十七・太府寺〉，
頁3715；第七冊，〈職官四十三・提舉常平倉農田水利差役〉，頁4111；《長編》，
卷二百十八，熙寧三年十二月丁巳條，頁5291；卷二百二十二；熙寧四年四月
癸酉條，頁5406；卷二百八十九，元豐元年四月丁卯條，頁7071；卷四百十
三，元祐三年八月辛丑條，頁10047～10048；卷四百九十，紹聖四年八月壬辰

三、奮戰猺山

楊畋字樂道，又號叔武，〔註14〕據〈楊畋墓誌銘〉所記，他卒於嘉祐七年（1062）四月癸卯（廿六），得年五十六。以此推之，他當生於眞宗景德四年（1007）。生母慕容氏，後追封安定郡太君；繼母李氏，封延安郡太君。楊畋的髮妻陶氏（1005～1036），據楊畋親撰之〈亡妻陶氏墓銘〉所載，她比楊畋年長二歲，生於景德二年（1005），而於景祐三年（1036）卒於太原（今山西太原市），得年才三十二歲。〔註15〕據〈楊畋墓誌銘〉及《宋史・楊畋傳》記，楊畋以進士及第，授秘書省校書郎知并州（即太原）錄事參軍。梅堯臣有詩〈楊畋赴官并州〉，據朱東潤（1896～1988）所考，此詩撰於景祐元年

條，頁 11625～11627；卷四百九十三，紹聖四年十一月丁丑條，頁 11704～11705，十二月癸未條，頁 11707～11708。

〔註14〕 楊畋又號叔武，見於宋人的文集及詩篇，好像他的好友趙抃在皇祐元年（1049）或二年（1050）所寫一首詩〈聞楊畋病愈〉，頭一句便說「湖南楊叔武，消息有人傳」。另梅堯臣在皇祐四年有詩送他，即題爲〈赤蟻辭送楊叔武廣南招安〉。此外，尹洙（1001～1047）在〈送李侍禁序〉一文中，也記「新秦楊叔武嘗爲予言其友人李君之爲人」。再有的是蔡襄在其所撰的〈楊叔武北堂夜話〉、〈送安思正之蜀〉等詩，均稱楊畋爲楊叔武。另外余靖亦有詩〈和伯恭殿丞登武江門樓懷楊叔武太保〉，亦稱楊畋爲楊叔武。參見趙抃：《清獻集》，文淵閣《四庫全書》本，卷二〈聞楊畋病愈〉，葉七下至八上；梅堯臣（撰），朱東潤（1896～1988）編年校注）：《梅堯臣集編年校注》（上海：上海古籍出版社，1980 年 11月），卷二十二，頁 624；尹洙：《河南集》，文淵閣《四庫全書》本，卷五〈送李侍禁序〉，葉二上下；蔡襄（著），吳以寧（點校）：《蔡襄集》（上海：上海古籍出版社，1996 年），卷一〈古詩一〉〈楊叔武北堂夜話〉，頁 12；〈送安思正之蜀・臨字思正〉，頁 14；余靖：《武溪集》，文淵閣《四庫全書》本，卷一〈和伯恭殿丞登武江門樓懷楊叔武太保〉，葉四下。按黃志輝所編之《武溪集校箋》將此詩所提及之楊叔武，誤作楊崇勳，不知楊畋又字叔武。李貴泉已爲文加以辨正。參見李貴泉：〈余靖詩中若干人物考釋——黃志輝《武溪集校箋》補正〉，《韶關學院學報》（社會科學版），第 23 卷第 10 期（2002 年 10 月），頁 42～43。

〔註15〕 根據楊畋在皇祐三年（1051）所撰的〈亡妻陶氏墓銘〉的記載，楊畋元配陶氏之父可能名陶方，母可能姓孫；但陶氏的家世及出身，以及楊、陶成婚的年月，均不載於〈亡妻陶氏墓銘〉及〈楊畋墓誌銘〉。〈亡妻陶氏墓銘〉只記載陶氏生於乙巳年（即景德二年，1005），而卒於丙子年（即景祐三年，1036）。墓銘說她「子奚不育」，她應沒有誕育兒女。參見何冠環：〈楊家將研究的新史料：讀楊畋〈楊畋妻陶氏墓銘〉及王陶〈楊畋墓誌銘〉〉，載本書下篇，頁 541～543。又楊琪妻慕容氏與其族弟楊文廣妻慕容氏是否同出一門，待考。關於與楊家結姻的慕容氏與說部的楊門女將穆桂英的關係，可參湯開建：〈穆桂英人物原型出于党項考〉，載《西北民族研究》，2001 年第 1 期（總第 28期），頁 65～72。

（1034），則楊畋可能於是年登第並出仕爲幷州（即太原，今山西太原市）錄事參軍。據〈亡妻陶氏墓銘〉所記，陶氏在景祐三年（1036）病逝於太原，則可推知楊畋在景祐三年前後任職太原，吻合朱東潤的考證。按楊畋在這時任官太原，不克將髮妻立刻歸葬楊氏祖塋洛陽。〔註16〕

楊畋名「畋」，本來是典型的武人名字；但他棄武從文，以科舉之途登仕。王陶稱他「公生將家，獨力學業儒，以行道爲志。爲人剛直清介，廉讓謙退而才兼文武」。據說他未登第前，已爲「杜正獻公（即杜衍）深賢之」。〔註17〕楊畋大概在寶元二年（1039）遷大理寺丞、知岳州（今湖南岳陽市）。〔註18〕

〔註16〕 何冠環：〈楊家將研究的新史料：讀楊畋〈楊畋妻陶氏墓銘〉及王陶〈楊畋墓誌銘〉〉，載本書下篇，頁541～542；《宋史》，卷三百〈楊畋傳〉，頁9974；《梅堯臣集編年校注》，卷四，頁59。梅堯臣在這首詩裡云：「嘗聞地近胡，寒氣盛中都，車馬行臨塞，關山見落榆。吳鉤皆尚壯，章甫幾爲儒，寄謝西曹掾，能吟秀句無。」考景祐元年正月丁丑（十六），仁宗命翰林學士章得象（978～1048）等五人權知貢舉。三月戊寅（十八），試禮部奏名進士。己卯（十九）試諸科，辛巳（廿一）試特奏名。最後取得張唐卿、楊察（1011～1056）及徐綬以下等進士五百一人，諸科二百八十二人，特奏名八百五十七人。是科第六人而下並爲校書郎、知縣。楊畋初任爲校書郎，疑在是榜爲第一甲六人以下。參《長編》，卷一百十四，景祐元年正月丁丑，頁2660；三月戊寅條，頁2671。附帶一談，清人所編修的《陝西通志》將楊畋及第的年份作慶曆六年（1046）賈黯榜，此說大誤。另李裕民教授亦指出光緒《山西通志》卷十四〈貢舉譜〉將楊畋當作太原人爲誤。參見劉於義（？～1735後）等（監修），沈清崖（？～1735後）（編纂）：《陝西通志》，文淵閣《四庫全書》本，卷三十，葉四十三上：李裕民：〈宋代太原進士考〉，《城市研究》，1995年1期，頁60。

〔註17〕 何冠環：〈楊家將研究的新史料：讀楊畋〈楊畋妻陶氏墓銘〉及王陶〈楊畋墓誌銘〉〉，載本書下篇，頁542；又常征以爲楊畋改從科舉之途仕進，是其父楊琪之意見。見《楊家將史事考》，頁46。

〔註18〕 按楊畋墓誌及《宋史・楊畋傳》均未記楊畋遷大理寺丞知岳州的年月。據蔣維鍰所考，蔡襄在寶元二年在洛陽任西京留守推官時，撰有詩〈送安思正之蜀〉，提到楊畋與他交好，稱「是時楊叔武，相值極驩諴。妙言發潛福，遠意倍幽明。羞諛刺俗子，指急條邊兵。過從宣云厭，時節忽崢嶸。」然後提到楊畋出守岳州，稱「叔武守岳陽，別去方行行」，即是說楊畋在不久前自洛陽出守岳州。蔡襄在稍前的時間所撰的〈楊叔武北堂夜話〉，提到楊畋「夫君有高適，顧我慰寂寥」，於是在楊赴岳州任前，與蔡襄在北堂夜話，「瀟灑開北堂，拂榻延良宵」，「壚灰寒更劃，燈池落仍挑。相看數漏板，後會誠重要」。按蔣維鍰懷疑這裡所稱的楊叔武不是楊畋，因蔡襄後來贈楊畋的詩只是稱他爲楊樂道。另據《宋史・楊畋傳》，楊畋並未在西京任職。不過，蔣氏不知楊畋確另號楊叔武，而蔡襄在其詩集中有時又稱楊畋爲「楊龍圖」（見下文），可見蔡襄對楊畋的稱呼前後並不一致。至於楊畋在洛陽任職不見載於《宋史》

慶曆二年（1042）四月，他再得當時知延州的范仲淹的舉薦。〔註 19〕慶曆三年（1043）十月，當范仲淹拜參政後，他自殿中丞擢提點荊湖南路刑獄，駐衡州（今湖南衡陽市）。宋廷準備攻討劫掠州縣的湖南猺人（按：宋人文獻又泛稱他們為蠻人，下文會猺蠻並稱）黃捉鬼、鄧和尚與唐和尚等部眾，於是任命楊畋「專治賊事」，督師討伐。他這年三十七歲。〔註 20〕

的問題，蔣氏不知洛陽是楊畋祖居所在，而楊畋此時居於洛陽，可能不是為官，而是回籍守制，很有可能是守其生母慕容氏之喪。按蔡襄的詩沒有說楊畋在洛陽做官。參見蔣維錟：《蔡襄年譜》（廈門：廈門大學出版社，2000 年12 月），頁 28；《蔡襄集》，卷一〈楊叔武北堂夜話〉，頁 12～13；〈送安思正之蜀·臨字思正〉，頁 14。

〔註19〕 參見范之柔（？～1217 後）：《范文正公年譜補遺》，收入范仲淹（著），李勇先、王蓉貴（校點）：《范仲淹全集》（成都：四川大學出版社，2002 年 9 月），中冊，〈附錄二·年譜〉，頁 923，925，937；《長編》，卷一百七十八，至和二年正月丁亥條，頁 4306；卷一百八十四，嘉祐元年十一月甲午條，頁 4455；《宋會要輯稿》，第四冊，〈禮五十八·群臣謚〉，頁 2076；第五冊，〈職官七·皇太子宮小學〉，頁 3229。范之柔是范仲淹玄孫，在寧宗嘉定十年（1217）已官至禮部尚書兼太子詹事，後至端明殿學士，謚清獻。按《范文正公年譜補遺》記范仲淹在慶曆二年四月辛丑（廿八），「奏舉高端、高良夫、楊畋」。考高良夫（？～1056 後）在慶曆二年二月任太子中舍、通判延州，是范的副手。到慶曆五年（1045）八月，見任國子博士使延州。至和二年（1055）正月前後任西川轉運使，嘉祐元年（1056）十一月，以淮南江浙荊湖制置發運使，奉命視察汴口利害。至於高端（？～1042 後）的事蹟則不詳。經范仲淹的舉薦，楊畋大概自大理寺丞遷殿中丞。

〔註20〕 據《宋史·蠻夷傳一》描述，這次作亂的桂陽監蠻猺，「居山間，其山自衡州常寧縣屬於桂陽、郴、連、賀、韶四州，環紆千餘里，蠻居其中，不事賦役，謂之猺人。初，有吉州巫黃捉鬼與其兄弟數人皆習蠻法，往來常寧，出入溪峒，誘蠻眾數百人盜販鹽，殺官軍，逃匿峒中，既招出而殺之，又徙山下民他處。至是，其黨遂合五千人，出桂陽藍山縣華陰峒，害巡檢李延祚、潭州都監張克明。」而據王令（1032～1059）所撰的〈西頭供奉官王君墓誌銘〉所載，黃捉鬼是馬遞鋪卒。另據楊畋墓誌銘所記，這次作亂的湖南猺人首領作「唐和寺」，他率眾「數千依山為盜，劫掠州縣，民大擾」。又按范仲淹在慶曆三年七月拜參政，固辭不受。八月再除參政，他乃接受任命。楊畋獲授提刑，相信是范的舉薦。參見何冠環：〈楊家將研究的新史料：讀楊畋〈楊畋妻陶氏墓銘〉及王陶〈楊畋墓誌銘〉〉，載本書下篇，頁 542；《宋史》，卷三百〈楊畋傳〉，頁 9964；卷四百九十三〈蠻夷傳一〉，頁 14183；《長編》，卷一百四十二，慶曆三年七月丁丑條，頁 3399；八月丁未條，頁 3417；卷一百四十四，慶曆三年十月戊申條，頁 3483；王令（撰），沈文倬（校點）：《王令集》（上海：上海古籍出版社，1980 年 4 月），卷二十〈西頭供奉官王君墓誌銘〉，頁 347～349。又按：北宋荊湖南路刑獄駐衡州的制度，可參見王象之（1163～1230）（撰），李勇先（校點）：《輿地紀勝》（成都：四川大學出版社，2005

　　據僧人守瑞（1025～1072）所編的〈後住潭州雲蓋山海會寺語錄〉所記，楊畋往衡州赴荊湖南路提刑之任，經過潭州（今湖南長沙市）雲蓋山海會寺，曾與寺中高僧臨濟宗楊歧方會（992～1049）談起禪來。方會邀他入院燒香，楊畋回答平亂回來才燒香。楊畋請方會給他指點前程，方會有頌云：「示作王臣，佛祖罔措。為指迷源，殺人無數。」似乎預言楊畋此行多有殺業。〔註21〕

　　據王令（1032～1059）所撰〈西頭供奉官王君（王懷忠）墓誌銘〉所載，楊畋就任荊湖提點刑獄司後，即上奏宋廷，言「盜起不意，兵擾未治，吏多無足賴者。臣輒擇其可用以聞，幸上聽從之。」宋廷從其議。據王令所記，「自群蠻亂南方，皆天下至險之處，兵雖久頓，不敢言入，有敢入者隨敗。」〔註22〕楊畋所面對的群蠻所聚的環境其實險惡。而據楊畋墓誌銘所記，楊畋至衡州後，雖然「鐍署門，馳山下，講兵丁，召募材勇，親與士卒同衣食寢處，均任寒暑饑渴之勞，而尤自刻苦」；但猺人所住的山區山勢險惡，而猺兵悍勇，「山巖之巔，上下鳥道，栗捷如猱狖。飛長鏢蹶，勁弩不虛發」。而楊畋所部的南方兵卒

年 10 月），第四冊，卷五十五〈衡州〉，頁 2089。有學者稱這場猺亂為「瑤族農民起義」，可參閱向祥海：〈北宋黃捉鬼唐和尚領導的瑤族農民起義〉，《貴州民族研究》（季刊），1987 年第 3 期（總 31 期），1987 年 7 月，頁 96～102。

〔註21〕 釋賾藏主（？～1162 後）（編），蕭萐夫、呂有祥（點校）：《古尊宿語錄》（北京：中華書局，1994 年 5 月），卷十九〈後住潭州雲蓋山海會寺語錄〉（舒州白雲峰嗣法小師守端編），頁 355；黃啓江：《北宋黃龍慧南禪師三鑰：宗傳、書尺與年譜》（臺北：臺灣學生書局，2015 年 7 月），〈自序〉，頁 I；第一章，頁 1。按楊歧方會與黃龍慧南（1002～1069）均出於臨濟宗大師石霜楚圓（即慈明楚圓，987～1040）門下。關於楊歧方會的生平，與及他在海會寺遇見楊畋的時間的討論，可參閱趙嗣滄：《楊歧方會大師傳》（新北市三重市：佛光文化事業有限公司，2001 年 3 月），頁 250～251，267～268。據趙嗣滄的意見，楊畋見方會，當是慶曆五年二月由潭州往桂州（今廣西桂林市）時經過雲蓋山。

〔註22〕 王令（撰），沈文倬（校點）：《王令集》，卷二十〈西頭供奉官王君墓誌銘〉，頁 347～349。按此墓銘的墓主名王懷忠，字孝傑，開封府開封縣人，以父蔭為三班奉職，歷右班殿直、潭、桂二州巡轄（疑即巡檢）。據王令所記，黃捉鬼起事後，時任荊湖提點刑獄司上奏宋廷，請任用才幹之人平亂。此荊湖提點刑獄司當為楊畋無疑。因楊的推薦，王懷忠獲授全、邵、永三州同巡檢，改左班殿直。他諜知山川道里之詳，夜召壯士數十人，深入敵後偵察，殺降蠻兵數十人，而奪得相當的甲弩鎗盾。轉運使於翌年議於衡、道、永三州置寨，即以他為樂山寨主。據載他城樂山，塹土為壕，並在壕為四重鹿角，城上就建乳垣敵樓，又置石炮連弩及釣橋閘門，防城之具所稱完備。他又在城中廬巷置倉庫，令兵民各便其所而易於防守。他又蔽山為隧道、突門，通城中以備戰。他曾斬白水峒主雷勝父子及其黨十八人，於是群蠻不敢犯樂山寨。他在南方八年，後罷歸，最後官至西頭供奉官，卒於京師，年四十九。惟其生卒年不詳。

久不習軍事，多半畏懦不能戰。即使楊畋「每與賊遇，慨然先登不顧死，所重輕一切致命，專以忠義至誠感激之」，而令部眾願意死力奮戰。十二月，楊畋軍抵孤漿峒，宋軍前鋒竟陣前退卻，導至全軍潰敗。楊畋跌倒在山巖下，幸賴有淺草卸去下墜力才得以不死。宋廷見師出無功，在是月己酉（十六）下詔湖南轉運使郭輔之，倘不能剿平猺亂，就改用招撫之策。〔註23〕就在這年底，楊畋的族叔楊文廣獲薦擔任捕盜巡檢，討伐橫行於京西之軍賊張海。推薦他任巡檢的，很有可能就是楊畋。楊文廣因平亂有功，得以在仕途上晉陞。〔註24〕但楊畋初登沙場，卻成為敗軍之將，而且幾乎命喪猺山。

慶曆四年（1044）正月，當湖南的猺亂尚未平定時，受宜州（今廣西河池市宜州市）羈縻之環州蠻人區希範（？～1045）與其叔區正辭（？～1045）率眾五百人攻破環州，建號反宋。宋廷即派內臣入內供奉官王昭明（？～1064後）往宜州，招募兵勇入峒捕擊蠻兵。〔註25〕三月，宋廷改派殿中侍御史王絲（？～1047後）代替張庚，擔任荊南路體量安撫、提舉捉賊事，統領楊畋等討伐猺人。又派內臣攜帶詔書，賞賜荊南路捕擊山猺軍士緡錢。〔註26〕

對於湖南猺亂該剿抑撫，宋廷一時沒有定見，而由誰人統領平亂事宜，宋廷也是舉棋不定。時任諫職的右正言知制誥歐陽修便大加批評，指宋廷「不惟任人不一，難責成功，兼彼數人一時到彼，不相統制」，但奏入不報。〔註27〕楊畋在各自為政，互不統屬的體制下，自行招募兵勇，重整師旅，

〔註23〕 何冠環：〈楊家將研究的新史料：讀楊畋〈楊畋妻陶氏墓銘〉及王陶〈楊畋墓誌銘〉〉，載本書下篇，頁542；《長編》，卷一百四十五，慶曆三年十二月己酉條，頁3514；《宋史》，卷三百〈楊畋傳〉，頁9964。據楊畋墓誌銘所記，楊畋戰孤漿峒在「明年」，即慶曆四年。惟《長編》記楊畋敗績在慶曆三年十二月。現從《長編》所記。又據南宋人朱輔（1150？～1195後）據他所見所聞撰成的《溪蠻叢笑》所記，居住於今湖南懷化市所轄各區縣及毗鄰各地的部份地帶，包括今貴州黔東南苗族侗族自治州東部和銅仁地區的東南部，以及廣西壯族自治區東北部的四萬平方公里範圍的「山徭潛出省地，茅葦中，射弩奪物，機不虛發，名坐草」。按朱輔所描述的「山徭」，其居處與楊畋百年前征討的猺人地域相近，當是同一族群。這些山徭同樣強悍善戰。參見符太浩：《溪蠻叢笑研究》（貴陽：貴州人民出版社，2003年10月），上篇，〈導論〉，〈二、朱輔其人其書〉，頁29～38；〈三、溪蠻叢笑價值評述〉，頁39～56；下篇，〈溪蠻叢笑校釋〉，第46條〈坐草〉，頁226～228。

〔註24〕 參閱〈北宋楊家將第三代傳人楊文廣（？～1074）事蹟新考〉，頁393～397。

〔註25〕 《長編》，卷一百四十六，慶曆四年二月癸卯條、戊申條，頁3541。

〔註26〕 《長編》，卷一百四十七，慶曆四年三月乙丑條，頁3554。

〔註27〕 《歐陽修全集》，卷一百五〈論討蠻賊任人不一箚子·慶曆四年〉，頁1596～1597；《長編》，卷一百五十二，慶曆四年九月丙子條，頁3701～3703。據歐

志切立功補過。他招到最得力的部屬，除了上文所提到的王懷忠外，最著名的是文武兼資，頗有將才並屢立戰功的陶弼（1015～1078）。楊畋再度率兵深入敵巢，殺敵七八十人，並奪得猺人糧儲；不過，他的剿敵努力，仍受到不少朝臣非議，包括與他有交情的人，例如歐陽修在是年三月便上言，反對他進剿之策。歐陽修指「新差楊畋，銳於討擊，與郭輔之異議，不肯招降」。又說宋廷差派王絲到湖南前，並未有明確指示該怎樣做，他擔心王絲到湖南後，會與楊畋同樣主張進擊猺人。他認為「蠻賊止可招攜，卒難剿撲，而畋等急於展效，恐失事機。今深入而攻，則山林險惡，巢穴深遠，議者皆知其不可。若以兵外守，待其出而擊之，則又未見其利。」他又說楊畋之小勝，雖然「增我士氣，畋之勇略，固亦可嘉」；但他擔憂宋廷上下急於平亂，一聽到楊畋小捷之報，就以為已打了大勝仗，結果不待成功，便行厚賞，再不肯招安猺人。他反對馬上厚賞楊畋，免得諸處巡檢捕賊官見楊畋獲賞，就爭著捕殺平民冒功。他指出楊畋等「自恃因戰得功，堅執不招之議，朝廷亦恃畋小勝，更無招輯之心，上下失謀，必成大患。」他請求宋廷降詔獎諭楊畋等，令其執行招安之策，然後行厚賞。總之，歐陽修反對楊畋繼續進兵猺峒。〔註28〕

陽修所言，當湖南蠻亂起時，宋廷自昇州（今江蘇南京市）差劉沆（995～1060）知潭州，授龍圖閣學士，令他專一蠻事；但劉沆未到湖南，又差楊畋為湖南提刑，令他專責蠻事。楊畋未到，又差周陵為本路轉運使，責成他平蠻。周陵差敕未到，宋廷又改派王絲為安撫使，授他以平蠻之任。當王絲尚在路上，又改派徐的。短時間內竟然先後差派五人處理湖南平蠻之事。

〔註28〕 《歐陽修全集》，卷一百五〈論湖南蠻賊可招不可殺箚子・慶曆四年三月〉、〈再論湖南蠻賊宜早招降箚子・慶曆四年三月〉頁1597～1600；《長編》，卷一百四十七，慶曆四年三月甲戌條，頁3558～3561；沈遼（1032～1085）：《雲巢編》，文淵閣《四庫全書》本，卷八〈東上閤門使康州刺史陶公傳〉，葉四下至五下；劉摯（1030～1097）（撰），裴汝誠、陳曉平（點校）：《忠肅集》（北京：中華書局，2002年9月），卷十二〈東上閤門使康州團練使陶公墓誌銘〉，頁243；黃庭堅（1045～1105）（撰），劉琳、李勇先、王蓉貴（校點）：《黃庭堅全集》（成都：四川大學出版社，2001年5月），《宋黃文節公全集・正集》卷三十〈東上閤門使康州團練使知順州陶君墓誌銘〉，頁815；《宋史》，卷三百三十四〈陶弼傳〉，頁10735；陶弼：《邕州小集》，文淵閣《四庫全書》本。陶弼也像楊畋文武兼資，能詩善文，有詩集《邕州小集》一卷傳世。據陶弼的墓誌銘所記，楊畋以禮奉幣致陶弼於幕下，陶因是感激，馬上追隨楊畋，並替他設謀劃策，稍後更率所募士卒破敵於桃油平，以功補授衡州司理參軍。他後來又破太平峒，於楊畋軍中論功第二，以進士調授桂州陽朔縣（今廣西桂林市陽朔縣）主簿。按《宋史・陶弼傳》則稱楊畋征蠻猺時，陶弼自行上

　　歐陽修的同年、與楊畋亦有交情的右正言、集賢校理余靖，〔註29〕也對楊畋銳意剿滅猺峒的做法表示異議。他除了擔心傳聞楊畋剿猺馬上得到厚賞後，會導致湖南其他捕盜官兵爲了邀功，而濫殺平民冒功之負面影響外，他更批評楊畋不肯行招撫之策，而是「攻賊巢穴，意在蕩除，由是賊出攻城，以爭死命。雖聞朝廷屢令招撫，而楊畋鷙勇，但欲淨盡賊徒。」他認爲以武力剿平猺亂的代價是「若能盡賊，但恐百姓亦盡」。他認爲楊畋堅決要討平猺人，卻同時教猺人痛恨他，不肯接受宋廷招撫。他且建議宋廷可用楊畋在孤漿峒戰敗之由，將他調走，而另委別人改行招撫之策。他強調「不可重惜楊畋而輕荊南一路百姓」。〔註30〕余靖稍後又批評原任荊南體量捕盜事，負責協調平亂事宜的王絲毫不勝任。〔註31〕

　　歐陽修及余靖的憂慮並非毫無道理，到四月，平定猺亂的戰事仍在進行，而派往湖南平定蠻亂的許多軍士，因炎夏發生瘴熱而罹疾。仁宗大爲憂慮，馬上下令醫官院遣醫學一員，馳驛前往診視，並派使臣撫恤在平亂中有被錯殺的平民。〔註32〕同月丁酉（初六），仁宗改派京西轉運按察使杜杞（1005～1050）爲廣南西路轉運按察使，委之專責討平宜州蠻區希範；〔註33〕不過，仁宗並沒有採納歐陽修及余靖的建議，撤換楊畋，改用招撫之策。〔註34〕五

謁，楊畋授他以兵往襲蠻猺。關於王懷忠的戰功，可參注22。

〔註29〕余靖的文集中，收有〈和伯恭殿丞登武江門樓懷楊叔武太保〉及〈又和寄提刑太保〉兩首詩，其撰寫的年月不詳，從詩中提到楊畋的職銜爲提刑推之，當是慶曆三年以後。從詩句內容觀之，余靖與楊畋交情不俗。例如〈和伯恭殿丞登武江門樓懷楊叔武太保〉一詩云：「徙倚江邊檻，旌旗望處遙。交情深慕藺，風韻渴聞韶。寄遠緘靈藥，迎歸犠畫橈。伏波新蕩寇，氣入嶺雲飄」。另〈又和寄提刑太保〉一詩亦云：「常記臨岐把酒盃，芳心應得見歸來。不從去日叮嚀約，已向東風取次開。」均看出二人非淺的交情。參見《武溪集》，卷一〈和伯恭殿丞登武江門樓懷楊叔武太保〉，葉四下；卷二〈又和提刑太保〉，葉五上。

〔註30〕《長編》，卷一百四十七，慶曆四年三月甲戌條，頁3561～3563。

〔註31〕《長編》，卷一百四十八，慶曆四年四月丁酉條，頁3579；卷一百六十，慶曆七年正月癸卯條，頁3861。王絲在慶曆七年正月癸卯（廿八），以疾自請解職。宋廷將他自廣南東路轉運使、侍御史徙知通州。他何時調任廣南東路轉運使未載，可能是余靖上奏後調職。

〔註32〕《長編》，卷一百四十八，慶曆四年四月癸巳、甲午、丙申條，頁3574～3575。

〔註33〕《長編》，卷一百四十八，慶曆四年四月丁酉條，頁3578。

〔註34〕近期研究余靖的學者，也指出余靖沒法改變仁宗委用楊畋剿平猺亂之主張。參見黃志輝：〈北宋中葉出色的政治改革家余靖〉，《韶關學院學報》（社會科學版），第23卷第4期（2002年4月），頁98～100。

月，楊畋再上捷報，其中原桂陽監（今湖南郴州市桂陽縣）進士廖革，以一人獨殺蠻兵三十一人的戰功，授右班殿直、捉殺蠻賊之職。〔註35〕

宋廷這時雙管齊下，既命楊畋繼續進討，又命知潭州劉沆（995～1060）在六月招諭桂陽監蠻人，肯歸降的就給予賞賜。十月，劉沆已陸續招降二千人，使散居所部。〔註36〕

為了討平猺亂，楊畋採用堅壁清野的戰術，將接近猺峒的民戶，包括沒有依附猺人的民戶，盡數驅逐至兩廣，使敵人失掉巢穴。〔註37〕據余靖所言，楊畋在平亂中，「銳於殺伐」。余靖認為要招撫蠻人，一定要撤掉「蠻人必不相信」的楊畋。雖然楊畋「曾經邊任，身耐勞苦」；但他認為「不可恐畋之怨而不憂賊之疑而不降也」，主張給與楊畋近邊差遣，另委別人招降蠻人。〔註38〕

不過，宋廷沒有採納余靖的建議，繼續由楊畋統軍平亂。是年十一月丙戌（廿九），應募入伍的進士區有鄰等十四人，以從楊畋破蕩挑油平、能家等處巢穴有功，獲授官職。十二月，楊畋軍深入猺峒，首先在石硤洞擊破蠻兵，然後在慶曆五年（1045）初陸續平定六峒。〔註39〕是年正月，慶曆改革的主將范仲淹和富弼（1004～1083）在反對勢力下離開宋廷，而獲范支持的楊畋，

〔註35〕《長編》，卷一百四十九，慶曆四年五月戊辰條，頁3608～3609；五月壬午條，頁3613；卷一百五十三，慶曆四年十一月壬午條，頁3722。考慶曆四年五月壬午（廿一），宋廷錄潭州都監、東頭供奉官張克明子張惇為三班奉職，張愉為三班借職，以張克明死蠻事而厚恤之。疑張克明即楊畋部屬，討猺人戰死。又宋廷沒有撤換楊畋，後來余靖上奏，認為當是執政大臣曾保任楊畋，所以不肯移去楊畋之任。這執政大臣，很有可能是與楊畋有交情，後來提拔楊文廣的范仲淹。另亦有可能是早就賞識他的杜衍。

〔註36〕《長編》，卷一百五十，慶曆四年六月丁酉條，頁3625；卷一百五十二，慶曆四年十月壬子條；頁3710。

〔註37〕《長編》，卷一百五十三，慶曆四年十一月辛未條、壬午，頁3720～3722。據余靖所奏，楊畋曾打殺九疑山（在桂陽監藍山縣）外蠻人的巢穴，致令這些失所的蠻人逃往連州（今廣東清遠市連州市）、韶州（今廣東韶關市）界打劫。余靖在這年十一月，以南郊大典在即，而猺亂已接近平定，請求宋廷赦免從賊之人戶，也招撫山猺人戶，返回故土。他又請撤去楊畋及在九疑人下的兵甲，令前來歸降的蠻人，入峒招諭其他蠻人來降。

〔註38〕《長編》，卷一百五十三，慶曆四年十一月壬午條，頁3722。

〔註39〕《長編》卷一百四十五，慶曆三年十二月戊申條，頁3514；卷一百五十三，慶曆四年十二月甲辰條，頁3725；卷一百五十四，慶曆五年正月甲子條，頁3735；卷一百五十七，慶曆五年九月丁酉條，頁3801。考慶曆四年十二月，宋廷賞平石硤洞蠻之功，內殿承制丌贇擢為莊宅副使，內殿崇班胡元（？～1045）為禮賓副使。慶曆五年正月，宋廷又擢內殿承制宋守信（？～1056後）為供備庫副使，賞其平湖南蠻賊之勞。

所參預逾一載的平蠻戰事也告終。是年二月，宋廷賞平蠻之功，楊畋自殿中丞遷太常博士，賜五品服。司馬光《涑水記聞》、及《宋史‧楊畋傳》對楊畋這場逾一載的平蠻苦戰，稱他「討叛蠻，與士卒同甘苦，士卒愛之」，「在山下討蠻，家問至，即焚之，與士卒同甘苦，破諸峒」、「卒屬眾平六峒」道出楊畋個中之艱辛。〔註 40〕順帶一提，楊畋這次也趁還朝之便，將亡妻之柩從太原歸葬洛陽。〔註 41〕

　　這年三月，知潭州劉沆兼湖南路安撫使，統領善後工作。宋廷也在同月平定宜州區希範之蠻亂。楊畋大概如余靖所建議，給近處差遣，不預招安工作。〔註 42〕當然，宋廷在招撫蠻人之餘，也有兩手準備，提防蠻人拒降再戰。同年八月乙亥（廿二），宋廷調整湖南人事，任唐州（今河南南陽市唐河縣）、鄧州（今河南南陽市鄧州市）等州都巡檢使、禮賓副使宋吉（？～1045 後）為荊湖南路捉殺蠻賊。九月，宋廷再依從劉沆的建議，將從楊畋等八路入討蠻猺，蕩平挑油平、能家等處巢穴捕斬首級有功的廣勇軍副都頭夏吉以下四十八人、諸軍十將至長行共八百八人，均遞遷一資，並加賞賜，以提高平亂的宋軍士氣；〔註 43〕不過，宋廷的主流意見仍以撫為主，十月戊午（初六），下詔湖南地方守臣，指示如聞湖南之猺人餘黨打算投降，令本路停止出兵攻

〔註 40〕湖南蠻黃捉鬼的餘黨唐和尚這時仍在桂陽監入寇，未完全平定。當范仲淹罷參政宣撫河東時，楊畋族叔楊文廣即被延攬入范仲淹幕，很有可能是楊畋推薦的。在范仲淹的文集中，收錄有〈和楊畋孤琴詠〉五言古詩一首（按：此詩作於何時待考）。從范仲淹與楊畋和詩論琴的事看，二人交情可以到知音的地步，相信范仲淹正是朝中支持楊畋平亂的人。方健教授的《范仲淹評傳》即認為楊畋是范仲淹高山流水的琴中知音。參閱何冠環：〈北宋楊家將第三代傳人楊文廣（？～1074）事蹟新考〉，頁 398～399；《長編》，卷一百五十四，慶曆五年正月乙酉條，頁 3740～3741；二月己亥條、癸亥條，頁 3747～3548；司馬光（撰），鄧廣銘（1907～1998）、張希清（校注）：《涑水記聞》（北京：中華書局，1989 年 8 月），卷十三，頁 259；《宋史》，卷三百〈楊畋傳〉，頁 9964，9966：卷四百九十三〈蠻夷傳一〉，頁 14184；范仲淹（撰），李勇先、王蓉貴（校點）：《范仲淹全集》（成都：四川大學出版社，2002 年 9 月），上冊，〈范文正公文集〉，卷三〈和楊畋孤琴詠〉，頁 52；方健：《范仲淹評傳》（南京：南京大學出版社，2001 年 12 月），第一章〈生平述略〉，頁 109～110。

〔註 41〕何冠環：〈楊家將研究的新史料：讀楊畋〈楊畋妻陶氏墓銘〉及王陶〈楊畋墓誌銘〉〉，載本書下篇，頁 541，543，546。據〈亡妻陶氏墓銘〉所記，楊畋在「乙酉歸洛，言陪祖遷」。即是說楊畋在慶曆五年（乙酉）將亡妻陶氏之柩陪葬於洛陽。

〔註 42〕《長編》，卷一百五十五，慶曆五年三月壬戌、甲子條，頁 3759～3760。

〔註 43〕《長編》，卷一百五十七，慶曆五年八月乙亥條，頁 3799；九月丁酉條，頁 3801；《宋史》，卷三百〈楊畋傳〉，頁 9964。

討，並且告諭猺人逃匿者可復歸舊處，地方州縣宜存撫之。〔註44〕

宋廷一意招撫蠻人餘黨，但以唐和尚爲首的蠻猺卻不受招安，在桂陽監再度入寇。楊畋部將、新陞禮賓副使之胡元、右侍禁郭正、趙鼎、三班差使殿侍王孝先等，與唐和尚軍戰於桂陽監藍山縣（今湖南永州市藍山縣東北古城村）華陰峒口，胡元等兵敗戰死。宋廷在十二月壬戌（十一），以胡元等戰死，爲楊畋「措置乖方」，於是將他降知太平州（今安徽馬鞍山市當塗縣），劉沆亦責降知鄂州（今湖北武漢市）。而以右諫議大夫劉夔（？～1053後）爲龍圖閣直學士知潭州兼荊湖南路安撫使，負責剿滅唐和尚。劉夔擔憂唐和尚戰勝胡元後，會更加聚眾生事，並轉成邊患。他請得宋廷賜給他空頭宣命十道，用來招安各處溪峒首領。〔註45〕

慶曆六年（1046）正月丙申（十五），宋廷以桂陽監之猺亂未止，權置都巡檢使一員統領平亂兵馬。然後在庚戌（廿九）又厚恤在藍山縣陣亡的胡元等人。二月癸亥（十二），又從荊湖南路轉運使周沆（？～1055後）的建議，增給官軍公使錢一千貫以犒設將校。己卯（廿八），宋廷徙驍將、華州（今陝西渭南市華縣）都監、洛苑使蔣偕（？～1052）爲荊湖南路鈐轄，對付悍勇之桂陽監猺蠻。〔註46〕仁宗又體恤平蠻將士因炎夏瘴霧所生之苦疾，四月甲寅（初三），又再令醫官院擬定醫方，遣派使臣頒給之。壬申（廿二），爲便利平亂，以湖南都監、供備庫副使宋守信（？～1056後）兼知桂陽監，

〔註44〕《長編》，卷一百五十七，慶曆五年十月戊午條，頁3802。

〔註45〕《長編》，卷一百五十七，慶曆五年十二月己未至壬亥條，頁3812；十二月癸酉條，頁3813；《宋會要輯稿》，第八冊，〈職官六十四·黜降官一〉，頁4795；《宋史》，卷四百九十三〈蠻夷傳一〉，頁14184；何冠環：〈楊家將研究的新史料：讀楊畋〈楊畋妻陶氏墓銘〉及王陶〈楊畋墓誌銘〉〉，載本書下篇，頁542。據楊畋墓誌銘所說，楊畋以胡元之敗死而自劾貶官的。又符太浩注釋《溪蠻叢笑》「隘口」條時，解釋徭區「凡眾山環鎖，盤紆弟郁，絕頂貫大木數十百，穴一門來去。此古人因谷爲寨，因山爲嶂之意。名曰隘口」之義，便引用《宋史·蠻夷傳一》所記胡元、郭正等與唐和尚戰於華陰峒隘口敗死，而累及楊畋及劉沆坐黜的一條事例，指出建於山谷之隘口「一方面在防範生界內的其他少數民族騷擾時可以發揮作用；另一方面，這些屯戍點與宋朝發生磨擦時又會對宋廷有效控馭造成阻礙，甚至對宋廷軍隊駐兵造成嚴重傷亡。」參見符太浩：《溪蠻叢笑研究》，下篇，〈溪蠻叢笑校釋〉，第73條〈隘口〉，頁327～329。

〔註46〕《長編》，卷一百五十八，慶曆六年正月丙申條、庚戌條；二月癸亥條、己卯條，頁3819～3821；三月辛巳條，頁3822。宋廷在三月辛巳（初一），又詔新任荊湖南路鈐轄蔣偕，要他務必宣布宋廷的恩信以招懷蠻人。倘蠻人不接受招安才出兵掩捕，但不得過行威虐。因蔣偕在原州（今甘肅慶陽市鎮原縣）時曾以慘酷手法對付俘獲的蕃部，故宋廷特有此詔以告誡他。

至平定猺亂才罷。〔註47〕五月乙酉（初六），知潭州劉夔在招降不成後，進兵討伐猺首唐和尚，敗之於銀江源，並擊破其巢穴，但仍給唐和尚遁去。〔註48〕宋廷以蠻猺未平，在九月乙巳（廿八），又再任戶部判官、祠部郎中崔嶧（？～1061後）為荊湖南路體量安撫，命他前往湖南與眾守臣商議討除招安之策。〔註49〕這裡順帶一提，當楊畋仍在太平州時，他的好友蔡襄在福州（今福建福州市）撰〈夢遊洛中十首〉，並寄贈楊畋。詩序云：「九月朔，予病在告，晝夢遊洛中，見嵩陽居士留詩屋壁。及寤，猶記兩句，因成一篇。思念中，來續為十首，寄呈太平楊叔武。」這是目前關於楊畋貶知太平州一年多的惟一記載。〔註50〕

為了平亂，宋廷可說用盡所有辦法。十月壬戌（十六），當湖南轉運使周沆上奏，稱指使卒景賢招降得道州蠻黨五十六戶二百五十九人，宋廷立刻詔給其首領以次補官職。翌日（癸亥，十七），宋廷又賜湖南討蠻猺軍士特支錢以鼓勵士氣。然招安是否良方？文官主張安撫，武將卻主張討剿。辛未（廿五），知桂陽監宋守信便力主征剿，指唐和尚聚眾才千餘，竟能為盜五、六年。宋軍不能討平他，因為朝廷不許窮追猛討。他舉薦衡州監酒黃士元，說他熟悉溪峒事，若派得敢戰之士二千人、引路士兵二百人，並優給他們金帛，必定可以使之討平蠻兵。他又請本路鈐轄丌贇率兵合擊，認為當可令蠻兵勢窮投降。宋廷採納他的攻伐之策，並在翌日（壬申，廿六）令知廣州（今廣東廣州市）魏瓘（？～1056後）與本路轉運使專責提舉捕討蠻猺，以防唐和尚竄入廣南。並詔倘朝廷覆議不及，許他們便宜行事。同日御史中丞張方平（1007～1091）上言論事，談到湖南蠻猺之亂未平時，即指出知潭州劉夔雖是清素之士，卻非應劇務之才。言下之意，是湖南平亂需要易帥；不過，張並不欣賞楊畋，在奏中批評「比來委任劉沆、楊畋等以便宜從事，兵連禍結，屢致沮傷，損國威靈，陷民塗炭，湖、湘以外，賦役煩興，因循五年，賊勢益大，抄掠殘暴，不可勝計。」他且慶幸「若劉沆之輕疏，楊畋之迂率，

〔註47〕 《長編》，卷一百五十八，慶曆六年四月甲寅條、壬申條，頁3825～3826。
〔註48〕 《長編》，卷一百五十八，慶曆六年五月乙酉條，頁3826。
〔註49〕 《長編》，卷一百五十九，慶曆六年九月乙巳條，頁3847。
〔註50〕 《蔡襄集》，卷五〈律詩・夢遊洛中十首〉，頁89～90；《蔡襄年譜》，頁81。蔣維錟以蔡襄撰寫此詩當在慶曆七年九月。他的理據是沒記載蔡襄在慶曆六年九月有病，故將此詩繫於慶曆七年九月。他不考楊畋知太平州，乃在慶曆五年十一月到慶曆七年正月，故蔡襄撰寫此詩，當在慶曆六年九月，而非七年。又所謂蔡襄「病告」，大概只是小病，故沒有記載，不足為佐證。

近已除代而罷之」。總之，在張方平眼中，楊畋並非平亂之材。〔註51〕

十一月癸未（初七），廣東轉運司上奏，因宋守信發兵大討蠻猺，他們就遁入郴州（今湖南郴州市）黃莽山，由趙峒轉入英州（今廣東清遠市英德市）、韶州（今廣東韶關市）界，依山自保，又時出抄掠。〔註52〕

新任湖南安撫使的崔嶧在慶曆七年正月壬午（初七），向宋廷提出易帥的請求。他一方面嚴劾荊湖南路兵馬都監、西上閤門使劉貽孫（？～1049後）在猺亂未平之際，動輒託疾求醫，另一方面力薦楊畋復任平蠻之責。他稱楊畋「戰孤漿峒下，人樂為用。今欲殄賊，非畋不可」。宋廷准奏，一方面重貶劉貽孫為安遠（即安州，今湖北孝感市安陸市）行軍司馬，岳州安置。另一方面將楊畋換武資為東染院使、任荊湖南路駐泊兵馬鈐轄，統軍平亂。宋廷的制文還特別說這番任命是「用名將之後也」。反對重新起用楊畋的人說，楊畋早前失職貶官，氣勢受挫，一定不敢接受討賊的任命。然楊畋得詔即行，第二天便率部抵猺山下，猺人據說恐懼不敢出山。〔註53〕

〔註51〕 宋守信入山討猺蠻，但約定與他會師合擊猺人的廣西鈐轄丌贇卻過期不至。轉運使又劾丌贇在連州縱容部屬屠殺耕牛而市之。宋廷為此在慶曆七年八月丙辰（十四），將丌贇責降為邕州（今廣西南寧市）本城馬步軍都指揮使，永不敘用。張方平始終不信任楊畋，他在慶曆六年三月論監察御史裏行孫抗責降時，舊事重提，說「荊南蠻寇騷擾郡縣，殺害黎民，為患七年，未能平殄。朝廷既移罷劉沆、楊畋等，欲新恩信以揚威靈。」又據撰寫楊畋墓誌銘的王陶所論，與楊畋共事的人批評楊攻討之策，他們以「山猺可不討而定」。在他們力主下，宋廷命使安撫，招徠其間，於是兵不盡力，而正中猺人下懷。結果在楊畋貶知太平軍一年多時，猺兵更猖獗。參見何冠環：〈楊家將研究的新史料：讀楊畋〈楊畋妻陶氏墓銘〉及王陶〈楊畋墓誌銘〉〉，載本書下篇，頁 542；《長編》，卷一百五十八，慶曆六年三月丙午條，頁 3823；卷一百五十九，慶曆六年十月壬戌、癸亥、辛未、壬申條，頁 3847～3848，3850；卷一百六十一，慶曆七年八月丙辰條，頁 3884；張方平（撰），鄭涵（點校）：《張方平集》（鄭州：中州古籍出版社，1992 年 10 月），《樂全集》，卷二十二〈請選湖南安撫職司長吏等事〉，頁 318～319；卷二十五〈論責降御史〉，頁 381～382。

〔註52〕 《長編》，卷一百五十九，慶曆六年十一月癸未條，頁 3851。

〔註53〕 何冠環：〈楊家將研究的新史料：讀楊畋〈楊畋妻陶氏墓銘〉及王陶〈楊畋墓誌銘〉〉，載本書下篇，頁 542；《長編》，卷一百六十，慶曆七年正月壬午條，頁 3859；卷一百六十六，皇祐元年二月己卯條，頁 3987；《宋史》，卷三百〈楊畋傳〉，頁 9964，9965；《宋會要輯稿》，第八冊，〈職官六十一·換官〉，頁 4694；〈職官六十五·黜降官一〉，頁 4797。據楊畋墓誌銘所記，宋廷派御史按視湖南，御史還奏稱：「猺賊非楊某不能平」。這位御史不知是否即是崔嶧，還是另有其人，待考。又劉貽孫是仁宗朝號為儒將，在三川口兵敗被俘的劉平之子。關於劉平及其諸子之事蹟，可參閱何冠環：〈敗軍之將劉平（973～1040後）—

　　五月丁亥（初八），廣南東西路轉運使傅惟幾（？～1047 後）與高易簡
（1047 後）上奏，稱唐和尚使其子來降，請宋廷貸給他們糧米，讓他們依
舊居於其所保有的峒中。傅、高二人請宋廷下令，派楊畋馬上前往連州及韶
州山下，向唐和尚等曉諭旨意。猺人需要向宋廷繳械，並以親屬爲質子，而
請求宋廷補授他們官職。己丑（初十），宋廷依從傅、高二人的建議，招安
唐和尚以下四猺首，授以官職及任爲峒主。楊畋獨持異議，認爲「賊剽攻湖
廣七年，殺戮萬人，今殘黨尚千餘，飽資糧，據峒穴，其勢必不久後亂」。
他主張將蠻人招出峒外，授田爲民，才是長久之計，而不是授他們官職與貨
糧，以納質子使還峒；但他的計議不被傅、高二人接納。〔註 54〕

　　慶曆八年（1048）春，唐和尚等果然一如楊畋所料，復出陽山，焚劫嶺
外。幸好楊畋早有準備，馬上率眾出嶺外，從夏天到秋天，連戰十五場，終
於擊潰猺兵。楊畋從慶曆三年十月投筆從戎，到慶曆八年秋全殲猺亂，前後
奮戰五年，作爲楊門子弟，他可算不墮楊門威名。王陶記楊畋爲此次平亂，「亦
被瘴癘，瞑臥垂死，與歸湖南。當此之時，天下之人，識與不識，莫不咨嗟，
詠歌稱道其賢，想見其形容。」〔註 55〕

四、兵敗廣南

　　皇祐元年（1049）三月甲午（初二），楊畋上奏宋廷，自言在嶺外剿捉蠻
賊，感染瘴霧之疾，請求恢復文資，給他近北一小郡。壬子（十九），宋廷體
恤他五載征戰勞苦，接納他的請求，復任他爲屯田員外郎加直史館知隨州（今
湖北隨州市）。宋廷的制文對他稱譽備至，還特別突出他出自將家，文武兼資
的本事。制文並且總結了楊畋平蠻的功績：

　　　以爾東染院使、湖南鈐轄楊畋，出自將家，有文武器幹。早由辭科，

　　　　—兼論宋代的儒將〉，載何著：《北宋武將研究》，頁 283～340；何冠環〈北宋
　　　　邊將劉兼濟事蹟考〉，載本書下篇，頁 593～594。又東染院使是諸司正使第五
　　　　階第二資，宋前期爲七品武官，東染院使雖不算是高階武官，但已比楊畋父現
　　　　任的供備庫副使爲高。另崔嶧在皇祐元年二月前已從河北轉運使。

〔註 54〕何冠環〈楊家將研究的新史料：讀楊畋〈楊畋妻陶氏墓銘〉及王陶〈楊畋墓
　　　　誌銘〉〉，載本書下篇，頁 542；《長編》，卷一百六十，慶曆七年五月丁亥至己
　　　　丑條，頁 3875；《宋史》，卷三百〈楊畋傳〉，頁 9964；卷四百九十三〈蠻夷
　　　　傳一〉，頁 14185；《宋會要輯稿》，第十四冊，〈兵十·桂陽蠻猺〉，頁 8797。

〔註 55〕何冠環〈楊家將研究的新史料：讀楊畋〈楊畋妻陶氏墓銘〉及王陶〈楊畋墓
　　　　誌銘〉〉，載本書下篇，頁 542～543；《長編》，卷一百六十，慶曆七年五月己
　　　　丑條，頁 3875；《宋史》，卷三百〈楊畋傳〉，頁 9964。

歷任郡縣，至提按之職。嚮以群蠻繹騷，湖嶺未靖，故特命以使名，
往專討輯。逮茲二歲，谿洞帖然。而勤勞積時，重瘵生疾。〔註56〕

　　就在楊畋養病隨州的時候，九月乙巳（初十），廣南西路轉運使已向宋廷
奏報廣源州蠻儂智高率眾入寇邕州（今廣西南寧市），〔註57〕一場比湖南猺亂
更大規模的動亂即將爆發。宋廷為應付廣源州蠻亂，徙原禮賓使知桂州（今
廣西桂林市）陳珙（？～1052）為洛苑使、廣南西路鈐轄兼知邕州，而調內
藏庫使、廣南東路都監陳曙為廣南西路鈐轄兼知桂州。另派內臣入內供奉官
高懷政往邕州，與廣南西路轉運使督捕蠻賊。〔註58〕為了增強防衛力量，宋
廷在皇祐二年（1050）二月丙戌（廿三），從廣南西路鈐轄司之請，在邕州羅
徊峒置一寨，以扼來犯之廣源蠻。〔註59〕

　　據楊畋墓誌銘所載，大概在皇祐元年底或二年初，楊畋因宰相的推薦獲
召還京師，任三司戶部判官並賜三品服。他的好友、時任翰林學士、吏部郎
中提舉在京諸司庫務的趙抃，大概聽到他召入的消息，曾寫了一首題為〈聞
楊畋病愈〉的詩寄給他。詩云：「湖南楊叔武，消息有人傳。連歲征蠻徼，經
秋臥瘴烟。為時天未喪，勿藥病還痊。雲水溶溶去，憑詩寄此篇」。為他寫制
文的胡宿形容他：「謙退不伐，深博有謀。忠孝自將，歷險夷而不改；文武更
用，當劇易而靡辭。久宣領服之勞，實靖邊隅之警。比資術學之力，擢參文
史之筵。屬司會之曠僚，賴時髦之濟務。廣中外之更試，成久大之蘊崇」，大
大推許他文武兼資，能當繁劇之才能。五月戊子（初二），楊畋奉命出使河東，
任河東路計置糧草及處置盜鑄鐵錢。河東不僅是楊家將熟悉的地方，也是楊
畋早年任并州錄事參軍時停留過的地方。〔註60〕

〔註56〕《長編》，卷一百六十六：皇祐元年三月甲午條，頁3991；《宋史》，卷三百〈楊
　　　　畋傳〉，頁9964；《宋會要輯稿》，第八冊，〈職官六十一‧換官〉，頁4694；
　　　　第十冊，〈選舉三十三‧特恩除職一〉，頁5883；《歐陽修全集》，卷八十一〈楊
　　　　畋屯田員外郎直史館制〉，頁1183。楊畋之制文舊題歐陽修所撰，但據《歐陽
　　　　修全集》的點校者所考，歐陽修在皇祐元年已離開去朝廷不再擔任知制誥之
　　　　職，故此制文當非他所撰。
〔註57〕《長編》，卷一百六十七，皇祐元年九月乙巳條，頁4014～4015。
〔註58〕《長編》，卷一百六十七，皇祐元年十二月甲子條，頁4025。
〔註59〕《長編》，卷一百六十八，皇祐二年二月丙戌條，頁4034。
〔註60〕何冠環：〈楊家將研究的新史料：讀楊畋〈楊畋妻陶氏墓銘〉及王陶〈楊畋墓誌
　　　　銘〉〉，載本書下篇，頁543；《長編》，卷一百六十八，皇祐二年五月戊子條，頁
　　　　4041；《宋史》，卷十一〈仁宗紀三〉，頁227；卷十二〈仁宗紀四〉，頁231；卷
　　　　三百〈楊畋傳〉，頁9964；趙抃：《清獻集》，卷二〈聞楊畋病愈〉，葉七下至八

是月戊申（廿二），廣南西路轉運使蕭固（1002～1065）向宋廷報告，交趾發兵攻擊儂智高，儂部眾都遁伏山林。宋廷下旨令廣南西路嚴備儂智高入寇。八月，儂軍入寇，殺權邕州同巡檢、右侍禁李江。〔註61〕當廣南戰火已點燃時，楊畋因父楊琪於六月壬戌（初七）卒於淮南任上，即離開河東赴淮南奔喪。〔註62〕

交趾發兵進攻儂智高並不成功，蕭固偏偏差派那個在慶曆七年八月，以平蠻不力，而被責降為邕州指使之庸將丌贇前往刺探敵情，可這個庸將卻擅自發兵攻儂智高，結果兵敗被擒。儂向他查問中國虛實，丌以為可將功贖罪，就極力勸說儂智高向宋廷輸誠內屬。儂智高於是放還丌贇，奉表請向宋廷歲貢方物。皇祐三年（1051）二月乙酉（初四），蕭固奏告宋廷儂智高請求內屬。蕭極言儂智高必為南方之患，請賜他一官以安撫之，利用他來對付交趾，以夷制夷。蕭稱儂智高才武強力，交趾必不能將之收歸屬下。宋廷並沒有馬上接受蕭固的建議，只下詔蕭固與本路提點刑獄及鈐轄司商議然後覆奏。三月癸酉（廿二），蕭固覆奏儂智高奉表獻馴象及生熟金銀。宋廷詔廣南西路轉運司以本司的名義回答儂智高，以廣源州本屬交趾，若他與交趾一同進貢便許可。〔註63〕

十月甲申（初六），楊畋將亡父楊琪與亡母慕容氏合葬於河南洛陽杜澤

上：蘇頌（1020～1101）（撰），王同策、管學成、顏中其（點校）：《蘇魏公文集》（北京：中華書局，1988年9月），卷六十三〈行狀・朝請大夫太子少傅致仕贈太子太保孫公（抃）行狀〉，頁963；胡宿：《文恭集》，文淵閣《四庫全書》本，卷十六〈楊畋可三司戶部判官依前直史館制〉，葉六下至七上。楊畋這時仍官屯田員外郎，職仍為直史館。又推薦楊畋的宰相，考從皇祐元年至二年，先後在相位的有陳執中（990～1059）（皇祐元年八月罷）、文彥博（1006～1097）（皇祐元年八月任，皇祐三年十月罷）、宋庠（996～1066）（皇祐元年八月任，皇祐三年三月罷）。未知是誰人舉薦楊畋。按楊畋的妹夫張景儒曾擔任文彥博和宋庠的幕僚，似乎楊畋與文、宋二人關係親近一點，他受二人的舉薦機會較高。

〔註61〕《長編》，卷一百六十八，皇祐二年五月戊申條，頁4042；卷一百六十九，皇祐二年八月戊午條，頁4053。

〔註62〕《歐陽修全集》，卷二十九〈供備庫副使楊君墓誌銘〉，頁444。

〔註63〕據王安石所撰蕭固墓誌銘所記，蕭固在慶曆五年區希範之亂被平定後，以屯田員外郎知桂州兼廣西都巡檢，提舉兵甲谿峒事。他到桂州後以懷柔手段，依蠻人舊俗治事，故廣西安靖。他本來徙為荊湖南路提點刑獄，但宋廷以他在廣南得力，就任他為廣西水陸計度轉運使，他用一貫策略，派人誘儂智高來歸。參見王安石（撰），李之亮（箋注）：《王荊公文集箋注》（成都：巴蜀書社，2005年5月），卷五十七〈尚書祠部郎中集賢殿修撰蕭君固墓誌銘〉，頁1963；《長編》，卷一百七十，皇祐三年二月乙酉條，頁4078；三月癸酉條，頁4085。

源，並請得當時任知應天府（今河南商丘市）的歐陽修爲其父撰寫墓誌銘。
他事父至孝，守喪期間，「飯脫粟一器，無蔬酪之味」。他也沒有忘記髮妻，
在「皇祐辛卯」（即皇祐三年）的「上冬甲申」（十月初六），將陶氏棺槨遷
葬於雙親墓之別園，並親撰共百十四字的四言墓銘〈亡妻陶氏墓銘〉以誌哀
思。曾對楊畋平猺之策略有所批評的歐陽修，也終於承認楊畋在平猺戰事的
功勞，在墓銘上稱許楊畋「賢而有文武材」。〔註64〕楊畋在時人厚望下，雖
在守制中，未幾又爲宋廷所召用對付儂智高。

　　儂智高因向宋廷一再貢物請內附不納，加上與交趾爲敵，估量擁有廣源
州山澤之利，又招納到大量亡命之徒，包括廣州進士黃瑋、黃師宓等人，就
密謀入寇。他首先詐稱峒中饑饉，部落離散，讓知邕州陳琪信其力量微弱，
而不作防備。然後在一夕將其巢穴焚毀，卻騙他的部眾說平生積聚今爲天火
所焚，唯一生路就是攻取邕州，據廣州爲王。他的部眾聽他驅使，大軍五千
人沿鬱江東下，攻破橫山寨，殺守將寨主右侍禁張日新（？～1052）、邕州
都巡檢高士安（？～1052）、欽州（今廣西欽州市）、橫州（今廣西南寧市橫
縣）同巡檢、右班殿直吳香（？～1052）。皇祐四年（1052）五月乙巳（初
一），儂智高攻破邕州，執殺知州北作坊使陳琪、通判殿中丞王乾祐（？～
1052）、廣西兵馬都監六宅使張立（？～1052）、節度推官陳輔堯（？～1052）、
觀察推官唐鑑（？～1052）、司戶參軍孔宗旦（？～1052）等人，宋官兵死
者千餘人。儂智高隨即在邕州建號大南國，自號仁惠皇帝，改元啓曆。他大
赦境內，並以中國官名封授黃師宓以下黨徒。〔註65〕

　　儂智高破邕州後，勢如破竹，席捲兩廣。是月癸丑（初九）攻破橫州。

〔註64〕何冠環：〈楊家將研究的新史料：讀楊畋〈楊畋妻陶氏墓銘〉及王陶〈楊畋墓
　　　　誌銘〉〉，載本書下篇，頁543～544；《歐陽修全集》，卷二十九〈供備庫副使
　　　　楊君墓誌銘〉，頁444。
〔註65〕《長編》，卷一百七十二，皇祐四年四月丙戌條至五月乙巳條，頁4142～4143；
　　　　卷一百七十四，皇祐五年六月甲午條，頁4214。邕州失守，知州陳琪的責任
　　　　最大，他一開始不肯聽司戶參軍孔宗旦的警告，提防儂智高入寇。然後當儂
　　　　智高圍城時，他又沒有做好守城的工作。當廣西兵馬都監張立領兵自賓州（今
　　　　廣西南寧市賓陽縣西南）來援之兵馬入城時，他只顧在城上犒賞軍士，卻放
　　　　鬆了戒備，在行酒時被儂智高破城。他又貪生怕死，被執時向儂智高惶恐地
　　　　呼萬歲，請求自效，但儂智高仍將他殺掉。比起不屈而死的張立及孔宗旦，
　　　　他實在太差勁。宋廷委這等庸才守邕州，實在失計。宋邕州官員只有權都監
　　　　三班奉職李肅、指使武吉、武緣令梅微之及支使蘇從因與儂智高的謀主黃師
　　　　宓有舊獲免不殺。孔宗旦要到皇祐五年六月甲午（廿六），才因知袁州（今江
　　　　西宜春市袁州區）祖無擇（1006～1085）的奏請，獲贈太子中允。

三日後（丙辰，十二）再破貴州（今廣西貴港市）。庚申（十六），破龔州（今
廣西貴港市平南縣）。辛酉（十七）又入藤州（今廣西梧州市藤縣）、梧州（今
廣西梧州市）和封州（今廣東肇慶市封開縣東南）。壬戌（十八），破康州（今
廣東肇慶市德慶縣）。到癸亥（十九），儂軍攻破端州（今廣東肇慶市）。諸州
的守臣包括知橫州殿中丞張仲回（？～1052 後）、橫州兵馬監押東頭供奉官王
日用（？～1052 後）、知貴州秘書丞李琚（？～1052 後）、知龔州殿中丞張序
（？～1057 後）、知藤州太子中舍李植（？～1057 後）、知梧州秘書丞江鎰（？
～1057 後）及知端州太常博士丁寶臣（？～1057 後）在內無勁兵，又乏堅城
可守，而外無援兵的情況下，均相率棄城逃命。只有知封州太子中舍曹覲（1018
～1052）及知康州太子右贊善大夫趙師旦（？～1052）、康州兵馬監押右班殿
直馬貴（？～1052），力戰被執，不屈而死。〔註66〕

　　是月丙寅（廿二），儂智高的兵鋒已抵嶺南第一重鎮廣州（今廣東廣州
市），隨即進圍廣州。知廣州仲簡與陳珙一樣是大草包庸才一名。早在甲子（二
十），已有人來告急，稱儂智高不日來犯。仲簡竟以為報信者為妄，將之囚禁，
並荒唐地下令：「有言賊至者斬」。結果廣州軍民並未作好守城準備。當儂軍
到來時，仲簡才令民眾入城。廣州城外民眾恐慌，爭相以金貝賄賂守城軍士，
請求放入，結果踐死者眾。來不及入城的民眾被逼投降儂智高，而教儂軍勢
力大增。廣南東路鈐轄王鍇（？～1053 後）也是貪生怕死的懦夫，不敢出戰，
偏偏仲簡管不了他。〔註67〕

　　宋廷用人不當，教儂智高橫行兩廣。最教人不解的是，宋廷初聞儂智高
起兵時，竟然詔進奏院不得隨便奏報，幸而知制誥呂溱（？～1052 後）力
持異議才作罷。宋廷得知儂智高入寇事態嚴重，同月癸酉（廿九）首先命崇
儀使知韶州陳曙（？～1052）領兵討儂智高。聞戰鼓而思良將，可惜宋廷所

〔註66〕《長編》，卷一百七十二，皇祐四年五月癸丑至癸亥條，頁 4144～4146；《宋
　　　　會要輯稿》，第十六冊，〈蕃夷五・儂氏〉，頁 9875～9876。
〔註67〕《長編》，卷一百七十二，皇祐四年五月丙寅條，頁 4146；卷一百七十四，皇
　　　　祐五年正月庚申條，頁 4193～4194。當儂智高自邕州順流東下廣州時，仲簡
　　　　命王鍇領兵扼守端州；但王鍇害怕，留軍市舶亭不行。他不理仲簡反對，自
　　　　行率部返回廣州城。他的部下海上巡檢右侍禁王世寧（？～1052）請分兵守
　　　　端州，他又不許。當蠻軍抵廣州城下，他命在城外的王世寧入城。王世寧行
　　　　至南門，責備王鍇懦怯。王鍇怒殺王世寧。等到魏瓘繼知廣州，方查知王世
　　　　寧冤死。皇祐五年正月庚申（十九），宋廷責降王鍇為文思副使、建州（今福
　　　　建南平市）都監。

倚重的儒將重臣范仲淹卻於是月丁卯（廿三）卒於徐州（今江蘇徐州市）。〔註68〕

宋廷為了平亂，在六月乙亥（初二）起用兩員均以父喪在家守制、公認有武幹的儒臣余靖和楊畋。余靖被任為秘書監知潭州，楊畋為廣南西路體量安撫提舉經制盜賊。楊畋近在洛陽，宋廷就派中使召他入朝受命。同月庚辰（初七），宋廷改任余靖為廣南西路安撫使知桂州，並命同提點廣南東路刑獄、內殿崇班、閤門祇候李樞，與原知桂州崇儀使陳曙為同捉殺蠻賊，做余靖的副手。宋廷仍命廣南東路轉運司、鈐轄司發兵應援。壬午（初九），宋廷再以陳曙為廣南西路鈐轄。翌日（辛巳，初十），再調在西邊有戰功的勇將張忠（？～1052）為廣南東路都監。甲申（十一），原知廣州的仲簡徙任知荊南府（今湖北荊州市）。同日，宋將廣州、端州都巡檢使高士堯（？～1052後）又被儂智高敗於市舶亭，廣南形勢甚為嚴峻。深負眾望的楊畋在丙戌（十三）自洛陽抵都門外，他以喪服在身不敢入見，並再上表請許終父喪，請辭平亂之命，但不報。對於這位被認為「素習蠻事」而又是將門之後的儒臣，仁宗恩禮有嘉，特賜以所服御巾，並召入對便殿。楊畋再次推辭平亂之命，但仁宗不允所請，慰遣甚厚，即日授他起居舍人、知諫院、廣南東西路經制盜賊之職，命他南征儂智高。自仁宗以至宰相龐籍（988～1063）、樞密使高若訥（997～1055）以下，顯然對楊畋平蠻充滿信心。〔註69〕楊畋的好

〔註68〕《長編》，卷一百七十二，皇祐四年五月丁卯、壬申條，頁4146～4147。
〔註69〕何冠環：〈楊家將研究的新史料：讀楊畋〈楊畋妻陶氏墓銘〉及王陶〈楊畋墓誌銘〉〉，載本書下篇，頁543；《長編》，卷一百六十七，皇祐元年十月辛酉條，頁4016；卷一百七十二，皇祐四年六月乙亥條，頁4147；庚辰條至甲申條，頁4148；卷一百七十三，皇祐四年十月己卯條，頁4175；十二月丙申條，頁4185；《宋史》，卷十二〈仁宗紀四〉，頁232；卷三百〈楊畋傳〉，頁9964；《武溪集》，卷十四〈桂州謝上表〉葉十五上至十六上；〈乞解職行服狀〉，葉十六上至十七下。余靖在韶州守制時，與知韶州陳曙招募農兵，修繕堡障，共為防禦之計。宋廷知聞而嘉許他，並以他有武幹，而委以平蠻之任。因韶州路遠，余靖要到是年六月癸巳（二十）才收到樞密院的委任狀。宋廷命他在七月己未（十六）到任，不用赴京師請旨。張忠號為勇將，以破貝州（今河北邢台市清河縣）王則（？～1048）論功第一。雖然真定府路安撫使李昭述（？～1059）在皇祐元年十月曾奏劾他貪暴難制，請加以黜責；但宋廷愛才，只徙他為定州路鈐轄，後遷如京使資州（今四川內江市資中縣）刺史。仲簡則走了運，宋廷以他守廣州不失有功而徙荊南府，卻不知廣州人對他有多大的痛恨；不過，宋廷最後查知真相，在皇祐四年十月己卯（初七），將他自兵部郎中、天章閣待制落職貶知筠州（今江西宜春市高安市）。但言者仍不放過他，

友梅堯臣撰詩〈赤蟻辭送楊叔武廣南招安〉相贈，以壯他行色，詩云：「今令智者以智取，即見蚍蝣傳太宮」。顯然梅也認為楊畋可以馬到成功。而到都門為楊畋送行的有知制誥蔡襄等人。〔註70〕楊畋的好友，時任翰林學士兼侍讀學士權判流內銓、知通進銀台司兼門下封駁事的趙抃，聞知楊畋奉命出征，曾賦詩〈聞嶺外寇梗〉一首，表達他的關心，詩中說「刺史沒身專捍禦（康州趙潛叔死敵），諫官銜命救瘡痍（起居趙〔按：應作楊〕叔武出使）。伏波死去今進繼，大筆銘勳壓海涯。」〔註71〕不過，趙抃把楊畋比作東漢名將馬援（公元前14～公元49），卻非吉兆了。

當楊畋「扶病冒暑疾馳」往廣南時，〔註72〕宋廷進一步調整廣南諸州的人事。六月丙戌（十三），宋廷命在慶曆六年曾知廣州，當年築城有功的知越州（今浙江紹興市）給事中魏瓘為工部侍郎、集賢院學士復知廣州，代替仲簡。宋廷並且增給魏瓘禁卒五千，助他扞守廣州。另外，又任洛苑副使、兼閤門通事舍人曹修（？～1052後）為廣南西路同體量安撫經制盜賊，作楊畋的副手。戊子（十五），又委知宜州、文思副使宋克隆（？～1053後）為禮賓使知邕州，命他招輯亡散，繕完城池，以慰安人民。另外，為了提高廣州和桂州守臣的權力以備禦儂智高，宋廷又在己丑（十六），詔知廣州和桂州自今兼帶經略安撫使。不過，在庚寅（十七），廣、惠等州都大提舉捉賊、西京左藏庫副使武日宣，以及惠州巡檢左侍禁魏承憲，卻在廣州城下被儂智高軍殺死。宋廷有鑑於此，在丙申（廿三），只好再調另一員悍將、原北作坊使忠州（今重慶市忠縣）刺史知坊州（今陝西延安市黃陵縣東北）蔣偕，為宮苑使、韶州團練使、廣南東路鈐轄，加強廣州的防禦，並以禮賓副使王正倫（？～1052後）為權廣南東路鈐轄，作為他的副將。宋廷另在庚子（廿七），任命知宿州（今安徽宿州市）、司門員外郎朱壽隆（？～1053後）提點廣南西路刑獄。除了人事任命外，宋廷另詔廣南東西路經蠻人蹂踐處，不得催收夏稅。又詔

十二月丙申（廿五），他再責授為刑部郎中。

〔註70〕 《梅堯臣集編年校注》，卷二十二，頁624；《蔡襄集》，卷六〈因書答河東轉運使楊樂道〉，頁107。考蔡襄這首詩撰於至和二年，他在詩中追述「前歲君提嶺外兵，國門南路送君行」，可知他有在都門送別楊畋。

〔註71〕 趙抃：《清獻集》，卷四〈聞嶺外寇梗〉，葉十一下；蘇頌：《蘇魏公文集》，卷六十三〈行狀〉〈朝請大夫太子少傅致仕贈太子太保孫公（抃）行狀〉，頁963。

〔註72〕 何冠環：〈楊家將研究的新史料：讀楊畋〈楊畋妻陶氏墓銘〉及王陶〈楊畋墓誌銘〉〉，載本書下篇，頁543。

置廣南東西路轉運判官各一員。平定儂智高之亂最值得注意的人事任命，是仁宗不理文臣的反對，在是月丁亥（十四），破格擢陞他的愛將、彰化軍（即涇州，今甘肅平涼市涇川縣）節度使狄青（1008～1057）為樞密副使。不久，便委狄青擔任平蠻的大任。〔註73〕

宋廷為統一兩廣討伐儂智高的事權，接受諫官賈黯（1022～1065）的意見以及余靖的請求，於七月丙午（初三），任余靖經制廣南東西路盜賊，楊畋以下均受余靖節制。同月壬子（初九），宋廷令審官院善擇長吏，安撫曾遭蠻兵攻破的連州、賀州、端州、白州（今廣西玉林市博白縣）等諸州的百姓。為了盡快獲知軍情，又詔自京至廣州增置馬遞鋪，仍由內臣一員提舉。丁巳（十四），宋廷又嚴令販賣糧食給蠻兵者為首者斬，從者配嶺北牢城，運糧的舟車沒收歸官。宋廷當時估計儂智高的部眾至少有二萬人，日耗糧五百石。〔註74〕

當楊畋仍在途中時，儂軍已再度猛攻廣州城。幸而魏瓘當年築廣州城時，早已做好鑿井儲水，以及繕造大弩等守城器具。儂智高包圍廣州城，並斷絕流入城內水源，幸而城中之井水用之不竭，而城上所發的弩箭多能擊中蠻軍，

〔註73〕《長編》，卷一百七十二，皇祐四年六月丙戌條，頁4152；丁亥至庚子條，頁4153～4154；卷一百七十三，皇祐四年九月戊申條，頁4171；卷一百七十三，皇祐四年十月甲申條，頁4176；卷一百七十四，皇祐五年二月壬辰條，頁4201。宋廷本來已派原荊湖南路轉運使、工部郎中王逵（？～1056後）為太常少卿直昭文館知廣州，代替仲簡。因有朝臣認為現時正當嶺外用兵，王逵不是撫禦之才，不宜任之，於是改任當年守廣州的魏瓘。曹修是馬軍副都指揮使、定國軍（即同州，今陝西渭南市大荔縣）留後曹琮（？～1045）之子，宋開國功臣曹彬（931～999）之孫。朱壽隆是真宗朝名臣朱台符之子。宋廷因嶺外諸州無備，命地方長吏修繕城垣。貴州的守臣虐待百姓，人不堪命。朱壽隆抵貴州後，將苛待百姓的任事者械守送獄，並奏請宋廷罷黜之，於是貴州人為朱立生祠以報之。又蔣偕奉命援廣州，他馳驛十七日至廣州城下。他入城後還沒有與知州仲簡揖禮，就力數仲簡的罪狀，責他留兵自守，不敢進擊蠻軍，另又縱部兵殺平民冒功希賞，實在罪可斬。仲簡反駁蔣偕無權擅殺像他一樣的侍從官。蔣偕盛怒下，聲稱「斬諸侯劍在吾手，何論侍從」！幸而得到他的左右排解，才沒有鬧出武將殺文官之大事來。宋廷委宋克隆知邕州，可惜又是用人不當。他沒有按宋廷的指示營葺守備，反而頗縱容士卒下山寨枉殺逃民，而冒稱殺賊獲賞。當儂智高在皇祐四年十月甲申（十二）回師邕州時，他就無法抵禦而棄城。宋廷在皇祐五年二月壬辰（廿二）追究他棄城之罪，將他除名刺配沙門島（今山東煙台市長島縣西北廟島）。

〔註74〕《長編》，卷一百七十三，皇祐四年七月丙午、壬子、丁巳條，頁4162～4163；《宋史》，卷三百二〈賈黯傳〉，頁10014～10015。

令蠻軍氣勢稍屈。知英州蘇緘（1016～1076）募壯勇數千人，令提點刑獄鮑軻（？～1057 後）留守，自己親自率軍星夜赴援，於廣州外二十里駐兵作爲外援。他又捕殺儂智高謀主黃師宓之父，以及附從蠻軍的盜賊六十餘人，並招安附賊之良民六千餘人。另一方面，番禺縣（今廣東廣州市番禺區）令蕭注（1013～1073），成功從廣州城突圍而出，並募得海上強壯二千餘人，乘坐海船屯集珠江上流。蕭軍趁著颶風夜起，縱火焚燒蠻船。在沖天大火下，宋軍大破蠻軍，並殺敵無數。蕭注即日兵發番禺縣，率各路援兵及民戶攜牛酒芻糧進入廣州城。這時本來往潮州（今廣東潮州市）議鹽政的廣南東路轉運使王罕（？～1057 後），也率新募之兵入援廣州。廣州軍民於是士氣大增，更加強守備。儂智高見廣州城屢攻不下，同月壬戌（十九）便解圍而去。儂智高從五月丙寅（廿二）攻城，至七月十九日解圍，前後圍城五十七日。〔註75〕

廣州雖轉危爲安，但儂智高大軍擄略了大批婦女，並以輕鬆作樂的姿態從清遠縣（今廣東清遠市）渡江北上，繼續攻略廣南州縣。儂軍回攻賀州（今廣西賀州市）雖不克，卻在白田（今廣西桂林市平樂縣東南）遇上號稱勇將的廣南東路兵馬都監張忠部，並一舉擊殺張忠及虔州（今江西贛州市）巡檢董玉（？～1052）、康州巡檢王懿（？～1052）、連州巡檢張宿（？～1052）、賀州巡檢趙允明（？～1052）、賀州監押張全（？～1052）及賀州司理參軍鄧冕（？～1052）等文武官員多人，宋軍慘敗。這時楊畋才抵達韶州。〔註76〕

〔註75〕 《長編》，卷一百七十三，皇祐四年七月丁巳、壬戌條，頁4163；八月乙酉條，頁4166；卷一百八十五，嘉祐二年二月丁酉條，頁4473。蘇緘委以留守英州的提點刑獄的鮑軻，是一個貪生怕死的懦夫，他後來帶其妻兒欲過嶺北，至雄州（當爲南雄州，今韶關市南雄市），得到知州蕭勃（？～1052 後）的收留，二人後來反而劾奏廣南東路轉運使王罕沒有應召到雄州議事。鮑軻後來在嘉祐二年（1057）二月，本來自京西路提點刑獄遷廣南東路轉運使。同年四月，卻被御史揭發他在儂智高圍廣州時，避敵韶州，無所經畫的舊事。宋廷於是令他降回原職。

〔註76〕 何冠環：〈楊家將研究的新史料：讀楊畋〈楊畋妻陶氏墓銘〉及王陶〈楊畋墓誌銘〉〉，載本書下篇，頁543；《長編》，卷一百七十三，皇祐四年七月壬戌條，頁4163～4164；八月辛卯條，頁4169；《宋史》，卷三百二十六〈張忠傳〉，頁10521。據李燾所記，援廣州有功的知英州蘇緘本來與洪州（今江西南昌市）兵馬都監蔡保恭（？～1052 後），以兵八千人分兵據守邊渡村，扼守蠻軍歸路。蘇緘在路上布置槎木巨石幾四十里。儂智高大軍來到，果然不能前進，惟有繞道而行，入沙頭渡江，由清遠縣經連州、賀州西歸。蠻軍被蘇軍布置的木石弄傷的很多，蘇緘盡得蠻軍所略奪之物。剛好張忠奉命從京師到來，就以軍令奪了蘇部的指揮權。張忠率軍南下，遇敵於白田。臨戰時他對其部下說：

　　教宋廷震動的是，張忠敗死後才兩天，宋廷倚重另一員勇將廣東鈐轄蔣偕，又在同月甲子（廿一）被蠻軍擊敗於路田。他雖得以身免，但麾下陣亡了一大批將官，包括南恩州（今廣東陽江市）巡檢楊達（？～1052）、南安軍（今江西贛州市大餘縣）巡檢邵餘慶（？～1052）、權宜州、融州（今廣西柳州融水苗族自治縣）巡檢馮岳（？～1052）及廣南西路捉賊使臣王興（？～1052）、莫用和（？～1052）。〔註77〕

　　宋軍兩番覆師，宋廷一方面厚卹張忠以下陣亡將校，安定軍心，另一方面懲處失職官員，並提昇有功將校包括蕭注和蘇緘，並開出優厚賞格，鼓勵軍民刺殺儂智高一眾蠻首。最重要的是督促楊畋火速率軍平亂。當楊畋抵達廣南時，情況是「初至無兵，城以戰御」，他只好「謀保大庾，據險以備」。鑑於宋軍軍紀不佳，特別是敗將蔣偕以下均「狂悖懼誅，輒先事譖毀」，於是楊畋上奏請將刪定的康定行軍約束以及賞罰格頒下，並置檢法官執行。八月己卯（初七），宋廷卻詔諭楊畋，責備他在甲兵大集時不火速進軍，消滅蠻兵，卻還要求頒格令，置檢法官。宋廷指稱既然令他節制諸將，關乎軍旅戰陣之事，楊畋自當從詳處決，何須要宋廷中覆。宋廷且警告楊畋，若蠻軍乘風勢渡海，攻掠瓊州（今海南海口市）及沿海諸州，就大事大妙。可宋廷不了解楊畋根本指揮不了諸將，才要求立法度，訂賞格。宋廷因沒有充足兵力防守各州，惟知道不設備，蠻軍就能輕易攻取，於是要求楊畋斷蠻軍入海之路，這那是強楊畋所難。〔註78〕

　　「我十年前一健兒，以戰功爲團練使，汝曹勉之。」張忠看不起蠻軍，心存輕敵，不披甲而躍馬向前。他的先鋒軍卻不爭氣，遇蠻軍而奔逃。他被蠻軍包圍，雖然奮勇將兩員蠻將打下馬來，但他自己也馬陷泥濘不能躍出，結果身中蠻軍凌屬的標槍而枉死。

〔註77〕《長編》，卷一百七十三，皇祐四年七月甲子條，頁4164。

〔註78〕何冠環：〈楊家將研究的新史料：讀楊畋〈楊畋妻陶氏墓銘〉及王陶〈楊畋墓誌銘〉〉，載本書下篇，頁543；《長編》，卷一百七十三，皇祐四年八月癸酉、丙子、己卯、乙酉、丙戌、丁亥、辛卯、乙未條，頁4165～4169；《宋會要輯稿》，第十五冊，〈兵十四‧便宜行事〉，頁8880；第十六冊，〈蕃夷五‧儂氏〉，頁9876；《宋史》，卷三百三十四〈陶弼傳〉，頁10735；王安石：《王荊公文集箋注》，卷五十七〈尚書祠部郎中集賢殿修撰蕭君固墓誌銘〉，頁1963～1964。宋廷在八月癸酉（初一），將原廣南西路轉運使、主客郎中劉文炳（？～1052後）削五任官，責授均州（今湖北十堰市丹江口市）團練副使，坐失備禦儂智高之罪。丙子（初四），再降前廣南西路轉運使、司封員外郎蕭固知吉州（今江西吉安市），坐不察儂智高反之罪。乙酉（十三），降廣南東路轉運使、金部員外郎王罕爲主客員外郎、監信州（今江西上饒市信州區西北）

宋廷開始對楊畋平亂的信心動搖。雖然翰林學士胡宿極力爲楊畋說話，稱許「楊畋謙默不伐，深沈有算，兼其忠孝出於天性，誠堪屬以南伐，總茲師律」。他請求仁宗「宜申敕諸將，稟其節制，則軍眾有所統一，號令得以施行」；但宋廷並未接納他的意見，增加楊畋的權力；〔註79〕反而在是月辛卯（十九），因宰相龐籍的力薦，仁宗委新知秦州（今甘肅天水市）另一員號稱知兵的儒臣孫沔（996～1066），出任荊湖南路、江南西路安撫使，並委他寵信的內臣內園使、陵州（今四川眉山市仁壽縣）團練使、入內押班石全彬（？～1070）做孫的副手，並許孫沔得以便宜從事。孫沔以南兵連爲蠻軍所敗，士氣低落不可用，請求仁宗增發騎兵，並增選偏將二十人從征，另求賜武庫精甲五千副，加強部隊裝備。參知政事梁適（1001～1070）不同意，認爲孫沔所請有點張大其事。孫沔幾番爭取，才獲派兵七百隨行。孫沔擔心蠻軍會越過嶺北，於是檄文湖南和江西，聲言大兵將至，令各地做好繕治營壘以及準備燕犒大軍。蠻軍以爲宋廷有大軍在後，就沒有北犯。當孫沔抵鼎州（今湖南常德市）時，宋廷再加他廣南東西路安撫使，由他統領平蠻之戰事。九月甲辰（初二），宋廷再任內殿承制、閣門祗候孫宗旦（？～1052）爲荊湖南路、江南西路兵馬都監。〔註80〕楊畋的平蠻的權力一再被削，已事

酒稅。據李燾所考，王罕本來援救廣州有功，宋廷不知，卻聽信知雄州（按：當爲南雄州）蕭勃之劾奏，指他沒有應召至雄州議事。另外宋廷也相信諫官知諫院李兌（？～1053後）的劾奏，說王罕怯懦避賊，端居廣州，而將他責降。乙未（廿三），宋廷又降提點廣南西路刑獄、職方員外郎李上交（？～1052）爲太常博士。至於追贈陣亡將校方面，宋廷在同月丙戌（十四），追贈張忠爲感德軍（即耀州，今陝西銅川市耀縣）節度使，官其父弟子姪婿多人，又封其母女。獎功方面，宋廷在丁亥（十五），擢蕭注爲禮賓副使仍權發遣番禺縣事。另在辛卯（十九），擢知英州、秘書丞蘇緘爲供備庫副使。值得注意的是，蕭注與蘇緘均由文資轉授武資官。關於蘇緘後來的仕宦生涯，可參閱伍伯常：〈蘇緘仕宦生涯考述：兼論北宋文官參與軍事的歷史現象〉，《中國文化研究所學報》，新五十六期（2013年1月），頁101～141。

〔註79〕 胡宿此奏撰寫的月日不詳，惟奏中稱儂智高軍頓於廣州城外已六十餘日。按儂軍在皇祐四年五月丙寅（廿二）圍廣州城，則胡宿此奏當上於在皇祐四年七月底。大概胡宿上奏時不知儂軍已在七月底解圍而去。參見胡宿：《文恭集》，卷八〈論征蠻〉，葉一上至二上。

〔註80〕 《長編》，卷一百七十三，皇祐四年八月辛卯、丙申條；九月甲辰條，頁4168～4170。孫沔初授知秦州時，入見仁宗。他表示秦州事不足憂，反而擔心嶺南的蠻亂。當宋廷接到張忠死及蔣偕敗之消息後，仁宗對龐籍稱許孫沔料事很準。於是龐籍推薦孫沔出任平蠻的重任。當梁適認爲平南不必大張旗鼓時，孫沔就反駁梁適，指當日就因宋廷無備，才弄到蠻軍坐大，他指出今次不能

無可爲。他可以做的是保存實力，爲此，當他知聞儂智高移軍沙頭（在邕州城外），準備渡江之際，即檄命新敗的蔣偕焚毀英州儲糧，放棄英州，率殘部北上退保韶州。楊畋又召內殿承制亓贇、岑宗閔（？～1052 後）、西頭供奉官閤門祗候王從政（？～1052 後）各率本部退守韶州，並將檄文申報御史台及諫院。〔註81〕

　　九月戊申（初六），蔣偕率部數千人抵賀州太平場。因輕敵大意，蠻軍是夜攻入宋軍營寨，襲殺蔣偕。蔣部將莊宅副使何宗古（？～1052）、右侍禁張達（？～1052）及三班奉職唐峴（？～1052）亦被殺，全軍幾乎覆沒。蔣的餘眾怕坐主將被殺之罪，多有意降敵。這時楊畋所委的機宜陶弼剛好率鼇卒數十人從韶州南下英州，會合諸將商議解救廣州，碰上敵兵解圍西往，他就捨舟抄陸路西行，打算往賀州太平場會合楊畋。辛亥（初九），他在太平場發現蔣偕殘部潰走山林，怕蔣軍殘部會降敵，馬上矯楊畋命令，以布帛易爲白旗數面，並削木爲榜，揭榜道上，上書：「招安蔣團練下敗兵」，派隨從十餘人持白旗往村落，曉諭蔣偕的敗兵歸返宋營，許以不死，並假借楊畋之命，將敗兵繞路送往賀州就糧，楊畋因此得以收回敗兵千五百餘人。楊畋後來還朝後，曾對人說：「吾平賊湖外，所得者一陶某而已。」一方面見到他對陶的器重，但另一方面，也看到楊畋麾下無人。〔註82〕

　　六天後（甲寅，十二），儂智高於龍岫峒再將桂、宜、柳州巡檢、三班借職李貴所部擊殺。宋軍連敗，丙辰（十四），宋廷追究責任，將楊畋責知鄂州（今湖北武漢市）落知諫院，他的副將曹修也被責降爲荊南都監，已戰死但

〔註81〕 指望可僥倖獲勝。他居京師兩日便被促令起行。宋廷在是月丙申（廿四），詔孫沔等若軍中須人任使，可在江南東路抽調。
《長編》，卷一百七十三，皇祐四年九月丙辰條，頁 4172；《宋史》，卷三百二十六〈蔣偕傳〉，頁 10520。
〔註82〕 《長編》，卷一百七十三，皇祐四年九月戊申條，頁 4171；《雲巢編》，卷八〈東上閤門使康州刺史陶公傳〉，葉五下至六上；劉摯：《忠肅集》，卷十二〈東上閤門使康州團練使陶公墓誌銘〉，頁 243～244；《黃庭堅全集》，《宋黃文節公全集·正集》，卷三十〈東上閤門使康州團練使知順州陶君墓誌銘〉，頁 815；《宋史》，卷三百二十六〈蔣偕傳〉，頁 10520；卷三百三十四〈陶弼傳〉，頁 10735。又據宋人筆記所載，儂智高將起事時，陶弼已預感亂事將作，他曾寫詩給楊畋，請他做好準備。詩云：「虹頭穿府署，龍角陷城門。」不過，這種荒誕的詩讖不過是小說家言，不足爲信。參見王闢之（1031～1098 後）（撰），呂友仁（點校）：《澠水燕談錄》（與《歸田錄》合本）（北京：中華書局，1981年3月），卷六，頁 78；郁志勇：〈宋代詩讖的類型劃分及心態解析〉，《晉陽學刊》，2006 年第 4 期，頁 111。

宋廷尚未知的蔣偕被責降爲潭州都監。宋廷同時委蘇緘和蕭注並爲廣南東路都監兼管勾東西兩路賊盜事，暫時替代楊畋及曹修的職務。丁巳（十五），楊畋再被降爲屯田員外郎，曹修再貶爲洛苑副使兼閤門通事舍人，蔣偕再責爲北作坊使忠州刺史，亓贇被責爲內殿崇班。宋廷的制書批評楊畋：「惟爾畋頃按湖外，有破荊湖之功，故起畋於廬中，其所以臨遣之意厚甚。方賊勢犇蹶，濟沙頭以迴，檄還前師，不時進擊，而欲棄壁焚糧，爲退保之計。夫統大兵之眾，伐窮寇之黨，顧出此策耶，朕所不取焉。」到皇祐五年（1053）正月甲子（廿三），當儂智高已被平定時，宋廷仍不放過楊畋，因言事者劾他「處事乖方，後師逗留」，再將他自屯田員外郎、直史館知鄂州責授太常博士、知光化軍（今湖北襄樊市老河口市西北）。〔註83〕

　　楊畋這次受命平蠻一事無成，而被貶官降職。教人惋惜的是，他從皇祐四年六月奉命出都門，至九月被罷職。前後百天，他南北奔波，在未與敵軍交鋒前，卻被一再削去平亂權力。他名位本不高，而手上既沒有可驅馳奮戰的健兒，而名義下撥歸他調遣的悍將如張忠、蔣偕之輩，根本不受指揮。偏偏楊畋面對的，卻是比猺山蠻人唐和尚勢力大上百倍的儂智高大軍。宋廷中樞對儂智高的勢力及意圖一開始就低估，而平蠻用人又事權不專。加上地方素無準備，而兩廣守臣多爲平庸之輩。就算楊畋有通天本領，也無計可施。楊畋兵敗廣南，平情而論，過不在他。當時廷臣劉敞（1019～1068）總算爲楊畋說了一番公道之話，他說：「楊畋之官素微，又其行以使者往，而所與俱者蔣偕、張忠之徒，官皆在畋右，或宿將自負，頡頏作氣，招之不來，麾之

〔註83〕何冠環：〈楊家將研究的新史料：讀楊畋〈楊畋妻陶氏墓銘〉及王陶〈楊畋墓誌銘〉〉，載本書下篇，頁543；《長編》，卷一百七十三，皇祐四年九月甲寅、丙辰、丁巳、戊午、己未條，頁4172～4173；卷一百七十四，皇祐五年正月甲子條，頁4196；卷一百八十六，嘉祐二年十月己巳條，頁4493；《宋會要輯稿》，第八冊，〈職官六十五・黜降官二〉，頁4802；不著撰人（編），司義祖（點校）：《宋大詔令集》（北京：中華書局，1962年10月初版，1997年12月二版），卷二百五〈起居舍人楊畋降屯田員外郎西上閤門副使曹修降洛苑使制・皇祐四年九月丁巳〉，頁766。因宋軍連敗，爲了提高士氣，宋廷於是月戊未（十六），特賜自京至廣南西路馬遞鋪卒緡錢。又於望日（己未，十七），分別追贈嶺南諸州死於王事的官員，其中知封州曹覲贈太常少卿；知康州趙師旦爲光祿少卿。曹妻劉氏，以避賊死於林峒，追封彭城郡君，加賜冠帔，官其子四人。曹父修古獲追贈工部侍郎，曹母陳氏贈潁川郡君。另外，宋廷又將原知龔州（今廣西貴港市平南縣）張序等十四人，以坐棄城之罪編配安置。他們要到嘉祐二年（1057）十月才獲赦恢復自由。

不往，且安得有功。」〔註84〕楊畋在盛名之下再度出山，無功而還，不幸中之大幸，是他尚能保全要領，不致枉死蠻軍之手，當然，他儒將之聲名是受到損害了。好像司馬光後來便批評他是「儒者，迂闊無威，諸將不服」，而不再說他是文武兼資的儒將。〔註85〕

楊畋不能平定蠻軍，余靖以至孫沔也好不了多少。宋廷最後還是倚靠一代名將狄青出馬，幾經辛苦，在皇祐五年正月丁巳（十六）於賓州（今廣西南寧市賓陽縣西南）歸仁鋪一役，方將儂智高平定。余靖和孫沔本來平蠻無功，卻以出任狄青副手，因人成事地得到陞官獲賞而仕途得意。倘若楊畋並沒有一馬當先承擔平蠻之任，而是稍後才追隨狄青平蠻，可能他會像從叔楊文廣一樣以隨狄青平蠻受賞，而不是被貶降職。楊畋的好友梅堯臣在是年二月撰詩〈十一日垂拱殿起居聞南捷〉，詩中譏刺因人成事的孫、余二人之餘，也隱然有為楊畋抱不平的味道。〔註86〕

五、學士儒臣

楊畋在敗軍被貶後，倒有餘暇替幼妹完婚。大概在皇祐五年六月以後，當父喪滿三年後，他便將出於繼母李氏、年方十八的幼妹許配予河南望族、後來官至朝奉郎、太子中舍張景儒，做他的繼室。值得注意的是，楊畋雖將家出身，但為幼妹婚配，卻選擇書香門第，儒門望族。〔註87〕至和元年（1054）

〔註84〕《長編》，卷一百七十四，皇祐五年二月癸未條，頁4197～4198。
〔註85〕司馬光：《涑水記聞》，卷十三，頁259。
〔註86〕狄青於皇祐四年九月庚午（廿八）自樞密副使改任宣徽南院使、荊湖北路宣撫使、提舉廣南東西路經制賊盜事，統兵平蠻。自孫沔、余靖以下，均受節制。參見《長編》，卷一百七十三，皇祐四年九月癸亥條，頁4174～4176；卷一百七十四，皇祐五年正月丁巳條，頁4192～4193。從狄青南征的，包括楊文廣。關於狄青平定儂智高之經過，可參考何冠環：〈狄青（1008～1057）麾下兩虎將──張玉（？～1075）與賈逵（1010～1078）〉，載《北宋武將研究》，頁346～348。關於楊文廣隨狄青征儂智高的事蹟，可參閱何冠環：〈北宋楊家將第三代傳人楊文廣（？～1074）事蹟新考〉，頁402～408。梅堯臣在這一首很生動而充滿譏刺的詩，云：「將軍曰青才且武，先斬逗撓兵後強。從來儒臣空賣舌，未到已愁莿葉黃，徘徊嶺下自稱疾，詔書切責仍勉當。因人成功喜受賞，親戚便擬封侯王，昔日苦病今不病，銅鼓棄擲無鏢鎗。」其中空賣舌的而稱疾徘徊嶺前的儒臣，顯然是指孫沔；因人成功喜受賞的人，也包括了余靖。又朱東潤所撰之《梅堯臣傳》，也引述他贈詩楊畋及後來他所寫這首詩的背景。參見朱東潤：《梅堯臣傳》（北京：中華書局，1979年5月），第八章〈監倉的前後〉，頁161～162。
〔註87〕《全宋文》，第二十七冊，卷五百七十九〈陸經・朝奉郎守太子中舍騎都尉賜

二月辛酉（廿七），因擒獲儂智高母及親屬而自知桂州、工部侍郎加集賢院學士的余靖，上奏宋廷爲楊畋和曹修請命，指出「臣前歲與起居舍人楊畋、閤門副使曹修同時受命經制賊盜，畋等各懷忠藎，並練權謀，當單車制馭之初，值劇賊猖狂之際，雖英詔處置偶失機事，而連賀保全，皆由指授。今畋等舊官未復，而臣屢承寵命。」他願意將授給他的集賢院學士及兒孫恩澤回納朝廷，以換取楊畋與曹修等牽復舊官。余靖的慷慨執言，顯然產生了良好效果。楊畋相信在這年三月後，便自太常博士直史館知光化軍徙知邠州（今陝西咸陽市彬縣），官秩也回陞至屯田員外郎仍直史館。他的好友蔡襄爲他撰寫制文。制文既爲他平儂智高無功的事開釋，又表揚他平猺山之功。〔註 88〕他在至和元年復起爲起居舍人，出任河東轉運使。當時知并州的韓琦有詩相答，題爲〈次韻答運使楊畋舍人〉，詩中頗稱揚他在任上的勞績。詩云：「軺車勤按問，并部此先行。糴重傷農業，年豐報力耕。幾時蘇俗困，異日復民兵。公策方經遠，提封可坐清。」〔註 89〕到至和二年（1055），他的好友、權知開封府的蔡襄又有詩答他，題爲〈因書答河東轉運使楊樂道〉，可見這

緋魚袋張君墓誌銘・熙寧八年九月〉，頁 223～224；第七十八冊，卷一千七百零四〈張峋・宋故壽陽縣君楊夫人墓誌銘・紹聖二年三月〉，頁 185～187。張景儒初娶三司鹽鐵副使楊日華之女，然後在皇祐五年續娶楊畋妹。楊畋妹卒於紹聖二年（1095）二月，年六十，則她年十八出嫁時，當爲皇祐五年。按楊琪卒於皇祐二年六月，三年守孝，楊氏女出嫁當在皇祐五年六月後。又張景儒比楊畋妹年長十九年。

〔註 88〕余靖收到宋廷的敕誥是三月乙酉（廿一），宋廷收到他的表文大概至早要到四月，故宋廷若接受他的請求，牽復楊畋官職，至早也當在四月以後。蔡襄這道制文云：「迺者南方有干紀之民，命師往征。屬久治平，士不知戰。以爾秉心孤直，禮爲身檢，荊蠻騷擾，亦嘗殄平，起於喪盧，往爲帥領。厥功未就，言者其興，退守奉常，典菆軍壘。念汝忠藎，屈處安恬，進復郎曹，易守邊郡。堅爾誠節，毋忘寄委」。按蔡襄在至和元年七月自知制誥任權知開封府，這道制文當撰於皇祐五年底，至和元年七月前。參見《長編》，卷一百七十六，至和元年三月庚午條，頁 4225；《武溪集》，卷十五〈免充集賢學士表〉，葉五下至六下；〈謝充集賢學士表〉，葉七上至八上；《蔡襄集》，卷十二〈制誥三・太常博士直史館知光化軍楊畋可屯田員外郎依前直史館知邠州制〉，頁 235；《蔡襄年譜》，頁 118。

〔註 89〕韓琦（撰），李之亮、徐正英（箋注）：《安陽集編年箋注》（成都：巴蜀書社，2000 年 10 月），卷七〈次韻答運使楊畋舍人〉，頁 306。李之亮另一文則推論楊畋約在至和元年至嘉祐元年任河東轉運使，惟並未據具體證據。參見李之亮：〈北宋河東路轉運使編年〉，《華北水利水電學院學報》（社科版），第 17 卷第 2 期（2001 年 6 月），頁 57。

年楊畋仍在河東轉運使任上。〔註 90〕他另一位至友、從皇祐五年五月開始擔任權御史中丞的孫抃，在擔任中丞的兩年中，曾上奏舉薦楊畋，認爲宋廷應委楊畋以重任，不應將他放在地方，稱許「楊畋有文武幹，州郡不足見其材，宜擢近職，置之湖、嶺間，藉其威名以靖徼外。」當楊畋的文臣友好相繼舉薦他時，平定儂智高的英雄狄青，在嘉祐元年（1056）八月癸亥（十四），卻因文臣之交相攻擊，被罷樞使出判陳州（今河南周口市淮陽縣）。其中攻擊狄青最烈的，正是楊畋的好友及支持者歐陽修和劉敞。狄青嚥不下這口氣，在嘉祐二年（1057）三月庚子（廿四）卒於陳州。相較之下，楊畋有文臣之身份，有廣闊之人脈，就有不同於狄青的待遇了。〔註 91〕

因同僚的力薦，楊畋在嘉祐元年已自河東轉運使歸朝任三司戶部副使，官階也陞爲吏部員外郎。〔註 92〕嘉祐三年（1058）仍在京師擔任國子監直講的梅堯臣，曾贈他詩一首，題爲〈楊樂道留飲席上客置黃紅絲頭芍藥〉，詩云：「我亦愛明月，常滿不願落，上弦過楊侯，乃值寒雨作，共飲三四人，不覺傳鳴柝」。八月辛亥（十三），宋廷原本委他以戶部副使、吏部員外郎的身份爲契丹國母生辰使；但楊畋以他的曾伯祖父楊業死於遼人之手而推辭不任。宋廷只好改命權鹽鐵副使、工部郎中王鼎（？～1058 後）前往。作爲楊門子弟，楊畋不忘家仇，那和他的族叔楊文廣，在晚年時仍上陣圖請收復幽燕，精神上是一致的。〔註 93〕楊畋在這年底拜天章閣待制兼侍讀。據楊畋墓誌銘所記，他在謝授官之奏還大膽地提到仁宗應早日建儲的敏感議題，奏曰：

> 臣昔不能殲裂荒徼，今侍帷幄，豈敢復愛死，不盡愚忠，負厚恩，雖陛下神靈后天地，然久朝夕問安禮，其何以慰天下無疆之望。願

〔註 90〕《宋史》，卷三百〈楊畋傳〉，頁 9965；《蔡襄集》，卷六〈因書答河東轉運使楊樂道〉，頁 107；《蔡襄年譜》，頁 125。

〔註 91〕《長編》，卷一百八十三，嘉祐元年八月癸亥條，頁 4435；卷一百八十五，嘉祐二年三月庚子條，頁 4473～4474；蘇頌：《蘇魏公文集》，卷六十三〈行狀‧朝請大夫太子少傅致仕贈太子太保孫公（抃）行狀〉，頁 963～966。

〔註 92〕何冠環：〈楊家將研究的新史料：讀楊畋〈楊畋妻陶氏墓銘〉及王陶〈楊畋墓誌銘〉〉，載本書下篇，頁 543。

〔註 93〕《長編》，卷一百八十七，嘉祐三年八月辛亥條，頁 4519；《宋史》，卷三百〈楊畋傳〉，頁 9965；《梅堯臣集編年校注》，卷二十八，頁 1011～1012。關於梅堯臣在嘉祐三年在京師的活動及事蹟，可參朱東潤：《梅堯臣傳》，第九章〈最後的安排〉，頁 201～205。關於楊文廣上陣圖請收復幽燕的始末，可參閱何冠環：〈北宋楊家將第三代傳人楊文廣（？～1074）事蹟新考〉，頁 427～430。

出聖斷，擇宗室最親最賢者，侍膳嘗藥，塞絕奸僭，則宗廟社稷大幸。〔註94〕

楊畋在三司戶部副使任上，曾與他的上司、三司使張方平意見不合。這年十二月，張方平奏請宋廷，將發給河北戍兵之軍裝，從河北土絹易爲雜州絹，楊畋卻密奏不可。〔註95〕

張方平在嘉祐四年（1059）三月己亥（廿九）罷三司使出知陳州，繼任人是著名的直臣樞密直學士、右諫議大夫包拯（999～1062）。楊家將與包青天乃得結緣爲上司下屬。值得一提的是，與楊畋有交情的歐陽修，這時卻以翰林學士的身份上奏，反對由彈劾過張方平及宋祁的包拯出任三司使；不過，仁宗仍以包拯出任此職。五月，楊畋又判吏部流內銓。他擔任繁劇的差使之餘，再以侍從的身份，上言國本之事。據楊畋墓誌銘及《宋國史》所載，他曾在是年正月因見日有食而再上奏，以「漢成帝時，日食地震；哀平之世，嫡嗣屢絕，此天意所以戒陛下，願急擇親賢以答天戒」，請仁宗早立皇嗣。他這番上奏，王陶就稱道他「公之忠亮憂國，自任如此」。〔註96〕

〔註94〕 何冠環：〈楊家將研究的新史料：讀楊畋〈楊畋妻陶氏墓銘〉及王陶〈楊畋墓誌銘〉〉，載本書下篇，頁 543；《梅堯臣集編年校注》，卷二十八，頁 1064。又梅堯臣在是年閏十二月，有詩和楊畋，題爲〈次韻和酬楊樂道待制詠雪〉，可證楊畋在嘉祐三年或已爲天章閣待制。

〔註95〕 《長編》，卷一百八十八，嘉祐三年十二月乙巳條，頁 4536；《宋史》，卷三百〈楊畋傳〉，頁 9965。

〔註96〕 何冠環：〈楊家將研究的新史料：讀楊畋〈楊畋妻陶氏墓銘〉及王陶〈楊畋墓誌銘〉〉，載本書下篇，頁 543；《宋史》，卷三百〈楊畋傳〉，頁 9965；《宋會要輯稿》，第四冊，〈儀制三‧朝儀班序〉，頁 2342；《長編》，卷一百八十九，嘉祐四年正月丙申朔條，頁 4546；三月己亥至己未條，頁 4553～4557。按張方平罷三司使後，原本由吏部侍郎端明殿學士宋祁繼任；但宋祁爲言官所劾，不到十日便去職出知鄭州（今河南鄭州市），而由原權御史中丞包拯繼任。按《長編》引《宋國史‧楊畋傳》所記有關楊畋在嘉祐四年正月上書之事，相信是根據楊畋墓誌銘所載。據楊畋墓誌銘所記，楊畋曾見嘉祐三年冬河北地震，而嘉祐四年正月丙申（初一）又發生日食，於是上奏仁宗，論早立皇嗣，「以答天戒」。惟李燾考證，河北地震其實發生於嘉祐二年二月，嘉祐三年冬河北並無地震，故楊畋不應於嘉祐四年正月上奏。按《宋史‧楊畋傳》則照抄《國史》的說法而未有細考。筆者認爲楊畋當有上書請仁宗立儲；不過，他上書的年月是否在嘉祐四年正月，有待詳考。另據《宋會要》的記載，楊畋曾在嘉祐四年五月丁酉（初四），與同爲天章閣待制的錢象先（996～1076）、盧士宗（？～1070）及唐介（1010～1069）上言，請以服闋還朝、除天章閣待制比他們四人早的何郯（1005～1073），復居他們之上。他們這番謙讓的要求得到宋廷的批准。這次上奏，是否由楊畋發動，不詳。

　　楊畋在嘉祐五年初，自請罷去已做了近兩年繁劇的三司副使職位。據當時任秘閣校理的文同代撰的〈代楊侍讀謝官表〉云：「嚮蒙拔試，使辦要煩，召至外臺，入陪會省，簿領倥傯，財賦浩穰，顧區撥以非能，處譴斥而不暇。止幸滿歲，將從外官，甘終散僚，分絕榮路。」事實上楊畋任職三司多年，「在戶部，案牘盈積，終日不休，至曛晚方拂書滌硯，然燭臨書史，未嘗少懈」。他這樣的工作態度是大大影響其健康的，宜乎他辭去三司的職位。當宋廷改任楊畋爲知制誥仍兼侍讀時，他即上表辭謝侍讀的加職，自稱「臣少雖從師，久已廢業，性弗解而自蔽，心不磨而愈昏，究極而未至，典籍之奧，討論而莫精。」當然宋廷並不允所請。〔註97〕他的友人宋祁且恭賀他一番，稱他「氣涵先覺，道肖至和。薄三代以搴英，泝九流而質要。奏文闕下，嘗被賞於同時，折論書林，弗取資於孟晉。參籌計幕之次，磨墨翠之餘。帝透乃衷，公符斯議。試言丞相之府，初不淹時，一覽尚方之幃，久之稱善。」〔註98〕

　　楊畋在嘉祐五年（1060）二月前，又曾擔任三班院之差遣，挑選三班使臣。二月丙子（十七），他通過三班院長官上言，向宋廷奏請，以「諸路走馬承受雖是使臣，緣預聞邊要，主帥機宜公事，職任非輕，理合愼選，乞應中書制敕院、沿堂五院、樞密院出職人，並依諸司人吏，更不預揀選走馬承受

〔註97〕何冠環：〈楊家將研究的新史料：讀楊畋〈楊畋妻陶氏墓銘〉及王陶〈楊畋墓誌銘〉〉，載本書下篇，頁544；文同（撰），胡問濤、羅琴（校注）：《文同全集編年校注》（成都：巴蜀書社，1999年6月），卷一〈慶曆六年至治平四年·謝楊侍讀惠端溪紫石峴〉，頁24～26；卷三十一〈未編年文·代楊侍讀謝官表〉，頁1007～1008；〈附錄一〉〈文同年譜〉，頁1030～1031；《宋史》，卷三百〈楊畋傳〉，頁9965。據楊畋墓誌銘，楊畋罷三司副使，改任知制誥兼侍讀在嘉祐五年，月日則不詳。據文同所撰一詩的記載，約在在嘉祐五年，楊畋曾邀請他往其西城宅一聚，並將他在嶺外所得一方名貴端硯相贈。詩云：「前日下秘閣，謁公來西城。公常顧遇厚，待以爲墨卿。延之吐佳論，出口無雜聲。語次座上物，硯有紫石英。云在嶺使得，渠常美其評。因取手自封，見授囑所擎。倉皇奉以拜，其喜懷抱盈。歸來示家人，眾目歡且驚。」文同稱楊畋爲楊侍讀，則楊在嘉祐五年仍帶侍讀當無疑。文同是蘇軾、蘇轍的從表兄弟，又是蘇轍的姻家，算是楊畋的晚輩。他在嘉祐四年召試館職，判尚書職方兼編校史館書籍，五年任秘閣校理。據《文同全集編年校注》的編者意見，文同〈謝楊侍讀惠端溪紫石硯〉一詩當作於嘉祐五年。不過，該集編者失考嘉祐年間的「楊侍讀」，就是大名鼎鼎、雅好書畫的龍圖閣直學士兼侍讀的楊畋。又文同的〈代楊侍讀謝官表〉，文集的校點者沒有將之編年，大概不知楊侍讀即楊畋，也就不知楊畋曾任三司副使之年月，而無從推知此文的撰寫年月。
〔註98〕宋祁：《景文集》，文淵閣《四庫全書》本，卷五十六〈回楊舍人啓〉，葉一上下。

差遣」。宋廷接納他的意見。〔註99〕值得一記的是，楊畋在這年三月，因擔任判吏部流內銓之故，而與當時身爲選人的蘇轍結下一段善緣。據蘇轍撰於嘉祐七年五月的〈楊樂道龍圖哀辭并敘〉憶述，當時任流內銓的楊畋見蘇轍於眾選人當中，即主動推薦蘇轍，說「聞子求舉直言，若必無人，畋願得備數。」然後又邀蘇轍至其家，交談起來，一見如故。對蘇轍大爲賞識。〔註100〕

十一月丁亥（初二）仁宗要擢陞兩名外戚李珣（1025～1098）及劉永年（？～1084）爲觀察使。當制的楊畋封還李珣及劉永年的詞頭，不肯草制詞，並且上言仁宗，指太祖朝守邊有功的名將如郭進等，均未嘗有轉官移鎮之寵。他反對無汗馬功勞，只是以外戚身份的李珣和劉永年而除觀察使之高職。他認爲這樣做，恐怕天下人會說仁宗「忽祖宗謹重名器之訓，開親戚僥倖之門，曲緣私恩，輕用王爵」。仁宗起初執意不從，命其他知制誥草制；但范鎮（1008～1088）上言支持楊畋，最後仁宗只好收回成命。〔註101〕楊畋據理力爭，得到宋廷士大夫的敬重，稍後他的好友趙抃也援引他的做法，反對內臣、勾當御藥院劉保信（？～1060 後）等四人陞任遙郡團練使及刺史之職。〔註102〕

楊畋大概在嘉祐五年底不再擔任知制誥，而在嘉祐六年（1061）初改任知諫院，並自天章閣待制陞任爲龍圖閣直學士仍兼侍讀，成爲楊門獨一無二的「楊學士」。他的好友沈遘爲他所撰的制文稱許楊畋爲「直清之操，卓爾不群；閎達之材，綽然有裕。出入內外，簡在朕心。傳不云乎，如有所譽，其有所試。其以畋陞于延閣，長於諫臣」。另外沈遘所撰的〈七言次韻和樂道出省後見寄〉，也提及楊畋陞任龍圖閣直學士兼侍讀，說「君從司會陞延

〔註99〕《宋會要輯稿》，第七冊，〈職官四十一·走馬承受公事〉，頁 4062；《長編》，卷一百九十一，嘉祐五年二月壬午條，頁 4614。

〔註100〕蘇轍（撰），曾棗莊、馬德富（校點）：《欒城集》（上海：上海古籍出版社，1987 年 3 月），卷十八〈楊樂道龍圖哀辭并敘〉，頁 424。

〔註101〕趙汝愚（1140～1196）（編），鄧廣銘（1907～1998）、陳智超等（整理）：《宋朝諸臣奏議》（上海：上海古籍出版社，1999 年 12 月），卷三十四〈上仁宗論李珣劉永年無功除授〉（楊畋撰），頁 337；《長編》，卷一百九十二，嘉祐五年十一月丁亥條，頁 4648；《宋史》，卷三百〈楊畋傳〉，頁 9965；卷四百六十四〈外戚傳中·李珣傳〉；頁 13567。

〔註102〕趙抃在奏狀中說：「近日知制誥楊畋等封還劉永年、李珣等轉官詞頭，亦爲無功濫有遷拜，已蒙朝廷追奪，今來保信等恩命，尤爲僭濫，獨未寢罷，內外異法，物論不平。」參見趙抃：《清獻集》，卷九〈奏狀乞檢會前奏追奪劉保信等恩命〉，葉十二下至十三上。

閣，更職華光奉講論」。沈遘後來贈楊畋的〈奉酬楊、祖二閣老中書省齋宿見寄〉，也說「詞省非吾據，維應賴兩公」，認為楊畋和祖無擇應該留任知制誥。〔註103〕

楊畋不負仁宗之知，擔任諫官後，便屢屢進言。雖然他出任知諫院數月後已抱病，但他仍力疾「章疏迭迭，持正不阿，風節益厲」。嘉祐六年正月，他以嘉祐五年夏秋之交，久雨傷稼，而澶州河決，東南數路，大水為沴。他認為當是宗廟之禮恐有未順之處，他上奏請罷仁宗心愛的溫成皇后（1024～1054）廟，並罷三聖並侑。他且說：「城南立溫成廟，四時諏日祭奠，以待制、舍人攝事，牲幣、祼獻、登歌、設樂並同太廟之禮。蓋當時有司失於講求，略無典據。昔商宗遭變，飭己思咎，祖己訓以典祀無豐於昵。況以嬖寵列於秩祀，非所以享天心、奉祖宗之意也。」仁宗雖然寵愛溫成張后，但拗不過楊畋的正理，乃下其章給禮官并兩制考議。眾議南郊三聖並侑，溫成皇后立廟，皆違經禮。仁宗於是改溫成皇后廟為祠殿，仍在歲時遣宮臣行事，薦以常饌。〔註104〕

這年二月，仁宗御試進士、明經諸科舉人。楊畋獲委為進士詳定官。據范鎮《東齋記事》的記載及李壁《王荊文公詩箋注》的考訂，當時一同擔任

〔註103〕沈遘與楊畋交好，在現存的沈遘文集中，共收有四首與楊畋唱和的詩，前兩首當是楊畋尚任知制誥時所作，後兩首則是楊畋「出省」罷知制誥時所作。參見何冠環：〈楊家將研究的新史料：讀楊畋〈楊畋妻陶氏墓銘〉及王陶〈楊畋墓誌銘〉〉，載本書下篇，頁543；《宋史》，卷三百〈楊畋傳〉，頁9965；沈遘：《西溪集》，文淵閣《四庫全書》本，卷一〈贈楊樂道建茶〉，葉八上下；〈和楊樂道省中述懷〉，葉八下至九上；〈次韻和樂道出省後見寄〉，葉十四上；卷二〈奉酬楊、祖二閣老中書省齋宿見寄〉，葉三下至四上；卷六〈吏部員外郎知制誥兼侍讀楊畋可依前官兼侍讀充龍圖閣直學士知諫院〉，葉二十五上。考沈遘約在嘉祐六年初任知制誥，楊畋陞任龍圖閣直學士知諫院也當在六年初。關於沈遘任知制誥年月之考辨，可參閱何冠環：〈北宋楊家將第三代傳人楊文廣（？～1074）事蹟新考〉，頁409～410，註60。

〔註104〕何冠環：〈楊家將研究的新史料：讀楊畋〈楊畋妻陶氏墓銘〉及王陶〈楊畋墓誌銘〉〉，載本書下篇，頁543；《長編》，卷一百七十六，至和元年四月辛丑條，頁4258；卷一百九十六，嘉祐七年正月乙亥條，頁4738～4739；卷二百四十一，熙寧五年十二月戊寅條；頁5875～5876；《宋會要輯稿》，第三冊，〈禮二十五·郊祀配侑議論〉，頁1237；《宋史》，卷九十九〈禮志二〉，頁2440；卷三百〈楊畋傳〉，頁9965～9966；王珪：《華陽集》，文淵閣《四庫全書》本，卷四十五〈太祖配享議〉，葉十六下至十七上。王安石在熙寧五年十二月論及此事時，仍引述楊畋此奏，認同他的意見。又《宋會要輯稿》誤以為楊畋上言在嘉祐七年正月乙亥（廿七）。

進士詳定官、時任知制誥的王安石，以初考及覆考所定的第一人，皆不允當，於是他想在行間另取一人爲狀元；但楊畋遵守舊法，認爲這樣更變狀元的人選不妥當，不同意王安石的建議。王安石倒很尊重楊畋這位名重士林的前輩，在他的詩集中，在嘉祐六年二月後不久，當他與楊畋同擔任進士詳定官時，他曾賦詩多首送呈給楊畋，包括〈和楊樂道韻六首〉、〈詳定幕次呈聖從、樂道〉、〈書十日事呈樂道舍人、聖從待制〉。試進士的工作畢，王安石又撰〈奉酬楊樂道〉，描寫他與楊畋共事的歡悅，「邂逅聯裾殿閣春，卻愁容易即離群。相知不必因相識，所得如今過所聞。」然後又盛稱楊畋「近代聲名出盧駱，前朝筆墨數故區」。他稍後又與楊畋詩賦往還，撰〈次韻樂道送花〉、〈次韻楊樂道述懷之作〉、〈和楊樂道見寄〉三首。楊畋比王安石長十五歲，在一些事上二人意見未必一致；但二人交情顯然頗厚，後來王安石爲楊畋的遺集寫序，是早有淵源的。〔註 105〕

　　楊畋剛做完進士考試的詳考官，不久又接受新的差遣。這年三月，宋廷因場務歲課多有虧損，雖然逐時科校，但三司始終沒有減少舊額，於是任命曾任三司戶部副使的楊畋於三司取天下課利場務五年併增虧者，限一月別立新額。他的同僚王珪在送他的詩中即提到「樂道裁定諸路酤額，日赴省中」，讚揚他的克盡闕職。〔註 106〕

〔註 105〕 擔任這年進士考官的，據劉昌詩（？～1215 後）家藏的趙抃所撰的〈趙清獻公充御試官日記〉的記載，初考官計有楊畋的好友沈遘和王安石；另外還有裴煜和後來爲楊畋婿張景儒撰寫墓誌銘的陸經。至於擔任覆考官的，有祖無擇、鄭獬（1022～1072）、李綖和王瓘。而擔任詳考官的，除了楊畋和王安石外，尚有別字聖從的何郯。又據《東齋記事》的記載，楊畋和王安石於誰人該推薦爲狀元一直議論未決。當時任彌封官的太常少卿朱從道認爲楊、王二人何必爭議？蓋十日前早已盛傳王俊民作狀元。後來楊、王二人仍各以己意進奏狀元人選。仁宗詔從王安石之請。發封之日，狀元果然是王俊民。參見王安石（撰），李壁（注）：《王荊文公詩李壁注》（上海：上海古籍出版社，1993 年 12 月，據朝鮮活字本影印），卷二十九〈次楊樂道韻六首〉、〈用樂道舍人韻書十日事呈樂道舍人、聖從待制〉，葉一上至六上；〈詳定幕次呈聖從、樂道〉，葉六上；〈奉酬楊樂道〉，葉八下至九上；卷三十一〈次韻樂道送花〉，葉十六下至十七下；卷三十三〈次楊樂道述懷〉、〈和楊樂道見寄〉，葉七下至八下；李德身（編）：《王安石詩文繫年》（西安：陝西人民出版社，1987 年 9 月），頁 134，144，146～147；范鎮（撰），汝沛（點校）：《東齋記事》（與《春明退朝錄》合本）（北京：中華書局，1980 年 9 月），卷一，頁 9。參見劉昌詩（？～1215 後）（撰），張榮錚、秦呈瑞（校點）：《蘆浦筆記》（北京：中華書局，1986 年 4 月），卷五〈趙清獻公充御試官日記〉，頁 39～41。

〔註 106〕 王珪：《華陽集》，卷二〈留題吳仲庶省副北軒畫壁兼呈楊樂道諫院龍圖三首〉，

　　這年七月，河北、京西、淮南、兩浙東西都奏報大雨成災。八月，楊畋與司馬光聯名上奏，請求仁宗減省在宮中近於豪奢之燕飲。乙卯（初五），宋廷即命楊畋以龍圖閣直學士兼侍讀、知諫院的身份詳定寬恤民事。丁卯（十七），楊畋出任制科的考官，與翰林學士吳奎（1010～1067）、權御史中丞王疇（1007～1065）、知制誥王安石、沈遘、司馬光、胡宿等就秘閣考試制科。楊畋等上王介（？～1066 後）、蘇軾（1036～1101）、蘇轍論各六首。三人其後試策入第三及四等。蘇轍本來因策文有批評仁宗的率直之語，自忖會遭到黜落；但司馬光及楊畋均極力保薦，將他列入第三等。范鎮初時不同意，但楊畋好友三司使蔡襄卻支持二人的推薦。考官中惟有胡宿以蘇轍出言不遜，主張黜落他。仁宗最後裁決蘇轍中選，並諭示眾人：「以直言召入，而以直棄之，天下謂我何？」時任宰相的韓琦認為蘇轍策文中暗諷宰相，但有仁宗之言，只好將他置之下第，列為第四等，僅授商州（今陝西商洛市商州區）軍事推官。這時王安石當制，也不滿蘇轍所上之策文而不肯為他撰寫授官之制文。同為知制誥兼考官的沈遘，卻認為蘇轍沒有譏刺宰相之意，就願撰寫制文，稱他有愛君之言。楊畋怕蘇轍再受到攻擊，就對仁宗說：「蘇轍，臣所薦也。陛下赦其狂直而收之，此盛德事，乞宣付史館。」仁宗大悅，接納楊畋之建議，將蘇轍的策文收入史館，其他朝臣就不敢再說話。嘉祐七年五月，蘇轍撰〈楊樂道龍圖哀辭并敘〉即提到「予登制科，公以諫官為考官秘閣」，不忘楊畋提拔之恩。到崇寧五年（1106）九月，楊畋已卒四十六年後，當蘇轍在晚年撰寫其自傳〈潁濱遺老傳〉時，再詳細記載當日應制舉幾乎落第，幸得楊畋一再提攜的經過始末。蘇轍對楊畋知遇之恩，可說是終身不忘。〔註107〕

　　楊畋在閏八月甲午（十四），又與翰林學士胡宿、御史中丞王疇、侍御史知雜事王綽（？～1061 後）同考校諸路轉運使副、提點刑獄的課績。楊畋曾任監司多年，對此項工作自然駕輕就熟。〔註108〕

　　　葉十一上下；《宋會要輯稿》，第十一冊，〈食貨十七・商稅雜錄〉，頁 6359。
〔註107〕《宋會要輯稿》，第九冊，〈選舉十一・制科二〉，頁 5475～5476；《長編》，卷一百九十四，嘉祐六年七月甲辰條，八月乙卯條，頁 4698；八月乙亥條，頁 4710～4712；蘇轍：《欒城集》，卷十八〈楊樂道龍圖哀辭并敘〉，頁 424；《欒城後集》，卷十二〈潁濱遺老傳上〉，頁 1280～1282；〈附錄二：年表本傳〉（孫汝聽編），頁 1812；司馬光（撰），李文澤、霞紹暉（校點）：《司馬光集》（成都：四川大學出版社，2010 年 2 月），第二冊，卷二十〈章奏五〉〈與楊畋論燕飲狀〉，頁 559～560。
〔註108〕《長編》，卷一百九十五，嘉祐六年閏八月甲午條，頁 4717～4718。

　　九月壬戌（十三），楊畋再以知諫院的身份與同知諫院司馬光一同上言，請求在臣僚上殿奏事時，屏去左右內臣，免得泄漏機密。仁宗准奏，詔從今只教內臣的御藥使臣及扶持四人在殿角備宣，其餘的內臣都屏去。〔註109〕對於內臣干政，楊畋是很有意見的，據江休復（1005～1060）所載，楊以侍讀擔任經筵講官有年，便很不滿前任的侍讀，將經筵講論的《後漢書》中有關宦官亂政等部份削去，諸如在〈何進傳〉都沒有記誅宦官的事，另外他也批評在〈孔融符融傳〉只記孔老通家之舊，談辭如雲的事。他就將舊的講稿削去，而將有關治道的部份採入，以備進讀。〔註110〕不過，他也為內臣陞遷太慢的制度講過一些公道的話。十月壬午（初三），樞密院以舊制內侍十年一遷官過於僥倖，就建議將磨勘的時間加倍。楊畋此時即上言，認為「文臣七遷而內臣始得一磨勘，其法不均。宜如文武官例，增其歲考。」仁宗接受楊畋的意見，詔內臣在入內高班以上的，仍舊可在十年磨勘一次。沒有勞績而有贓或私罪的，或公罪在徒以上的，就二十年磨勘一次。楊畋在此事上為內臣講了公道話，卻被文臣同僚批評，認為他不該以文臣的陞遷與內臣相比。〔註111〕

　　楊畋身為諫官，可說是克盡闕職，且不畏權貴。十二月戊子（初九），他與司馬光又一同上奏，嚴劾皇城司貪贓枉法，庇護殺人犯。仁宗接納他們的意見，將涉案的皇城司親事官決杖配下軍。癸巳（十四），他再與司馬光上書，建議宋廷打算復置豐州（今陝西榆林市府谷縣西北）時，不如將原在腹內的永寧堡（今甘肅天水市甘谷縣西西十里鋪附近）徙於豐州故城。〔註112〕

　　嘉祐七年（1062）正月庚申（十二），他再次和司馬光上言，以去年水災，請仁宗罷上元觀燈。後來仁宗御宣德門觀燈，也要特別向近臣解釋一番。〔註113〕這年二月，仁宗長女兗國公主（1038～1070）與夫婿李瑋（1035～

〔註109〕《宋會要輯稿》，第四冊，〈儀制六‧群臣奏事〉，頁 2408；《長編》，卷一百　　　　九十五：嘉祐六年九月壬戌條，頁 4720。

〔註110〕江休復（撰），儲玲玲（整理）：《江鄰幾雜志》，收入朱易安、傅璇琮（主編）：　　　　《全宋筆記》第一編第五冊（鄭州：大象出版社，2003 年 10 月），頁 157。　　　　據江休復所記，這條資料是楊畋對他說的。

〔註111〕《長編》，卷一百九十五，嘉祐六年十月壬午條，頁 4726；《宋史》，卷三百　　　　〈楊畋傳〉，頁 9966。

〔註112〕《司馬光集》，第二冊，卷二十一〈章奏六〉〈論皇城司巡察親事官箚子‧十　　　　二月九日上。有旨，親事官決杖配下軍〉，頁 576；〈論復置豐州箚子‧嘉祐　　　　六年十二月十四上〉，頁 577～578。

〔註113〕《司馬光集》，第二冊，卷二十一〈章奏六〉〈論上元遊幸箚子‧嘉祐七年正

1093）不協，仁宗將涉嫌挑撥公主與駙馬關係的內臣及公主乳母逐出宮外。
公主以自殺要脅仁宗召還眾人，仁宗愛女情深，打算依從。楊畋這時與另外
兩位諫官司馬光和龔鼎臣（1010～1086）力諫仁宗不要聽從。起初仁宗執意
不從，終因司馬光的堅持，才收回成命。到三月，仁宗終於讓公主與駙馬離
婚，並責降公主。〔註114〕對於宗廟禮儀和祭天地大典，楊畋也是一絲不苟，
盡他諫官的責任。據宋人筆記所載，眞宗時已經以太祖和太宗配天於南郊大
典，到仁宗時，他又想將其父眞宗與太祖和太宗合配天。來一個三帝配一上
帝。楊畋極力反對，仁宗只好收回成命，仍以太祖和太宗配天於南郊。〔註115〕
與楊畋同任諫官的司馬光，在這期間曾有詩〈又和并寄楊樂道〉，表達他和
楊畋同心合意諫諍仁宗的心情，他一方面稱揚仁宗納諫，說：「聖主樂忠諫，
曲從如轉圜。玉色粹陽春，至仁生自然。所戇群臣愚，無以稱開延。」另一
方面，他又稱頌楊畋，說自己「狂簡昧大體，所依官長賢，有如驂之靷，左
右隨周旋。庶幾助山甫，衮職無尤愆。」在另一首詩〈秋夕不寐呈諫長樂道
龍圖〉，他即以晚輩自居。〔註116〕司馬光雖然曾批評過楊畋統軍之才，但對

月十二日上〉，頁 578～579；《長編》，卷一百九十六，嘉祐七年正月壬戌條，
　　　頁 4737。

〔註114〕《長編》，卷一百九十六，嘉祐七年二月癸卯條；三月壬子條，頁 4741～4743；
　　　《司馬光集》，第二冊，卷二十一〈章奏六〉〈論公主宅內臣狀〉，頁 575～576。
　　　考《司馬光集》將他與楊畋所上此奏繫於嘉祐六年十一月所上，李燾已考證
　　　其誤。

〔註115〕王林（？～1227 後）（撰），誠剛（點校）：《燕翼詒謀錄》（與《默記》合本）
　　　（北京：中華書局，1981 年 9 月），卷四，頁 34。按楊畋力諫仁宗不以眞宗
　　　配天，事繫嘉祐七年，但未繫月日。

〔註116〕《司馬光集》，第一冊，卷四〈古詩三‧又和并寄楊樂道十二韻〉，頁 95；卷
　　　十〈律詩五‧秋夕不寐呈諫長樂道龍圖〉頁 336。考《司馬光集》有多首題「和
　　　樂道」的七律，包括卷九之〈和樂道自河外南轅過宜芳，雨晴氣和，景物可愛，
　　　馬上偶成〉，及卷十四的〈與樂道約會超化寺，比至，樂道以疾先歸，途中有
　　　詩見寄〉、〈和樂道再以詩見寄〉、〈呈樂道〉。其中〈與樂道約會超化寺，比至，
　　　樂道以疾先歸，途中有詩見寄〉和〈和樂道再以詩見寄〉兩篇，從內容去看，
　　　前一首的詩題提到「與樂道約會超化寺，比至，樂道以疾先歸」，與楊畋信佛
　　　而晚年多病的情形頗吻合。而〈和樂道再以詩見寄〉有「諫垣簪筆接英遊，今
　　　日華顛昔日憂」之句。這與楊畋與司馬光同在諫院共事之情吻合。其他三首暫
　　　不能確定是司馬光寫給楊畋的，還是為同是別字樂道的王陶所作。因這幾首詩
　　　沒有繫年月，也沒有記這個「樂道」的官職，只能從內容片言隻語猜測。參見
　　　《司馬光集》，第一冊，卷九〈律詩四‧和樂道自河外南轅過宜芳，雨晴氣和，
　　　景物可愛，馬上偶成〉，頁 305；卷十四〈律詩九‧與樂道約會超化寺，比至，
　　　樂道以疾先歸，途中有詩見寄〉、〈和樂道再以詩見寄〉，頁 441～442；〈呈樂

於楊畋作爲諫臣，是欣賞及敬佩的。在《涑水記聞》中，便收錄了楊畋對他言及的兩則關於太宗及眞宗朝之掌故，當是這時候楊畋對他述說的。〔註117〕

楊畋也不是天天埋首於奏章文稿中，有機會他也會和僚友及晚輩約會談詩論畫賞書。據《蔡襄年譜》作者考訂，在這年立春前後，他的好友、已於嘉祐六年四月回京擔任翰林學士、權三司使的蔡襄，曾相約兩三僚友，一同造訪楊畋的宅第，並與他論畫談詩。從蔡襄所撰的〈和楊龍圖蘆雁屛〉與〈和楊龍圖獐猿屛〉去看，楊畋的畫工書藝是入得大書畫家蔡襄的法眼的。至於楊畋的居所環境，據蔡襄〈過楊樂道宅西桃花盛開〉的描寫，那是「城隈遶舍似山家，舍下新桃已放花。無限幽香風正好，不勝狂艷日初斜。」〔註118〕

可惜楊畋能優游的光景不多，他於是年四月癸卯（廿六）卒，得年才五十六。據王陶在治平四年（1067）四月己巳（廿二）上奏彈劾已陞任參政的吳奎時所言，楊畋在病逝前還上奏反對擢用吳奎爲樞密副使，稱吳奎「奸邪」，因他不久病逝，沒有再進言，於是得到韓琦推薦的吳奎就順利陞任樞副。據王陶爲他撰寫的墓誌銘，他卒時的最後官位，是龍圖閣直學士、朝奉郎、尙書吏部員外郎兼侍讀知諫院兼提舉萬壽觀公事、輕車都尉、紫金魚袋贈右諫議大夫。〔註119〕楊畋爲官清廉，自奉甚儉，擔任郡守時，就是監司到來，也只菜果數器而已。他的別字爲「樂道」，爲人做官眞有「安貧樂道」的風骨。他死時家無餘財，身後蕭條，只以故衣成殮。據蘇轍所記，楊畋得病時，蘇轍去他寢處探望，楊畋沒說甚麽，只說：「死矣，將以寂滅爲樂。」很有佛家之味道。蘇轍深情地回憶說，他認識楊畋於三年前，三年中相見了數十次。楊畋比他年長許多，地位也比他尊貴得多；但楊不以爲嫌，見了蘇轍即歡樂

道〉，頁 447；《宋史》，卷三百二十九〈王陶傳〉，頁 10610～10612。

〔註117〕 司馬光：《涑水記聞》，卷二〈蘇王元偓〉，頁 36；卷六〈呂端大事不糊塗〉，頁 121；《涑水記聞》，文淵閣《四庫全書》本，卷二，葉十三下；卷六，葉十四下至十五下；卷八，葉十二上下、十八下。考文淵閣《四庫全書》本的《涑水記聞》，卷八〈郭后之廢〉及〈皇子不就肩輿〉、〈作讓知宗正表〉（按：鄧廣銘所校點的中華書局本繫於卷九）三則掌故均稱是「楊樂道」所說，但中華書局點校本則記實由「王樂道」所述。現從中華書局本所載。

〔註118〕《蔡襄集》，卷八〈律詩〉〈過楊樂道宅西桃花盛開〉，頁 150；〈和楊龍圖蘆雁屛〉、〈和楊龍圖獐猿屛〉，頁 153；《蔡襄年譜》，頁 169，176。

〔註119〕 何冠環：〈楊家將研究的新史料：讀楊畋『楊畋妻陶氏墓銘』及王陶『楊畋墓誌銘』〉，載本書下篇，頁 542～543；楊仲良（？～1184 後）撰，李之亮（校點）：《皇宋通鑑長編紀事本末》（哈爾濱：黑龍江人民出版社，2006 年 10 月），第二冊，卷五十七〈神宗皇帝・宰相不押班〉，頁 1006。

笑語，終日不厭，渾然忘了他比蘇轍既長且貴。蘇轍說楊畋亡故，士大夫相
與痛惜他的不幸，而蘇轍以知遇之恩，傷痛尤甚，特別目睹楊畋遺下一個才
虛齡兩歲（按：其實只有八個月）的兒子楊祖仁。楊的好友兼姻親祠部員外
郎判尚書考功李壽朋見此，即去見時爲翰林侍讀學士的王素（1007～1073），
稱「楊公死無以斂，幸經筵諸公賻之。」王素除了立刻拿出賻金外，更對李
壽朋表示他要將此事奏告仁宗。第二天經筵時，王素即向仁宗奏告楊畋死無
以殮的苦況，請求仁宗恩恤。仁宗念楊畋功績，即命內臣賜楊家金二百兩，
還特別吩咐所派的內臣，不得接受貧寒的楊家的回贈。另外宋廷又追贈楊畋
右諫議大夫。本來在端午賜給經筵講官的御書飛白書扇，亦遣中使特別賜給，
命放置在楊的柩處。因宋廷所賜及楊畋友人所贈，楊畋乃得以下葬，其遺屬
也得以克養。他的舊部陶弼感念其知遇之恩，特別折錢五千給楊家。是年五
月，在楊畋的繼室安定郡君曾氏、女兒及女婿郊社齋郎蘇覿經理下，楊氏族
人家奉其柩歸洛陽，卜定七月辛酉（十六）下葬於其父楊琪墓地所在的杜澤
源，祔於元配陶夫人墓。楊畋的好友時任朝奉郎、右正言同判司農寺的王陶，
爲楊畋撰寫了一篇逾 2000 字的墓誌銘，詳細記述楊畋出於麟州新秦楊氏將門
的顯赫家世，以及他一生的功業。墓誌最後的四言銘文如此總括他不凡的一
生：

> 文武異用，才難其幷，有一不學，道有不行。優優楊公，治有餘施，
> 有實有華，左右惟時，王命即戎。不有其躬，以節殉艱，湖嶠卒空。
> 入侍帝帷，憂國竭忠。侃侃嘉言，福我萬邦，功不充志，考德則備，
> 在於我者，沛然無愧，嵩洛之間，封阜纍纍，孰賢乎公，視銘可知！

相信是應楊家之請，蘇轍又作哀辭一篇給執紼者歌之，其辭日：

> 嗟乎！楊公歸來兮，洛之上，其土厚且溫。生年五十六，有子以祭
> 兮，何慕而不若人？天子憐爾，贈金孔多兮，家可以不貧。平生不
> 爲惡，死而有遺愛兮，雖亡則存。家本將家，有功而不墜兮，配祖
> 以孫。爲人至此，非有不足兮，可以無憾，而爲爲悲辛。嗟乎！楊
> 公歸來兮，家有弱子恃爾神。〔註120〕

〔註120〕何冠環：〈楊家將研究的新史料：讀楊畋〈楊畋妻陶氏墓銘〉及王陶〈楊畋
墓誌銘〉〉，載本書下篇，頁 542～544；《欒城集》，卷二十八〈楊樂道龍圖
哀辭幷敘〉，頁 424～425；《長編》，卷一百九十六，嘉祐七年五月己酉條，
頁 4761；《王荊公文集箋注》，卷四十七《新秦集》序〉，頁 1616～1617；

　　楊畋卒後，李壽朋除了經理其家事外，又將他的遺文遺稿編爲二十卷，以楊家的發源地爲麟州治所新秦，故取名《新秦集》。李壽朋又請得楊畋友好，當時任知制誥的王安石爲文集寫序。王安石稱楊畋所爲文，「莊厲謹潔，類其爲人」。而楊的另一友人韓維在多首詩中，既稱許其文，又讚揚其詩。在〈奉酬樂道〉詩中，稱許他「文章老益壯，欲掩李杜光。新詩來連翩，奔走獲與藏。調高豈能繼，愛重如琳瑯。」在〈次韻答和樂道侍讀給事〉詩中，韓維又頌揚楊畋文章是「高文炳群宿，大論傾長川」。另在〈奉和樂道〉詩中又說：「昔聞有客薦揚雄，清世文章又見公。奏賦獨高天下士，辭榮遠繼古人風」。至於其詞即「平易不迫，而能自道其意」。王安石說：「讀其書，詠其詩，視其平生之大節如此」。楊畋的《新秦集》到宋末元初，仍爲《文獻通考》所著錄，可惜今天已不傳，教我們無法更多了解楊畋的生平與思想，包括他對佛教的看法。而新出土的四言〈亡妻陶氏墓銘〉也許是《新秦集》其中一篇楊畋所撰的墓誌文。〔註121〕

《宋史》，卷三百〈楊畋傳〉，頁 9966；王鞏（撰），戴建國（整理）：《聞見近錄》，收入《全宋筆記》第二編第六冊（鄭州：大象出版社，2006 年 1月），頁 11；沈遼：《雲巢編》，卷八〈東上閤門使康州刺史陶公傳〉，葉九下；《歐陽修全集》，卷二十九〈供備庫副使楊君墓誌銘〉，頁 444。王鞏爲王素之子，王旦（957～1017）之孫，張方平之婿。又李壽朋爲楊畋的外姻，惟他們具體姻親關係不詳。按楊畋父楊琪續娶之妻延安郡太君李氏，可能是李壽朋的姊妹或族人。

〔註121〕　《王荊公文集箋注》，卷四十七〈《新秦集》序〉，頁 1616～1617；《宋史》，卷二百九十一〈李若谷傳附李淑傳、李壽朋傳〉，頁 9742；馬端臨（1254～1323）（著），上海師範大學古籍研究所暨華東師範大學古籍研究所（點校）：《文獻通考》（北京：中華書局，2011 年 9 月），第十冊，卷二百三十四〈經籍考六十一・集、別集〉，頁 6399；何冠環：〈楊家將研究的新史料：讀楊畋〈楊畋妻陶氏墓銘〉及王陶〈楊畋墓誌銘〉〉，載本書下篇，頁 541。據《宋史・李壽朋傳》所載，李壽朋對楊畋照拂甚至，他出知汝州（今河南平頂山市汝州市）時，就盡推職田之收入歸前任的楊畋。楊畋死，他又經理其家事。考楊畋出知汝州之事，《長編》及《宋史・楊畋傳》均不載，待考。關於楊畋對佛教的態度，除了蘇轍所撰之哀辭說他臨終前所說「死矣，將以寂滅爲樂」的蛛絲馬跡外，據尹洙所記，楊畋向他推許的友人李侍禁，便是一個「篤行君子，然樂於佛氏之說」。另外楊畋的妹妹也篤信佛理，也許受乃兄影響。又韓維所撰唱和楊畋之詩具體年月不詳。他與楊畋的交情相信不差。在他的〈覽楊樂道洛下諸詩〉中，曾說讀到楊畋的新詩時，「忽見新詩嘆息頻，君欲買山能遂否？它時願作社中人」，可見他與楊畋是志同道合的人。不過，韓維集中所提到的「樂道」，暫未確定所指是楊畋，抑是王陶。例如韓維集中〈和樂道〉詩一首，詩中曾云「樂道改穎，豈吏民之望」，考楊畋從未出守穎（即蔡州），

六、將門遺澤

　　楊畋晚年得子，他的獨生子楊祖仁（1061～1119後）生於嘉祐六年九月，嘉祐七年四月楊畋死時虛齡兩歲，實在只得八個月大。楊畋晚年所納的侍妾恭氏，雖然才二十四歲，但願意守節不改嫁，她的墓誌銘稱她「不忍去，鞠育教誨，以至成人。」又說楊祖仁後來「蒞官不苟，累升爲大夫，夫人之力也。」〔註122〕楊祖仁在母親、親族以至姻親李壽朋等照拂後讀書出仕。在英宗（1032～1067，1063～1067在位）朝出頭的楊文廣，與他這位族孫一家關係如何，可惜沒有記載。楊祖仁在紹聖二年（1095）三月，在三十五歲之年，以右宣義郎、簽書崇信軍（即隨州）節度判官廳公事、賜緋魚袋的官位，爲其在是年二月亡故的姑母篆寫墓蓋。〔註123〕從其職位去看，楊祖仁與父

這首詩所提的樂道，可能是王陶，而非指楊畋。王陶曾在嘉祐年間以劾樞密副使陳升之而被出知蔡州，比較符合韓維詩所說。韓維另有一首詩題爲〈奉答樂道〉，云：「禁職台綱俠舊儒，青林華屋儼高居，炎天久隔揮犀論，暇日聊脂載酒車。……東朝第一推調護，聖主寧容久臥廬」，也不能確定是寫給楊畋抑是王陶的，參以王陶的生平，他屢貶屢起，此詩所言比較符合他的身份。此外韓集中尚收有〈奉和樂道席上見詒〉、〈再和樂道〉、〈樂道示長句輒次韻〉三首詩，不詳是否和楊畋之作。參見《欒城集》，卷二十八〈楊樂道龍圖哀辭并敍〉，頁424；尹洙：《河南集》，卷五〈李侍禁序〉，葉二上下；韓維：《南陽集》，文淵閣《四庫全書》本，卷六〈奉酬樂道〉，葉十四下至十五上；〈次韻答和樂道侍讀給事〉，葉十五下至十六上；卷八〈覽楊樂道洛下諸詩〉，葉十四下；卷九〈和樂道〉，葉四上；〈奉答樂道〉，葉七上下；〈奉和樂道席上見詒〉、〈再和樂道〉，葉八上至九上；〈樂道示長句輒次韻〉，葉十上；〈奉和樂道〉，葉十六上；《宋史》，卷三百二十九〈王陶傳〉，頁10610～10611。又楊畋早年與高僧楊歧方會之交往之事，可參閱注21。

〔註122〕據楊畋妻恭氏墓誌銘所記，她在二十二歲時嫁楊畋，「踰年生子祖仁，方八月，龍圖公薨」，而楊畋墓誌銘也說「一男曰祖仁，生八月矣」。即是說楊祖仁在嘉祐六年九月生，楊畋在嘉祐七年四月逝世時他才八月，依現代人算法，他還未滿一歲；但古人計法，他虛齡兩歲。參見何冠環：〈楊家將研究的新史料：讀楊畋〈楊畋妻陶氏墓銘〉及王陶〈楊畋墓誌銘〉〉，載本書下篇，頁543；北京圖書館金石組（編）：《北京圖書館藏中國歷代石刻拓本匯編》，第四十二冊（北宋）（鄭州：中州古籍出版社，1990年2月），〈誌3818〉，〈楊龍圖妻恭氏墓誌銘〉，頁29。按恭氏墓誌銘爲魏介所撰，祁處恭所刻，拓片原爲千唐志齋主人張鈁所藏，後爲原北平圖書館所藏。此一墓誌銘亦收入新版《全宋文》，第一百四十八冊，卷三二零二〈魏介·楊龍圖妻恭氏墓誌·政和三年七月〉，頁360～362。關於該墓誌銘作者魏介爲洛陽人，自號伊川退叟。在政和三年任奉議郎、管勾溫州（今浙江溫州市）南眞宮、賜緋魚袋。見郭齊所撰之生平簡歷。

〔註123〕《全宋文》，第七十八冊，卷一七零四〈張峋·宋故壽陽縣君楊夫人墓誌銘·紹聖二年三月〉，頁185～187。

親一樣，從文官之途仕進，相信也是自科舉之途晉身，而不是靠恩蔭補武職出身。魏介（？～1118後）於政和三年（1113）爲楊祖仁母恭氏撰寫的墓誌銘說他「累升爲大夫」，楊祖仁在宣和元年（1119）六月爲游安民（1061～1119）書寫墓誌銘所列的職銜是「朝散大夫、前提點信州（今江西上饒市信州區西北）上清宮、賜紫金魚袋」。其母恭氏則獲封爲長壽縣太君。考楊祖仁在宣和元年五十九歲時，所授的散官朝散大夫，爲元豐三年（1080）九月自中行郎中改，爲文臣寄祿官三十階之第十八階，爲從六品，屬於中級的文官。論官職，楊祖仁雖然比不上亡父龍圖閣直學士之清貴，卻比乃父活得久。他卒年不詳，有多少子女也不詳；但以他的地位與身繫傳宗接代之重責，他應該娶妻生子，爲他這一房的楊氏綿延不絕的。他及他這一房的事蹟有待出土的文獻加以發明。〔註124〕

在宋人現存文獻中，聲稱是楊家將之後的，是宋寧宗嘉定十四年（1221）正月從金投宋的楊嗣興。據四川安撫使安丙（1148～1221）所奏，楊嗣興在「北界僞官」至定遠大將軍、貔虎軍統軍，他「元係先朝名將楊業之後，雖世受勇間，未嘗一日忘本朝，思欲自拔來歸，今乘機會拋棄家屬，拾逆歸正。」宋廷因授他修武郎。〔註125〕這個楊嗣興是否真的是楊業之後，在南宋時已因年代久遠，難以確定，他當然更與楊畋一系無關。

楊畋晚年所納的侍妾恭氏自然值得多談。她的墓誌銘記她是開封人，至於她的家世就語焉不詳，似乎出身寒門。她與楊畋一樣，「好讀佛書，詣理趣，存心養性，喜怒不形。將終，澹然曾不以死生爲念。」楊畋晚年有她這一個志趣相投，又爲他留下子嗣的佳妾，也是他遲來的福份。她在政和三年五月乙酉（初六）卒於楊家尊賢之第，享年七十五。楊祖仁於是年

〔註124〕〈楊龍圖妻恭氏墓誌銘〉，頁 29；《全宋文》，第一四九冊，卷三二一八〈朱維・游安民墓誌銘・宣和元年六月〉，頁 265～267。按該墓誌銘原收入《芒洛冢墓遺文》四編，石刻史料新編本。撰寫此墓銘的朱維（？～1119後）的職銜是「中大夫、充右文殿修撰、提舉西京嵩山崇福宮、文安縣開國男、食邑三百戶、賜紫金魚袋」。至於爲墓誌銘篆蓋的是武功大夫、改差充京西南路兵馬鈐轄王子武。朱維的生平簡歷見郭齊所撰的小傳；龔延明：《宋代職官辭典》，頁 571，「朝散大夫」條。

〔註125〕《宋會要輯稿》，第十五冊，〈兵十六・歸正人〉，頁 8950。關於楊興嗣定遠大將軍的職級，據李鳴飛的研究，它是金後期從四品的武散官，在安遠大將軍下，懷遠大將軍之上，與北宋的定遠將軍品級相同。參見李鳴飛：《金元散官制度研究》（蘭州：蘭州大學出版社，2014 年 7 月），頁 25～26。

七月乙酉（初七）葬其母於楊家祖墳洛陽縣賢相鄉杜翟里之西南隅。並請
得他的好友奉議郎管勾溫州（今浙江溫州市）南眞宮魏介，爲亡母撰寫墓
誌銘。魏介感嘆「龍圖公爲世顯人，賴夫人生子，不殞其後，而夫人克享
眉壽，生得其養，死得其葬，嗚呼，可以無憾矣。」楊畋一房得以延續下
去，自然恭氏的貢獻最大。〔註126〕附帶一談，楊畋賴晚年所納之侍妾恭氏，
得以留下子嗣，有一點像他的一上司包拯包龍圖。不同的是，撫養包氏遺
孤是包公賢媳崔氏，而楊畋遺孤得以長大成人，卻有賴他那位肯守節的侍
妾恭氏長壽縣太君。〔註127〕

　　楊畋親屬中另值得一提是楊畋之妹和其妹婿張景儒。張景儒字文通，祖
上自許州（今河南許昌市）遷洛陽，於是成爲洛陽人。他的曾祖父張誼在五
代後唐時舉進士，到後漢官至中書舍人。他的祖父張去華（938～1006）是
建隆二年（961）的狀元，在眞宗朝最後官至工部侍郎致仕。他的父親張師
錫官至光祿少卿致仕。他的叔父張師德是大中祥符四年（1011）的狀元，官
至左諫議大夫。一門兩狀元，張門可說是顯赫的儒門。不過，他在舉業卻一
再失利，最後只好以父蔭補官出仕。他先娶三司鹽鐵副使楊日華之女，楊女
死後，他續娶楊畋之妹。他的仕途並不太理想，歷任河南府密縣（今河南鄭
州市新密市東南三十里）主簿、知鄭州新鄭縣（今河南鄭州市新鄭市）、知
澤州晉城縣（今山西晉城市）。後以父致仕恩授孟州（今河南焦作市孟州市）
觀察推官，又再歷任鄭州（今河南鄭州市）觀察、河陽三城（即孟州）節度
推官。父死守喪，服除用薦改授衛尉寺丞，遷大理寺丞、太子中舍，歷知河
南伊闕（今河南洛陽市伊川縣西南古城村）、眉州彭山（今四川眉山市彭山
縣）和河南長水（今河南洛陽市洛寧縣西四十里長水鄉）三縣，又曾管勾永
興路機宜，並簽書永興軍判官，賜緋魚銀魚。因他的家世，以及楊畋的關係，

〔註126〕〈楊龍圖妻恭氏墓誌銘〉，頁 29。關於恭氏的身份，本文初刊出時以她爲楊
　　　　畋的續配，故稱之爲楊畋之妻。惟趙振華認爲恭氏只是楊畋的侍妾，他指出
　　　　「冒稱恭氏爲『夫人』，呼妾爲妻，雖不合身份卻爲妾志所常用，或以爲恭氏
　　　　是楊畋晚年續娶之妻，於理未恰。」趙氏批評筆者前說極是，本文已據之改
　　　　正恭氏的身份爲楊畋晚年所納之妾。參見趙振華：〈北宋官妾的生活狀態與特
　　　　質——以出土墓志爲中心〉，《湖南科技學院學報》第33卷第10期（2012年
　　　　10月），頁 26，29～32。
〔註127〕有關包拯晚年得子，由其媳崔氏撫養成人之事，可參閱孔繁敏：《包拯研究》
　　　　（北京：中國社會科學出版社，1998年4月），第二章第四節〈孝肅之風祖
　　　　孫相傳〉，頁 71～77。

曾任宰相或使相的大臣，包括文彥博（1006～1097）、韓琦、曾公亮（999～1078）、宋庠（996～1066）及王德用（980～1058）出鎮時都辟他爲幕僚，都有能稱。王德用曾薦他試學士院，可惜他只能遷官一任，當不上兩制。他在長水縣時，三司每年要在該地買木材值數百萬，全數配給民間，該地百姓都不堪其苦，他就平其估值，置場和買，人民都覺得方便。墓誌銘的作者陸經說他「外質內明，恬於榮利，游諸公間，莫不善客待之」。他相交的多是將相名臣，他們都肯推薦他，可惜他仍是官運不濟，無法得到重用。他於熙寧三年（1070）二月甲子（初三）卒於洛陽永泰坊私第，年五十三。他與楊畋妹育有四男四女，四男分別名張浩、張洄、張澄和張渙，四人後來皆舉進士。女四人，長適孟州觀察推官李曈，次適進士王格。有孫男五人，孫女一人。他有文集十卷，號《清白集》。熙寧八年（1075）九月，其家人將他葬於河清縣（今河南洛陽市孟津縣東南二十五里）平洛鄉上店村祖墳，並請得與張景儒同里的陸經爲其撰寫墓誌銘。到元祐七年（1092）八月庚申（初九），他的長子張浩又將他的墓遷葬於洛陽縣杜翟原，那是他的妻父楊琪及妻兄楊畋墓地所在。〔註128〕

在楊門女姓中，說部所大力描寫的佘太君（即折太君）、穆桂英、楊八姐、楊九妹，盡是小說家的加工創造，沒有眞實的生平記錄。而在眞實的歷史中，暫惟有楊畋妹有翔實的史料記載她的生平事蹟。據楊氏墓誌銘所述，她自十八歲歸張景儒後，即侍奉家翁張師錫，並相夫教子。她出生於楊氏將門，長兄楊畋又是一代名臣，故家教極好，且知書識禮。墓誌銘的作者對她的品格溢美不已，稱她「生而警慧，智識過人，德性敦厚，誠心慤固，雖剛介高潔，而濟之以慈恕，故持己以嚴，待人以和，事先舅光祿公恪盡婦道，上承下御，一以禮法，閨門肅然。」墓誌銘稱張景儒因佐幕四方，故將家事盡委於楊氏。

〔註128〕《全宋文》，第二十七冊，卷五百七十九〈陸經‧朝奉郎守太子中舍騎都尉賜緋魚袋張君墓誌銘‧熙寧八年九月〉，頁 223～224；《宋會要輯稿》，第九冊，〈選舉一‧貢舉一〉，頁 5247；〈選舉二‧貢舉二〉，頁 5267；《宋史》，卷三百六〈張去華傳附張師德傳〉，頁 10107～10111。爲張景儒撰寫墓誌銘的陸經，生平不詳，墓誌銘記其官職是朝散大夫、行尚書兵部員外郎、直史館、知河中軍府兼管內勸農事、兼提舉解州（今山西運城市西南）慶成軍兵馬巡檢公事、輕車都尉、賜紫金魚袋。《全宋文》的編者未能確定他否字子履，籍屬越州人，官至集賢殿修撰，善長眞行書，著有《寓山集》的陸經。該墓誌銘由文林郎、前守廣州司法參軍樂溫書，而由將仕郎、試秘書省校書郎、前權孟州觀察推官李曈篆蓋，考李曈即爲張景儒的長婿。至於樂溫的生平不詳。

張景儒逝世後，楊氏一力持家，據載她「盡屏珠璣簪珥之飾，而自奉養愈儉薄，日閱佛書，教訓子弟爲事。居常寡言笑，而莫見其喜慍之色。與家人處，如對賓客，恭莊儼恪，靡有惰容。張氏，大族也，內外敬憚，服其有常德。」她對張氏族人家貧者，均盡力賙濟。大概是楊門家風，她平生景慕節義，喜歡諸子與鄉里的賢者交遊。她事母延安郡太君李氏至孝。按李氏因深愛獨女，沒有隨楊畋赴四方之任，而留下來陪伴愛女。當李氏病重時，楊氏親侍湯藥及起居至其壽終，而執喪哀不勝悲慟。她與亡兄一樣，晚年信佛，頗識禪旨，對於家居淺狹，並未介意，平居焚香宴坐，泰然自如。她初染病時，自言此疾難愈，到明年仲春就會不起，她並且自行準備後事。她到臨終時神識不亂，宛如平時，與其亡兄逝世時的情景相若。楊氏於紹聖二年（1095）二月戊辰（初二）逝於家，年六十。三月癸卯（初八），葬於河南府洛陽縣杜翟（澤）原，祔於張景儒之墓穴。楊氏因遇南郊祀恩封壽陽縣君，後因光國夫人朝謁禁中，爲她請命服，而得賜冠帔。楊氏一生，雖早失怙，但爲長兄提攜照拂，得嫁入儒門而相夫教子，福壽雙全。對於精忠爲國的楊家將，楊氏之福氣未似不是楊門遺澤所致。她的墓銘說：

　新秦之楊，○出弘農，重侯世將，既盛而隆。狷歟夫人，行茂○尊。
　靡矜靡盈，來嬪卿門。克媲其德，○○○名。順其姑章，宜爾子孫。
　積善有貽，濫浚其源。報施之豐，逮於雲昆。昭以銘時，○藏諸原。

〔註129〕

　　在舞台上每當我們看到京劇《楊門女將》的佘太君一舉手一投足的氣派，特別是楊令公、楊六郎、楊宗保過世後，她獨力撐起天波府的環境，我們都會拍案欣賞藝術家對這個女中豪傑的偉大創造。筆者在上文那樣花篇幅筆墨介紹楊畋幼妹的生平，因爲覺得楊畋妹的性情與生平，與說部的佘太君有著頗大的雷同。當然小說家不大可能看到這篇原埋於地下，近代才收於《千唐誌齋藏誌》的一篇墓誌銘（按：這塊碑石現嵌於洛陽市新安縣的千唐誌齋博物館的第十四藏室外壁，參見注 2 並見本文插圖），然有志從事楊家將故事的再創造的文藝工作者，實在可以取材於這篇墓誌銘的內容，將一個真實的楊門女性，以藝術加工的手段，譜寫一個有血有肉的新楊門女將。那當是

〔註129〕《全宋文》，第七十八冊，卷一七零四，〈張峋·宋故壽陽縣君楊夫人墓誌銘·紹聖二年三月〉，頁 185～187。關於撰寫此墓誌的張峋及書寫墓誌的程公孫的事蹟，參見註 13。按墓誌銘提到因曾入禁中而爲楊氏請命服的光國夫人，原碑文作「□氏宗婦光國夫人」，不知道是楊氏宗婦抑是張氏宗婦。

本文考索楊畋及其親屬生平事蹟的一個成果。

七、餘　論

　　宋人對楊業、楊延昭父子之功業一直稱譽備至，好像為楊畋父楊琪在皇祐三年撰寫墓誌銘的歐陽修，便稱許楊業和楊延昭「父子皆為名將，其智勇號稱無敵，至今天下之士至於里兒野豎，皆能道之。」愛屋及烏，許多文臣士大夫對出身楊氏將門又科舉登第，在慶曆年間發揮將門本色，率軍奮戰湖廣猺山，立下戰功的楊畋，即以儒將視之。例如歐陽修便許楊畋「賢而有文武材」。〔註130〕當楊延昭幼子楊文廣在仁宗之世尚未出頭時，楊畋自然成為重震楊門家聲的惟一希望。可惜皇祐四年南征儂智高的惡戰，卻無情地證明楊畋的將才有限。他兵敗被貶，幸而還能慢慢循文臣之仕途回陞，並累任內外要職，最後膺學士侍讀清望之選，成為楊氏將門罕有的學士儒臣。將家子而棄武就文，然後又改為武資參預戎行的人，在北宋並非罕有，好像與楊畋同時的劉平（973～1040 後），便與楊畋有相近的經歷。二人不同的是，楊門要比劉氏將門顯赫，而楊畋後來又回復文臣的身份。

　　楊畋因著科舉登第的身份，透過座主、門生、同年、同僚的關係，與宋廷一眾文臣建立了密切的交誼，加上楊氏將門與武臣之淵源，令他擁有有一張很廣泛的交際網絡。楊畋的數十年的仕宦生涯，一方面推薦別人，另一方面也被別人推薦。故此他在平定儂智高之戰事中雖跌了一大交，但在友朋的保護扶持下，很快就在仕途中回陞，後來更膺學士侍讀之清選，成為楊氏將門出類拔萃的學士儒臣。

　　楊畋曾被他的文臣同僚譽為文武兼資的儒將。作為武將，他領軍出師時，倒有著他的祖輩楊家將諸人如楊業、楊延昭那種「捨身忘家」，以及「與士卒同甘苦」，而受士卒愛戴的美好傳統。王陶稱譽楊畋「親與士卒同衣食寢處，均任寒暑饑渴之勞，而尤自刻苦」，「用兵行陣間，奮決必死，落落大節，雖古勇夫烈士，不能過也。視屬部僚吏，溫溫如朋友，人人得盡其情」。蘇轍也說楊畋為將，「能與士卒均勞苦，飲食比其最下者，而軍行常處其先，

<hr>

〔註130〕歐陽修在楊琪的墓誌銘的銘文，又分別頌揚楊門各人，包括楊重勳（侍中）、楊業（太師）、楊延昭（防禦）、楊琪（供備）。銘云：「楊世初微自河西，彎弓馳馬耀邊陲。桓桓侍中國屏毗，太師防禦傑然奇，名聲累世在羌夷。時平文勝武力衰，溫溫供備樂有儀。好賢舉善豈私？愷悌君子神所宜。康寧壽考順全歸，有畋為子後可知。」參《歐陽修全集》，卷二十九〈供備庫副使楊君墓誌銘〉，頁 444～445。

以此得其死力。」至於他的將才如何？那就言人而殊。司馬光譏他是儒者迂
闊，駕馭不了驕兵悍將而致無功，而蘇轍則說他善於用兵，精於兵略，說他
曾學唐代名將李靖（571～649）兵法，知曉用兵出入變化之道，並曾評說：
「今之人，才不及古人，多將輒爲所昏。」蘇轍又說楊畋在南方練兵有方，
從數千之卒至萬人均能勝任。而據歐陽修所記，楊畋又曾將罕傳兵書秘本《遁
甲立成旁通曆》相贈，對於行軍打仗，楊畋顯然是下了一番功夫。平情而論，
相比一般文臣，楊畋武幹不差。至少不會比因人成事的余靖及孫沔遜色。他
雖「家世將家」，又曾有平定猺山蠻亂之功；但他到底不能與在西北戰場的
打過硬仗，血戰多回的眞將才狄青相比，也不能與他祖上的楊門眾將相比。
另外，他的體格不佳，「素病瘦甚羸」，也影響他在沙場拚殺的能力。〔註 131〕
至於楊畋平定蠻猺，是否殘暴地鎮壓「瑤族農民起義」，「撲滅革命烈火」？
那牽涉觀點與立場，與楊畋的才幹無關。〔註 132〕

　　至於作爲士大夫，楊畋好學不倦，「平居每夕，輒夜漏太半乃寐」，「平居
讀書，勤苦過少年。好爲詩，喜大書，皆可愛」，而有很高的藝術修養，既能
詩，又擅書隸，「公之文章，尤工於詩，集其藁得二十卷」，他又能作畫並通

〔註 131〕何冠環：〈楊家將研究的新史料：讀楊畋〈楊畋妻陶氏墓銘〉及王陶〈楊畋墓
　　　　誌銘〉〉，載本書下篇，頁 542～543；《宋史》，卷三百〈楊畋傳〉，頁 9966；
　　　　司馬光：《涑水記聞》，卷十三，頁 259；蘇轍：《欒城集》，卷十八〈楊樂道
　　　　龍圖哀辭并敍〉，頁 424；《歐陽修全集》，卷一百五十五，補佚卷二〈書遁甲
　　　　立成旁通曆後〉；頁 2574。楊畋墓誌銘及《宋史》楊畋本傳稱他在猺山平蠻
　　　　時，有家書至即焚之，表現他忘家報國的精神。關於楊畋的琴音造詣，參看
　　　　注 39。楊畋所學的李靖兵法，相信是仁宗朝編爲《武經七書》的《李衛公答
　　　　問》。又楊畋送給歐陽修的罕傳兵書秘本《遁甲立成旁通曆》，據李裕民教授
　　　　的意見，當是楊業原有，後傳楊延昭、楊文廣，再傳給楊畋，或是由楊延昭
　　　　直接傳給楊畋。此書已失傳，具體內容不詳。照李氏的意見，此書當屬《漢
　　　　書藝文志》中的兵陰陽家類。參見李裕民：〈楊家將新考三題〉，收入《楊家
　　　　將研究・歷史卷》，頁 99～100。
〔註 132〕以論述慶曆年間湖南瑤（猺）族起事爲主題的一些論著，對楊畋平亂之描述，
　　　　多以負面的筆觸，甚至有醜化他的傾向，說他兵敗孤漿峒後，惱羞成怒，濫
　　　　殺無辜，又說他知岳州時懦弱無能。參閱向祥海：〈北宋黃捉鬼唐和尚領導的
　　　　瑤族農民起義〉，《貴州民族研究》（季刊），1987 年第 3 期（總 31 期），1987
　　　　年 7 月，頁 98～101；黃海舟：〈《岳陽樓記》首段注解四疑〉，《湘潭大學學
　　　　報》（社會科學版），1987 年第 1 期，頁 82；黃啓昌：〈宋代湖南少數民族的
　　　　反抗鬥爭〉，《民族論壇》，1996 年第 2 期，頁 82。另外有一些粗淺的著作，
　　　　考證不清，便批評楊畋「令其平叛，則肆殺平民以邀功，如荊南路平叛武將
　　　　楊畋之流。」參見尹永森：〈論余靖的吏治觀〉，《韶關大學學報》（社會科學
　　　　版），第 21 卷第 6 期（2000 年 12 月），頁 31。

琴音。至於為官,楊畋則清廉自守,至死家無餘財,王陶記他「家無宿儲充
如也,平生寒暑,所衣周身而已。楲架未嘗有餘制及,死之日,斂無新衣,
貧至無以葬」。另一方面,他在政海浮沉多年,磨練出文臣那種世故謹慎,史
稱他「素謹畏,每奏事,必發封數四而後上之」,「剛嚴自持,雖交親至厚,
不敢開一言干以私」。蘇轍曾為他辯護,說「蓋其謹畏循循者,所以為勇而人
莫知之」。〔註133〕證諸事實,蘇轍所言非虛,楊畋任言官時,他所論的包括請
仁宗早定儲位,請求罷仁宗所寵的溫成皇后廟祠,反對仁宗給外戚李珣和劉
永年陞官,以及請責降仁宗愛女袞國公主,都是批逆鱗之事,需要有莫大的
勇氣的。王安石稱許楊畋「數以言事有直名」,「數言事,無所顧望,所言有
人所不能言者。故其卒,天子錄其忠,賻賜之加等」,「所謂善人之好學而能
言者也」,應該如實地反映出宋廷士大夫對楊畋之高度評價。〔註134〕

　　平情而論,楊畋作為楊家將後人,他的儒將功業說不上成功;但他以將
門之後轉型為儒臣,無論立德、立言方面都是成功的。北宋楊家將第四代出
了他這樣不凡的賢士大夫,既可說是一種異數,也可以說是多數宋代將門子
弟自然走上的道路。像楊畋這樣文武兼資,既有過人的文才,亦有相當的武
幹,那是將門餘蔭加上後天過人努力所致。在文臣操掌國柄的宋代,將門子
弟要出人頭地,文武雙修是最可行不過的道路。退而求其次,改從科場仕進,
也可能比在沙場拚殺相對容易,楊畋與其子楊祖仁便選擇以舉業晉身仕途。
楊家將在仁宗朝及以後最有成就的人物,前有本文主角、第四代的楊畋楊學

〔註133〕關於楊畋「謹畏循循無所迀,平居遇小事,若不能決」的問題,蘇轍曾有一
　　　　番辨解。當人們奇怪楊畋在戰場上能勇以破敵,為何在與人行事上卻謹畏如
　　　　此。蘇轍說人們「不知其中有甚勇者,人不及也。蓋其謹畏循循者,所以為
　　　　勇而人莫知也。」關於楊畋擅大書的問題,據歐陽修的記載,楊畋在生前曾
　　　　對他說,平生只學隸書,並告訴歐陽修,漢代的隸書在鎮州(今河北石家莊
　　　　市正定縣南)的碑刻最佳。歐陽修不甚識隸書,聽了楊畋的話,馬上派人往
　　　　常山(即鎮州或真定府)求得後漢《稿長蔡君頌碑》,並且收入他的《集古錄》
　　　　裡。而朱長文也稱「楊畋為天章閣待制,亦勤隸學」。元末明初的陶宗儀編次
　　　　歷代書法集時,也標出「楊畋善隸書」。參見何冠環:〈楊家將研究的新史料:
　　　　讀楊畋〈楊畋妻陶氏墓銘〉及王陶〈楊畋墓誌銘〉〉,載本書下篇,頁 543～
　　　　544;《長編》,卷一百九十六,嘉祐七年五月己酉條,頁 4761;《宋史》,卷
　　　　三百〈楊畋傳〉,頁 9966;《欒城集》,卷十八〈楊樂道龍圖哀辭并敍〉,頁 424;
　　　　《歐陽修全集》,卷一百三十六〈集古錄跋尾卷三・後漢稿長蔡君頌碑・光和
　　　　四年〉,頁 2142;朱長文(1041～1100):《墨池編》,文淵閣《四庫全書》本,
　　　　卷三,葉一百二十二上;陶宗儀(1329～1410):《書史會要》,文淵閣《四庫
　　　　全書》本,卷六,葉二十上。
〔註134〕《王荊公文集箋注》,卷四十七〈《新秦集》序〉,頁 1617。

士，後有楊門第三代傳人的楊文廣。從仕途的順逆而言，楊畋比楊文廣平坦得多，倘楊畋不是僅得中壽，他在英宗及神宗（1048～1085，1067～1085 在位）之世，至少能位列翰林學士，官至丞郎。倘他的運氣及壽數和一度的上司包拯相近，他進入二府本來也是順理成章的事。教人唏噓的是楊畋太早過世，使楊家將在神宗之世，只能倚靠年過花甲的楊文廣獨木支持，而楊文廣也無法在朝中得到本家最有力的朝臣支持。過去我們談論楊家將，從歷史到文學，似乎漏了楊畋這個將門學士的重要人物。過去創造文學戲曲中的楊家將的作家，拚命將楊家將扯上寇準、包拯這些顯赫的文臣。其實楊門本身已經有一位值得加以發揮的文武兼資的楊門子弟。值得一提的是，現存有關楊畋生平事蹟之資料已相對豐富，要在文學創作上對楊畋加以塑造，應該沒有太大的難度。筆者期盼有心人將來能成功地創造出曉有光彩的楊學士樂道的傳記故事來。

八、修訂後記

本文原刊於李裕民（主編）：《首屆全國楊家將歷史文化研究會論文集》（北京：科學出版社，2009 年 1 月），頁 31～68。筆者在 2009 年 4 月，於臺灣中央研究院的「宋代碑帖石刻檢索網站」找到王陶所撰的〈楊畋墓誌銘〉及楊畋親撰的〈亡妻陶氏墓銘〉，隨後補撰〈讀楊畋【楊畋妻陶氏墓銘】及王陶【楊畋墓誌銘】〉一文，刊於《楊家將文化》2009 年第 3 期，撰文考述二墓銘的史料價值。（收入本書下篇），本文現補入此二墓銘的資料，並參考初稿未及引用的其他相關資料，作出修訂。另改用分別於 2011 年及 2014 年出版的《文獻通考》及《宋會要輯稿》點校本。

2015 年 9 月增補

楊畋妾恭氏墓誌拓片

洛陽市新安縣的千唐誌齋博物館的第十四藏室外壁之楊畋妹壽陽縣君墓誌石

楊畋妹壽陽縣君墓誌拓片

千唐誌齋博物館第十四室內楊畋妹婿張景儒墓誌石（居中一塊）

張景儒墓誌拓片

楊家將研究的新史料：
讀楊畋〈楊畋妻陶氏墓銘〉及
王陶〈楊畋墓誌銘〉

一、引　言

　　筆者在 2007 年 8 月 21～23 日，獲邀參加由陝西師範大學李裕民教授組織，在楊家將故里楊家城（今陝西榆林市神木縣）舉行的「首屆全國楊家將歷史文化研討會」。筆者在會中宣讀的論文題為〈將門學士：楊家將第四代傳人楊畋生平考述〉。會議結束後，筆者將論文修改，並增補若干在初稿未有引用的史料，在 2008 年 7 月 21 日定稿後，交李教授主編的研討會論文集刊出。今年（2009 年）1 月論文集面世。〔註 1〕

　　筆者在大會宣讀該文，以及後來刊出該文時，均強調楊家將旁支的楊畋（1007～1062）家族，史料最為豐富，最值得注意的是，楊畋的家人中，其父楊琪（980～1050）、幼妹壽陽縣君楊氏（1036～1095）、妹婿張景儒（1018～1070）、妾長壽縣太君恭氏（1039～1113）均有詳細的墓誌銘傳世，這是楊家將各代人物所無。〔註 2〕筆者一直惋惜，該文傳主楊畋，《宋史》雖有傳，

〔註 1〕　參見李裕民（主編）：《首屆全國楊家將歷史文化研討會論文集》（北京：科學出版社，2009 年 1 月），〈序〉（李裕民撰），第 i～ii 頁；何冠環：〈將門學士：楊家將第四代傳人楊畋生平考述〉，頁 31～68。〈將門學士〉一文參見本書下篇，頁 479～538。

〔註 2〕　何冠環：〈將門學士：楊家將第四代傳人楊畋生平考述〉，載本書下篇，頁 480。按楊家將各代名人從楊業（935？～986）、楊延昭（958～1014）到楊文廣（？

另宋人文集及宋代各種主要史籍包括《續資治通鑑長編》、《宋會要輯稿》均載錄其不少相關史料；但他的墓誌銘不傳，實在是一大遺憾。筆者最近（2009年 4 月）從臺灣中央研究院的宋代碑帖石刻檢索網站，卻竟然找到多年來踏破鐵鞋找不著、王陶（1020～1080）所撰的〈楊畋墓誌銘〉拓片，以及楊畋本人所撰的〈亡妻陶氏墓銘〉，筆者趕緊將之下載後閱讀，並將二拓片校讀出來。〔註3〕

〈楊畋墓誌銘〉的撰寫者是活躍於宋仁宗（1010～1063，1022～1063 在位）至神宗（1048～1085，1067～1085 在位）之朝臣，別字與楊畋同為「樂道」的王陶。而〈楊畋妻陶氏墓誌〉則由楊畋親撰。據筆者檢索，這兩篇墓誌銘並未著錄於《全宋文》所輯之王陶及楊畋之遺文部份。〔註4〕另它們亦未被北京圖書館金石組編的《北京圖書館藏中國歷代石刻拓本匯編》的宋代各冊所收錄。〔註5〕據網路的介紹，兩篇拓片均在 2002 年拓，實物均於河南洛

〔註3〕 ～1074），目前尚未見有墓誌銘傳世。

〔註3〕 據該網路資料所示，該查詢系統依照 2008 年 10 月以前北京中國國家圖書館網路資料庫版本提供之資料，以「宋」字為年代關鍵字篩選後建構而成。最後的更新年月是 2009 年 3 月 20 日。兩個檢索的網路分別為：（a）http://www.ihp.sinica.edu.tw/-twsung/subject/02/subpage/Song_Rubbing-A.xls 及（b）http://www.ihp.sinica.edu.tw/ttscgi/ttsweb?@0:0:1:rubbing 楊畋妻陶氏墓誌的拓片可從（b）網路，按入「楊畋妻陶氏墓誌」（拓片影像編號 323）檢索得，而楊畋的墓誌銘拓片亦可從（b）網路，按入「楊畋墓誌」（拓片影像編號 378）檢索得。

〔註4〕 王陶的生平，最詳為范鎮（1008～1088）所撰的〈王尚書陶墓誌銘・元豐四年四月〉。他在慶曆二年（1042）進士甲科登第，為韓琦（1008～1075）所賞識；不過在神宗即位初，卻彈劾韓琦專權。他歷任同三司使、御史中丞、翰林學士。他在慶曆二年登第後任岳州（今湖南岳陽市）軍事判官，有可能在當時任知岳州的楊畋下任僚屬。《全宋文》和《全宋詩》所收他有限的詩文並沒有與楊畋交往的紀錄。至於《全宋文》所收楊畋的遺文更少，只有四則短篇。參曾棗莊、劉琳（編）：《全宋文》（上海：上海辭書出版社，2006 年 8 月），第三十冊，卷六百六十二〈楊畋〉頁 121～123；第四十冊，卷八百七十三〈范鎮十二・王尚書陶墓誌銘・元豐四年四月〉，頁 314～317；第六十冊，卷一千三百零六〈王陶〉，頁 130～137；傅璇琮（編）：《全宋詩》，第九冊，（北京：北京大學出版社，1992 年 7 月），卷五百十八〈王陶〉，頁 6292～6293 頁。按：負責撰寫楊畋小傳的劉文剛，仍將楊畋的里籍誤讀為「新泰」，將楊畋的文集錯寫為「新泰集」）

〔註5〕 考楊畋侍妾恭氏的墓誌銘則收入該書的第四十二冊，參見北京圖書館金石組（編）：《北京圖書館藏中國歷代石刻拓本匯編》，第四十二冊，（鄭州：中州古籍出版社，1990 年 2 月），〈志 3818〉，〈楊龍圖妻恭氏墓志・政和三年七月〉，頁 360～362。

陽市出土。現均藏於中國國家圖書館。〈楊畋墓誌銘〉原物爲側刻人像，共 41
行，每行 50 字，館藏資訊之編碼爲〈墓誌 7551〉；至於〈楊畋妻陶氏墓誌〉
共 13 行，每行 12 字，編碼爲〈墓誌 7592〉。

亡妻陶氏墓銘

新秦楊畋撰

君實陶姓，作配楊氏。父方母孫，教嚴禮備。君生乙巳，而歿丙子。
稟寓太原，未即南徙。乙酉歸洛，言陪祖遷。今隨舅喪，西葬別園。
皇祐辛卯，上冬甲申。素茵薄棺，窆于茲辰。今而有知，其安爾眞。
嗚呼！性之純靜，壽曷不永。行之婉淑，子奚不育。天曰至仁，於
君爲酷。邙交澶曲，松楸始綠。君爲我先，寧校遲速！

帝丘吳師孟書

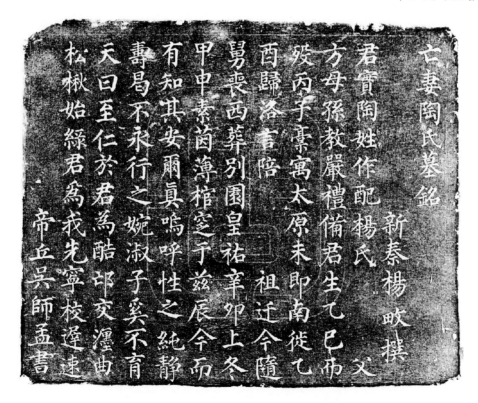

楊畋墓誌銘

宋故龍圖閣直學士朝奉郎尚書吏部員外郎兼侍讀知諫院兼提舉萬壽觀公事輕車都尉賜紫金魚袋贈右諫議大夫楊公墓誌銘并序

　　朝奉郎行右正言同判司農寺騎都尉王陶撰
　　三司度支判官朝奉郎尚書刑部員外郎充集賢校理上騎都尉賜緋
　　魚袋宋敏求書

朝奉郎尚書祠部員外郎判尚書考功上騎都尉賜緋魚袋李壽朋篆蓋

公諱畋，字樂道，姓楊氏，其先麟州新秦人。伯曾祖雲州觀察使業，曾祖保靜軍節度使重勳，伯祖莫州防禦使延昭。忠勇功烈，著在國史。公生將家，獨力學業儒，以行道爲志。爲人剛直清介，廉讓謙退而才兼文武，杜正獻公深賢之。舉進士及第，授校書郎知并州錄事參軍，再遷至大理寺丞知岳州。

慶曆三年，湖南猺人唐和寺數千，依山爲盜，劫掠州縣，民大擾。以公爲殿中丞提點本路刑獄，專治賊事。公至部，鐍署門，馳山下，講兵丁，召募材勇。親與士卒同衣食寢處，均任寒暑飢渴之勞，而尤自刻苦。猺人巢穴，山巖之巔，上下鳥道，慄捷如猱狄，飛長鏢蹶，勁弩不虛發。南方久不識兵，人脆弱鬥志未一。公每與賊遇，慨然先登不顧死，所重輕一切致命，專以忠義至誠感激之，人人自爲用，畢奮死力，斬馘相繼。明年，戰孤漿峒，前軍卻，大軍悉潰。公踣高巖之下，溪水淺草薦藉，得不死。越二年，平六峒，以功遷太常博士賜緋魚。未幾，大將胡元失節度，兵敗戰死。公自劾，移知太平州。初共事者短公，言山猺可不討而定。朝廷命使安撫，招徠其間，故兵不畢力，而賊得計。公來太平歲餘，賊益肆。御史按視還奏曰：猺賊非楊某不能平。七年，換東染院使充荊湖南路兵馬鈐轄。議者謂公左遷失職，勢難辦賊，其必辭。公得詔，翌日引道抵山下。賊聞，恐懼不敢出。陰挈其屬踰嶺而南。俄奉詔赴韶、連招安。公約賊使出峒，授田爲民。轉運使要虛功，但授官與貲，納質使還，所棲如故。公獨奏山猺攻劫湖廣七年，殺戮萬人，今殘黨尚千餘，飽貲糧據峒穴，其勢不久必復亂。

明年春，賊復出陽山，焚劫嶺外。公得報，即越所部討擊。涉夏秋十五戰滅賊，公亦被瘴癘，瞑臥垂死，輿歸湖南。當此之時，天下

之人，識與不識，莫不咨嗟詠歌，稱道其賢，想見其形容。

皇祐元年，以蠻事平，願還舊官，改屯田員外郎直史館知隨州。用宰相薦，召還，賜三品服，爲三司戶部判官。奉使河東，遭父喪。廣源州蠻儂智高陷邕州，朝廷遣中使即廬次召起，辭不得已，素服止都門曰，再表乞終喪，不報。上特賜以御巾朝服促見，公入對，又固辭。上慰遣甚厚，授起居舍人、知諫院、廣南東西路經制賊盜。公扶病冒暑疾馳，至韶州，賊已屠十餘郡，大將張忠戰歿，官軍氣奪，望賊不戰，嶺北湖湘大振恐，賊大掠廣州而還，勢將踰嶺。公初至無兵，城以戰禦，謀保大庾，據險以備。前此裨將蔣偕以屢敗，數狂悖懼誅，輒先事譖毀，再降爲太常博士直史館知鄂州。

嘉祐元年，自河東轉運使入爲戶部副使，轉吏部員外郎。三年，拜天章閣待制兼侍讀。謝日奏曰：臣昔不能殄裂荒徼，今侍帷幄，豈敢復愛死，不盡愚忠，負厚恩，雖陛下神靈後天地，然久虛朝夕問安之禮，其何以慰天下無疆之望，願出聖斷，擇宗室最親最賢者，侍膳嘗藥，塞絕姦僭，則宗廟社稷大幸。是冬，河以北地大震。明年日食正月朔，公上疏漢成帝時，日食地震；哀平之世，嫡嗣屢絕，此天意所以戒陛下，願急擇親賢以答天戒。公之忠亮憂國，自任如此。

五年，除知制誥，改龍圖閣直學士知諫院。數月，公病矣，然章疏疊疊，持正不阿，風節益厲。嘉祐七年四月二十六日卒，享年五十六。娶陶氏，繼室曾氏，封安定郡君。一男曰祖仁，生八月矣，女適郊社齋郎蘇觀。觀奉公喪，以七月十六日葬河南洛陽杜澤源，祔陶夫人之墓。祖光辰，供奉官，贈左驍衛將軍。父琪，供備庫副使，贈左武衛將軍。母慕容氏，追封安定郡太君。李氏以公讓官，封延安郡太君。

公爲吏奉法，小心謹畏，循繩墨，不敢失毫釐。夙夜自檢，常若不及。及當官，爭辨公家是非，利害不屈撓。位執立朝，議論剛正不回。用兵行陣間，奮決必死，落落大節，雖古勇夫烈士，不能過也。視屬部僚吏，溫溫如朋友，人人得盡其情；然姦貪承風畏縮，改心易節不敢犯。每到官，周防隱括，約束詳密，初若不勝其煩，人憂其勞，謂不能久而不弛。及去之日，終始如一，眾然後歎其不可及。

在山下數年，每家問至，即焚之。月奉裁自給，餘盡以分吏士。鄂州之謫，嫌奉過客求譽，凡比來京師者一餔之，雖至親舊，終不再清約。有常雖待監司，菜果數豆而已。

天資好學不倦，平居每夕，輒夜漏太半乃寐。在戶部，案牘盈積，終日不休，至曛晚方拂書滌硯，然燭臨書史，未嘗少懈。居供備喪廬墳所，日飯脫粟一器，無蔬酪之味。畏服禮法，非禮不言；與人交，有生死同休戚之義。好賢樂士，聞一善言，終身敬其人。剛嚴自持，雖交親至厚，不敢開一言干以私。家無宿儲充如也，平生寒暑，所衣周身而已。椸架未嘗有餘製。及死之日，斂無新衣，貧至無以葬，豈古所謂執德信道弘篤者歟？公之文章，尤工於詩，集其薰得二十卷，藏於家。其卒之三日，上遣中人持金二百兩，賻其家屬，端午賜侍臣御書飛白扇，又特使置于靈座。明日，制贈右諫議大夫。

嗚呼！天子思公之恩亦至矣！其猶未足以慰吾士君子之悲者，豈非未究極公之志業歟？

銘曰：

文武異用，才難其并，有一不學，道有不行。優優楊公，治有餘施，有實有華，左右惟時。王命即戎，不有其躬，以節殉艱，湖嶠卒空。入侍帝帷，憂國竭忠。侃侃嘉言，福我萬邦，功不充志，考德則備，在於我者，沛然無愧。嵩洛之間，封阜纍纍，孰賢乎公，視銘可知！

王克明　閻永雋

〈楊畋妻陶氏墓銘〉及〈楊畋墓誌銘〉提供的新史料

〈楊畋妻陶氏墓銘〉，原題作〈亡妻陶氏墓銘〉，是楊畋本人在皇祐三年（1051）十月甲申（初六）親撰。〈楊畋墓誌銘〉也提到楊畋的元配是陶氏，但未言及她何時去世，這道僅131字的墓銘則清楚交待了陶氏生於乙巳年（即景德二年，1005），比楊畋年長二歲，而卒於丙子年（即景祐三年，1036），得年僅三十二歲。據墓誌銘「父方母孫」的記載，她的父親當名「陶方」，母當姓「孫」。惟其父的身份及事跡不詳，「陶方」的名字也不見載於現存的其他宋代文獻。

墓誌銘記她卒時「稟寓太原，未即南徙」，這旁證楊畋在景祐三年前後在并州（即太原）任官，而她正在楊畋任并州錄事參軍任上逝世的。〔註6〕墓誌銘又記楊畋在乙酉（即慶曆五年，1045）歸洛，「言陪祖遷」，當指楊畋在是年二月，在暫時平定湖南徭亂後，想到為亡妻遷葬。但據墓誌銘所記，楊畋葬亡妻於祖墳洛陽賢相鄉杜澤源，要到「今隨舅喪，西葬別園，皇祐辛卯，上冬甲申，素茵薄棺，穸于茲辰」，即皇祐三年（辛卯）十月甲申（初六），即楊畋葬亡父楊琪亡母慕容氏的同時。〔註7〕

〈楊畋妻陶氏墓銘〉是現存楊畋所撰的惟一碑銘文字，雖然只有百餘字，但他對髮妻的深情，溢於辭表。至於為墓誌銘書寫的帝丘（即澶州，今河南濮陽市）吳師孟，與《宋史翼》卷一有傳的成都人吳師孟（1021～1110）是否同為一人，暫難確定。考吳氏的郡望之一是濮陽郡，即帝丘。成都人吳師孟以吳氏郡望代替其籍里署於銘文中，亦非罕有的寫法。另從其仕進的時代而論，他稍晚於楊畋，而完全有相交的可能，他為與楊畋有交情的宋祁（998～1061）撰寫悼念文章〈宋尚書畫像記〉，曾言及「一日，龍圖、諫議東平公見而愀然曰：吾聞子京以仁恕為政。」文中提到的龍圖諫議東平公，是否即楊畋暫難確定。（按：楊畋職至龍圖閣直學士，後贈右諫議大夫，惟楊氏之郡望為弘農，而非東平。這裡的東平公也許另有其人）但他與楊畋有交情的機會不低，故這個自署帝丘吳師孟，與成都吳師孟同屬一人的可能性頗高。〔註8〕

〔註6〕 關於楊畋登第年月之考證，以及他初出仕，任職并州錄事參軍年月之考辨，可參見何冠環：〈將門學士：楊家將第四代傳人楊畋生平考述〉，本書下篇，頁486～487，註16。

〔註7〕 關於楊畋葬父母的年月，可參見何冠環：〈將門學士：楊家將第四代傳人楊畋生平考述〉，本書下篇，頁500～501。

〔註8〕 據陳振孫（1179～1262）《直齋書錄解題》卷四所載，吳師孟為撰寫《唐書糾

　　至於約 2050 字的〈楊畋墓誌銘〉，首先提供了楊畋逝世時的全部官職差
遣階勳賜贈名稱，以及他多個未著錄於其他史籍的楊氏家族成員的名字：計
有楊畋妻陶氏及繼室曾氏、楊畋女兒及女婿蘇覿。以前，我們僅從〈楊龍圖
妻恭氏墓誌銘〉知道楊畋的獨子楊祖仁（1061～1119 後）的生母是恭氏，
而從該恭氏墓銘去看，恭氏可能只是身份甚低的侍婢，而不是楊畋之正室或
繼室。她後來得到封號，當是母以子貴。這篇墓誌銘教我們得知，楊畋的元
配陶氏過世後，他的繼室為曾氏封安定郡君。可惜兩位夫人出身於甚麼家
族，楊畋墓誌銘未有披露，猜想不會是世家。至於楊祖仁的生母恭氏的名字
及身份，在〈楊畋墓誌銘〉裡並沒有出現，這旁證筆者先前的推論：恭氏只
是楊畋的侍女，並非有身份的繼妻或侍妾。故此，其名字並不在楊畋墓誌銘
中出現。另外，楊畋墓誌銘讓我們曉得，楊畋除了有一幼妹外，尚有一個女
兒，在他過世前已成年出嫁官宦子弟蘇覿。因楊畋死時，幼子才出生八月，
故由女婿蘇覿夫婦操辦他的喪事。筆者曾多方檢索蘇覿的出身及生平事跡，

繆》及《五代史纂誤》、《雜錄》的吳縝（？～1094 後）之父。吳縝父「師孟，
顯於熙豐。序言修書之時，其失有八，而糾摘其繆誤，為二十門。世傳縝父
以不得預修者，故為此。」惟王明清《揮麈錄》已辨其非是。而據《宋史翼》
卷一所載，吳師孟，字醇翁，成都人。與王安石（1021～1086）為同年進士
（即慶曆二年登第）。因王安石故，擢為梓州路提舉常平。但他疏言新法不便，
寧願去職。後知蜀州（今四川成都市崇州市），又論茶法不便。蘇軾（1036～
1101）曾稱許他乞免提舉常平，如逃垢穢，譽他為「嬌嬌六君子」之一。按
《續資治通鑑長編》及《宋會要輯稿》即記吳師孟在熙寧三年（1070）四月，
因不願執行青苗法，與其他七八人，辭退制置司。而他在熙寧十年（1077）
九月，見任知蜀州時，又反對當時推行的榷茶法。他卒於大觀四年（1110），
年九十，官至左朝議大夫。《全宋文》現收錄他的遺文數篇，並附他的生平小
傳。參見李燾（1115～1184）：《續資治通鑑長編》（以下簡稱《長編》）（北京：
中華書局點校本，1979 年 8 月至 1995 年 4 月），卷二百十，熙寧三年四月己
卯條，頁 5101～5102；卷二百八十四，熙寧十年九月癸亥條，頁 6962～6963；
徐松（1781～1848）（輯），劉琳、刁忠民、舒大剛、尹波等（校點）：《宋會
要輯稿》（上海：上海古籍出版社，2014 年 6 月），第十一冊，〈食貨三十六·
榷易〉，頁 6801；陳振孫（撰），徐小蠻、顧美華（點校）：《直齋書錄解題》
（上海：上海古籍出版社，1987 年 12 月），卷四〈唐書糾繆二十卷〉，頁 107；
陸心源（1834～1894）（輯撰）：《宋史翼》（北京：中華書局據清光緒 32 年初
刊朱印本影印，1991 年 12 月），卷一〈吳師孟傳〉，葉 11 下至 12 上（頁 6）；
《全宋文》，第六十二冊，卷一千三百六十〈吳師孟〉，頁 321～330。又〈宋
尚書畫像記〉一文，見頁 330～331。關於吳氏的郡望之一為濮陽郡，可參林
寶（？～812 後）（撰），岑仲勉（1885～1961）（校記）：《元和姓纂》（北京：
中華書局，1994 年 5 月），卷三〈吳姓·濮陽鄄城〉，頁 283～284。

　　然暫時並無任何線索，期望他日能有新史料出土發明。

　　這道墓誌銘也讓我們知道，在宋廷中一直支持他，推薦他的宰執大臣，除了范仲淹（989～1052）、歐陽修（1007～1072）及韓琦（1008～1075）外，還有杜正獻公杜衍（978～1057）。考杜衍從康定元年（1040）拜樞密副使，慶曆三年（1043）擢樞密使，慶曆四年（1044）拜相，直至慶曆七年（1047）才致仕。楊畋得以獲宋廷信任，統軍平定湖南徭亂，看來與杜衍的支持很有關係。〔註9〕

　　這道墓誌銘由王陶執筆，宋敏求（1019～1079）書寫，並由楊家的姻親李壽朋（？～1071）篆蓋。根據宋人的習慣，撰寫墓誌銘及書寫並篆蓋的人，當與墓主或其家人有相當交情。前文提到，王陶收錄在《全宋文》及《全宋詩》的詩文，並無提及他與楊畋交往之紀錄。同樣在宋敏求現存的詩文中，也不見與楊畋交往的記載。〔註10〕這道墓誌銘卻可補充了楊畋交遊的圈子，即王陶與宋敏求也是與他有交的朝臣。

　　與《宋史‧楊畋傳》以及《續資治通鑑長編》相關記載比較，〈楊畋墓誌銘〉對楊畋平定湖南山徭之艱苦過程，在細節上有所補充。〈楊畋墓誌銘〉稱山徭首領為「唐和寺」，而非群書所記的「唐和尚」。墓銘也記述徭峒之險峻及徭人強悍，「徭人巢穴，山巖之巔，上下鳥道，慄捷如猱狄，飛長鏢鏃，勁弩不虛發。」即使楊畋如何嚴整治軍，「至部，鐍署門，馳山下，講兵丁，召募材勇。親與士卒同衣食寢處，均任寒暑飢渴之勞，而尤自刻苦。」但碰上「南方久不識兵，人脆弱鬥志未一」，楊畋雖然身先士卒，「每與賊遇，慨然先登不顧死，所重輕一切致命，專以忠義至誠感激之，人人自為用，畢奮死力，斬馘相繼。」仍然在孤漿峒之戰慘敗，他幾乎在高崖跌下而死。

　　楊畋幾經辛苦平定山徭，群書均言他染瘴癘而請恢復文資。他染病的情

〔註9〕 杜衍的生平，可參見歐陽修（撰），李逸安（點校）：《歐陽修全集》（北京：中華書局，2001 年 3 月），第二冊，卷三十一〈太子太師致仕杜祁公墓誌銘〉，頁 466～471。

〔註10〕 宋敏求的生平，可參見范鎮所撰的墓誌銘及蘇頌（1021～1101）所撰之神道碑。參見蘇頌（著），王同策等（點校）：《蘇魏公集》（北京：中華書局，1988 年 9 月），卷五十一〈龍圖閣直學士修國史宋公神道碑〉，頁 771～779；《全宋文》，第四十冊，卷八百七十三〈范鎮十二‧宋諫議敏求墓誌銘‧元豐二年七月〉，頁 310～314。宋敏求現存的詩文，可參見《全宋詩》，第九冊，卷五百十四，頁 6240～6242；《全宋文》，第五十一冊，卷一千一百十四〈宋敏求〉，頁 274～289。

況，〈墓誌銘〉記「公亦被瘴癘，瞑臥垂死，輿歸湖南。當此之時，天下之人，識與不識，莫不咨嗟詠歌，稱道其賢，想見其形容。」指出楊畋幾乎病死的事實。楊畋後來身體一直不佳，大概與這次重病有關。

楊畋在皇祐二年（1050）初自知隨州（今湖北隨州市）內召，〈墓誌銘〉記是「用宰相薦召還，賜三品服，爲三司戶部判官。」據此，我們知道楊畋得到宋廷重用，出於宰相的舉薦。考從皇祐元年（1049）八月至皇祐三年，任昭文相和集賢相的分別是文彥博（1006～1097）和宋庠（996～1066）。舉薦楊畋爲三司判官，當爲文彥博或宋庠。〔註11〕

楊畋在何年拜天章閣待制？筆者在〈將門學士〉一文據梅堯臣在嘉祐三年（1058）閏十二月所寫的〈次韻和酬楊樂道待制詠雪詩〉，推論楊在是年已任此職。〔註12〕〈墓誌銘〉則清楚記「三年，拜天章閣待制兼侍讀」，而且記載楊畋在上謝官奏之日，曾向仁宗提出早立儲君之議，說「臣昔不能殲裂荒徼，今侍帷幄，豈敢復愛死，不盡愚忠負厚恩？雖陛下神靈後天地，然久虛朝夕問安之禮，其何以慰天下無疆之望？願出聖斷，擇宗室最親最賢者，侍膳嘗藥，塞絕姦僭，則宗廟社稷大幸。」另又記「是冬，河以北地大震。明年日食正月朔，公上疏漢成帝時，日食地震；哀平之世，嫡嗣屢絕，此天意所以戒陛下，願急擇親賢以答天戒。」此條資料似乎被《宋國史・楊畋傳》所採用。據李燾所考，此說有誤記之嫌。〔註13〕

〈墓誌銘〉也記載楊畋兩度任職三司，工作極之繁重，而他克盡闕職的情況。稱他「在戶部，案牘盈積，終日不休，至曛晚方拂書滌硯，然燭臨書史，未嘗少懈。」至於他在嘉祐五年（1060）初，改任知制誥兼侍讀，其中的緣故，據〈墓誌銘〉所記，「五年，除知制誥，改龍圖閣直學士知諫院。數月，公病矣，然章疏疊疊，持正不阿，風節益厲。」可知楊畋在嘉祐五年初，

〔註11〕 脫脫（1314～1355）：《宋史》（北京：中華書局點校本，1977 年 11 月），卷十一〈仁宗紀三〉，頁 225，227；卷十二〈仁宗紀四〉，頁 231。考文彥博於皇祐元年八月壬戌（初二）拜昭文相，接替罷相的陳執中（990～1059），原樞密使宋庠拜集賢相。二人任相至皇祐三年，宋庠於是年三月庚申（初九）罷。同年十月庚子（廿二），文彥博亦罷相。按宋庠弟宋祁（998～1061）與楊畋有交，是否因宋祁的緣故，而宋庠推薦楊畋，待考。

〔註12〕 參見何冠環：〈將門學士：楊家將第四代傳人楊畋生平考述〉，載本書下篇，頁 513，註 94。

〔註13〕 參見何冠環：〈將門學士：楊家將第四代傳人楊畋生平考述〉，載本書下篇，頁 513，註 94。考楊畋因河北地震上奏之年月，據李燾引《宋國史・楊畋傳》所考，不應在嘉祐四年（1059）正月。

已覺得身體支持不住擔任三司副使的繁重工作，而要求調職。〔註 14〕楊畋在兩年後病逝，相信在嘉祐五年中他已病發。

〈墓誌銘〉也比《宋史‧楊畋傳》多了許多關於楊畋爲官作風，處世做人的描述。雖然溢美的情況居多，但也和群書所記的一致。關於楊畋之詩文，〈墓誌銘〉說他尤工於詩，可惜他的詩作並未傳世。

楊畋病逝的日期，以及下葬的地點和日期，〈墓誌銘〉有很清楚的記錄：「嘉祐七年四月二十六日卒，享年五十六。娶陶氏，繼室曾氏，封安定郡君。一男曰祖仁，生八月矣。女適郊社齋郎蘇覿，覿奉公喪，以七月十六日葬河南洛陽杜澤源，祔陶夫人之墓。」〔註 15〕

筆者一直希望查考楊畋登科的年月，可惜這道墓誌銘沒有這方面的任何線索。另外，我們也找不到楊畋與其他楊家將成員，例如楊文廣的交往記載。此外，楊畋的與佛教的關係，也不見載於墓誌銘。這都是教人失望的。

2009 年 4 月 19 日

（原刊《楊家將文化》，2009 年第 3 期（總第七期），頁 5～14。）

〔註 14〕楊畋在嘉祐五年初，請秘閣校理文同（1018～1079）代他撰寫辭去已做了近兩年的三司副使的表文，文中楊畋尚沒有提到身體不住的原因。參見何冠環：〈將門學士：楊家將第四代傳人楊畋生平考述〉，載本書下篇，頁 514～515。
〔註 15〕筆者的舊文曾推論楊畋當葬於祖墳的洛陽杜澤源，另楊畋當卒於四月，而非五月。現得〈墓誌銘〉所記，確定筆者之推論正確。參見何冠環：〈將門學士：楊家將第四代傳人楊畋生平考述〉，載本書下篇，頁 522～523。

范仲淹麾下大將范恪事蹟考

一、導　言

范仲淹（989～1052）扼守西邊多年，他識拔擢用的將校中，以种世衡（985～1045）及狄青（1008～1057）功勳最著，最享大名。〔註1〕范仲淹

〔註1〕有宋一代名將狄青的研究甚多，筆者曾先後撰有〈狄青（1008～1057）麾下兩虎將——張玉（？～1075）與貫逵（1010～1078）〉、〈狄青（1008～1057）故事的傳述者——狄家將第二代傳人狄諮（？～1100）與狄詠（？～1097後）事蹟考〉，從側面論述狄青的事蹟，二文均收入筆者的論文集，參見何冠環：《北宋武將研究》（香港：中華書局，2003年6月），頁341～384，437～504。最近期的狄青研究，可參閱羅家祥教授及同門好友趙雨樂教授的三篇論著：（1）羅家祥：〈歐陽修與狄青之死〉，《學術月刊》，第40卷4月號，2008年4月，頁117～123；（2）羅家祥：〈從楊業、狄青看北宋武將的悲劇色彩〉，載李裕民（主編）：《首屆全國楊家將歷史文化研討會論文集》（北京：科學出版社，2009年1月），頁202～212；（3）趙雨樂：〈北宋中期文武禦邊典範——論韓、范戰略與狄青陷陣〉，載張希清、范國強（主編）：《范仲淹研究文集》（五）（北京：北京大學出版社，2009年11月，頁87～99。相較之下，學術界對种世衡的研究較少，要到1984年夏，虞師在杭州舉行的宋史研究會中，宣讀「論北宋御夏名將种世衡」一文，才有正式的學術著作面世。該文在1987年出版的宋史研究論文集刊出。參見虞師：〈論北宋御夏名將种世衡〉，載鄧廣銘（1907～1998）、徐規（1920～2010）（編）：《宋史研究論文集》（一九八四年年會編刊）（杭州：浙江人民出版社，1987年11月），頁549～566。亡友曾瑞龍（1960～2003）教授在香港中文大學歷史系修讀哲學碩士學位，在1984年夏撰成的碩士論文《北宋种氏將門之形成》，便有大量章節論述种氏將門創建人种世衡的事功，該論文已出版，可以參考。參見曾瑞龍：《北宋种氏將門之形成》（香港：中華書局，2010年5月），第二章〈論宋人選將之難與种世衡的成名〉，頁29～67；〈附錄一〉〈种世衡反間計考異〉；頁117～135。另國內學者金文發，在2000年亦發表了一篇談种家將的短文，惟論點亦尋常

在慶曆二年（1042）底所上的〈奏邊上得力材武將佐等第姓名事〉中，被他列爲第一等的將佐有四人，依次分別是涇原路部署的狄青，范對他的考語是「有度量勇果，能識機變」。排名第二的是鄜延部署的王信（988～1048），其考語是「忠勇敢戰，身先士卒」。列名第三的是環慶路權鈐轄、知環州（今甘肅慶陽市環縣）种世衡，其考語是「足機略，善撫馭，得蕃漢人情」。最後的是環慶路鈐轄的范恪（1011～1060，當時名范全），他的考語是「武力過人，臨戰有勇」。〔註2〕

范恪與王信從事功到名氣，都不能與狄、种二人相比，甚至比不上擁有楊家將第三代傳人身份的楊文廣（？～1074）；不過，在范仲淹部將中，范恪和王信最後官至「禮繼二府」的三衙管軍，分別出任禁軍第二及第三高職的馬軍副都指揮使及步軍副都指揮使，官至節度觀察留後，並立下不少汗馬功勞，實在無負范仲淹之知。他們作爲仁宗朝（1010～1063，1022～1063 在位）從卑末行伍出身，而能出人頭地崛起成爲將帥的武將，〔註3〕他們的經歷與事

和粗淺。參見金文發：〈簡論种家將〉，《貴州社會科學》總 163 期（2000 年第一期），頁 87～93。另外美國宋史學者 Paul J. Smith（史樂民）最近（2009）在美國亞洲研究學會（AAS）會議宣讀的一篇論文，亦以种世衡作爲研究論題。該文的參考書目中有列出曾瑞龍用英文撰寫的博士論文 *War and Peace in Northern Sung China: Violence and Strategy in Flux, 960～1104 A.D.*（Ph.D. Dissertation, The University of Arizona; 0009, 1997），卻沒有列出曾瑞龍用中文撰寫的碩士論文，似乎他沒有看到瑞龍這篇開創之作。參見 Paul Jakov Smith, "A General for His Time: Chong Shiheng（985～1045）and the Remilitarization of the Northern Song State"（Conference summary of a chapter in progress, unpublished），pp.1～27.

〔註2〕 范仲淹（撰），李勇先、王蓉貴（校點）：《范仲淹全集》（成都：四川大學出版社，2002 年 9 月），中冊，〈范文正公政府奏議卷下〉，〈奏邊上得力材武將材等第姓名事〉，頁 616～617。按范仲淹此奏撰於何年月，文集沒有注明。考范恪擢環慶路鈐轄在慶曆二年十月辛丑（初一），狄青擢涇原路部署，王信擢鄜延路部署，在慶曆二年十月己酉（初九），則范仲淹上此奏的日期，當在是日以後。參見李燾（1115～1184）：《續資治通鑑長編》（以下簡稱《長編》）（北京：中華書局，1979 年 8 月至 1995 年 4 月），卷一百三十八，慶曆二年十月己酉條，頁 3310～3311。另據《隆平集》，王信得年六十一，故可推其當生於端拱元年（988）。參見曾鞏（1019～1083）（撰），王瑞來（校證）：《隆平集校證》（北京：中華書局，2012 年 7 月），下冊，卷十九〈武臣傳・王信〉，頁 560～561。

〔註3〕 參見脫脫（1314～1355）：《宋史》，（北京：中華書局，1977 年 11 月點校本），卷三百二十三〈范恪傳〉，頁 10465～10466；卷三百二十六〈王信傳〉，頁 10518～10519 頁。關於楊文廣事蹟，可參閱何冠環：〈北宋楊家將第三代傳人楊文廣

蹟亦值得宋史研究者的，尤其研究宋代文武關係、武人與社會流動諸問題。本文因篇幅所限，先考論與范仲淹同姓的范恪之事蹟。另外本文亦附考范恪女婿孫昭諫（1037～1101）的事蹟。

二、起於卒伍

范恪初名范全，字許國，籍隸開封（今河南開封市）。《宋史》及《隆平集》均有傳。他甚麼時候及爲何改名爲范恪，待考。據《宋會要》所記，他卒於仁宗嘉祐五年（1060）二月，而據《隆平集》，他得年五十，則他當生於眞宗大中祥符四年（1011）。〔註4〕他的祖父名范進，父名范貴，均爲白丁。因范恪之故，他們後來分別獲追贈爲率府率和左屯衛將軍。〔註5〕

范恪年少便投軍，初隸軍籍於許州（今河南許昌市），後來選入京師，隸殿前司的騎軍捧日軍。其後再選入殿前諸班直的殿前指揮使，據《宋史・兵志一》的記載，這支騎軍以「諸班軍騎中選武藝絕倫者充」。范恪中選，正因他驍勇善射。他「選行門，歷龍旗直、散員押班」，擔任殿前司騎軍的下級軍官。〔註6〕

（？～1074）事蹟新考〉，載何冠環：《北宋武將研究》，頁385～436。

〔註4〕 參見《宋史》，卷三百二十三〈范恪傳〉，頁10465～10466頁；《隆平集校證》，下冊，卷十九〈武臣傳・范恪〉，頁577～578；徐松（1781～1848）（輯），劉琳、刁忠民、舒大剛、尹波等（校點）：《宋會要輯稿》（上海：上海古籍出版社，2014年6月），第四冊，〈儀制十一・武臣追贈・管軍留後〉，頁2540。

〔註5〕 參見王振（？～1101後）：〈宋故長安縣君（孫昭諫夫人）范氏墓志銘〉，載鄭兆鶴、吳敏霞（編）：《户縣碑刻》（西安：三秦出版社，2005年1月），頁318～319。

〔註6〕 《宋史》，卷一百八十七〈兵志一〉，頁4577～4578，4584～4585；卷一百八十八〈兵志二〉，頁4610；卷一百九十六〈兵志十〉，頁4877～4878，4886；卷三百二十三〈范恪傳〉，頁10465；《隆平集校證》，下冊，卷十九〈武臣傳・范恪〉，頁577～578；楊倩描：〈兩宋諸班直番號及沿革考〉，《浙江學刊》，2002年第4期，頁145～148。關於范恪所任的「殿前指揮使」、「龍旗直」及散員押班」，均屬於殿前司諸班直，其番號及建置沿革，楊倩描有專文考釋。殿前指揮使有左右兩班，龍旗直隸東西班；散員則有左右四班。至於《宋史・范恪傳》「歷行門、龍旗直、散員押班」及《隆平集・范恪傳》「選行門，歷龍旗直、散員押班」，所提到的「行門」之涵義，楊文也作了一番考證，而且引用了《隆平集・范恪傳》的例子。楊氏認爲「行門」，即是《夢溪筆談》卷一〈故事一〉所說的「衡門」，「有衡門十人，隊長一人，選諸武力絕倫者爲之。上御後殿，則執過東西對立於殿前，亦古之虎賁、人門之類悖。」楊文亦認爲「宋代的行門按其隸屬關係而言，可分爲兩種：一是隸屬於殿前指揮使左右班的行門；一是與天武軍一樣被獨立編爲指揮的行門。據《宋史・兵志十》的「遷補之制」所釋：「凡諸軍轉員後，取殿前指揮使長入祗候塡行門，取東

　　范恪仕歷最早有年月紀錄的，在康定元年（1040）。《宋史》本傳記「康定元年，元昊數寇邊。試武伎，擢內殿崇班、慶州北路都巡檢使。」〔註7〕考西夏主元昊（1004～1048，1032～1048 在位）於是年正月戊寅（廿三）大破宋軍於三川口（約今陝西延安市西 20 公里處，即今延安市安塞縣、延安市境的西川河匯入延河處），擄宋將劉平（973～1040 後）及石元孫（992～1063）。〔註8〕宋廷兵敗後急於用人，先在正月乙酉（三十）下詔「陝西州軍，有勇敢智謀之士，識西賊情僞與山川要害，攻取方略者，悉詣所在自陳，敦遣赴京師。」〔註9〕到二月丙申（十一）再下詔：「京朝官選人、三班使臣有文武器幹者，並許經所屬官司自陳，當量材試用，諸路轉運使、提點刑獄，其察訪習知邊事者以名聞。」〔註10〕同月乙巳（二十），宋廷詔選殿前諸班材勇者，往陝西極邊處任職。〔註11〕范恪相信在此時應選，派赴慶州（今甘肅慶陽市慶陽縣）出任北路巡檢使。〔註12〕這年范恪三十二歲，似乎是他初次出守邊塞。他擢爲內殿崇班，算得上是超擢。據宋制，本來東西班、散直押班等當換東頭供奉官，他在未立軍功前就得以超過三班使臣之首的東頭供奉官，換爲大使臣

西班長入祗候、殿侍諸班直充諸班押班、諸軍將校者，皆親閱。」另同卷記：「元祐二年，樞密院言：舊例，行門對御呈試武藝，並臨時特旨推恩，前期未嘗按試，至日旋乞增加斗力，或涉唐突，因以抵罪。請於轉員前一日，按定斗力。……紹聖三年，樞密院進呈轉員及行門試武藝、換前班、留住等條例。曾布言：國初以來，皆面問其所欲，察相人才，或換官，或邊將校，或再任，此則威福在人主」。綜合上述的記載，范恪在禁軍早期的陞遷，大概就是由殿前指揮使左右班長入祗候，以武藝卓絕而擢類似虎賁的行門；歷東西班的龍旗直長入祗候，再轉員爲較高級的散員押班。又本文的匿名審稿人認爲「殿前指揮使左右班」的「指揮使」一詞應作「指揮司」，那是審稿人不明白「殿前指揮使左右班」一詞，其實是「殿前司殿前指揮使左右班」的簡稱。

〔註7〕　《宋史》，卷三百二十三〈范恪傳〉，頁 10465。
〔註8〕　《長編》，卷一百二十六，康定元年正月壬申至戊寅條，頁 2967～2968。關於宋夏三川口之戰的始末，可參閱何冠環：〈敗軍之將劉平（973～1040 後）——兼論宋代的儒將〉，收入《北宋武將研究》，頁 312～316。
〔註9〕　《長編》，卷一百二十六，康定元年正月乙酉條，頁 2971。
〔註10〕　《長編》，卷一百二十六，康定元年二月丙申條，頁 2975。
〔註11〕　《長編》，卷一百二十六，康定元年二月乙巳條，頁 2978。按原文作「殿前諸**般**材勇者」，疑爲「殿前諸**班**材勇者」。
〔註12〕　考仁宗於同年三月乙亥（廿一）御仁和殿，擢諸班殿直衛士有材武者二十九人，其中散直都虞候王達授宮苑使、昌州刺史，東西班指揮使許遷爲供備庫使。范恪是否在這二十九人內，不詳。本來范恪若在其中，李燾應會提及。按范恪當時在禁軍的職級，尚未達王、許二人。疑他擢爲內殿崇班，不在此時。參見《長編》，卷一百二十六，康定元年三月乙亥條，頁 2987。

的內殿崇班，實在是優遷。

范恪得膺此選，所憑藉的是超卓的武藝，特別是射藝。據稱他常挽之弓有一石七斗之力，其箭鏃如鏵，名曰鏵弓。他每發必中，以至一箭能貫二人，教敵人生畏。他的箭都刻有他的姓氏和官稱，以震懾敵人。他善射而驍勇，臨戰敢前，以此得到賞識而獲擢用。〔註13〕

三、范帥麾下

范仲淹在康定元年三月戊寅（廿四），因陝西安撫使韓琦（1008～1075）的力薦，自吏部員外郎、知越州（今浙江紹興市）改知西疆重鎮永興軍（今陝西西安市），開始他經略西夏的功業。〔註14〕他未抵永興軍前，在四月癸丑（廿九），改任陝西都轉運使，代替出任知延州（今陝西延安市）的張存（984～1071）。〔註15〕范仲淹在五月甲戌（廿一）首上禦邊攻守之謀議，五天後（己卯，廿六），宋廷即委任他和韓琦並為樞密直學士、陝西經略安撫副使、同管勾都部署事，統管陝西的軍務，范恪自此成為范仲淹麾下之將官。〔註16〕

六月甲午（十一），驍將任福（981～1041）自鄜延副都部署、忻州團練使調任環慶副都部署兼知慶州，成為范恪的直屬上司。任福頗有將略，他上言宋廷，指慶州距蕃族不遠，他願領兵境上，立亭堡，謹斥候，經度所過山川道路，以作緩急攻守之備。宋廷接受他的建議，許他便宜行事。〔註17〕

八月庚戌（廿八），范仲淹兼知延州，替代調知澤州（今山西晉城市）的張存。〔註18〕九月庚申（初八），范仲淹遣當時僅為殿直的狄青與侍禁黃世寧出兵擊敗蘆子平（約在今陝西榆林市靖邊縣南白于山）的西夏軍，初戰得勝。〔註19〕不過；是月丙寅（十四），西夏軍攻三川寨（今寧夏固原市彭

〔註13〕范鎮（1007～1088）（撰），汝沛（點校）：《東齋記事》，（與《春明退朝錄》合本）（北京：中華書局點校本，1980年9月），卷二，頁20；《宋史》，卷三百二十三〈范恪傳〉，頁10465～10466；《隆平集校證》，下冊，卷十九〈武臣傳·范恪〉頁577～578。按《隆平集》稱范恪弓「勝二石一斗」，恐有誇大之嫌。

〔註14〕《長編》，卷一百二十六，康定元年三月戊寅條，頁2988。

〔註15〕《長編》，卷一百二十七，康定元年四月壬子、癸丑條，五月甲寅朔條，頁3009。

〔註16〕《長編》，卷一百二十七，康定元年五月甲戌條、己卯條，頁3012～3014。韓琦、范仲淹名義上的上司是忠武軍節度使、陝西都部署兼經略安撫使、緣邊招討使知永興軍夏竦（985～1051）。

〔註17〕《長編》，卷一百二十七，康定元年六月甲午條，頁3018。

〔註18〕《長編》，卷一百二十八，康定元年八月庚戌條，頁3035～3036。

〔註19〕《長編》，卷一百二十八，康定元年九月庚申條，頁3039。

堡鄉隔城子古城），鎮戎軍（今寧夏固原市）西路都巡檢楊保吉（？～1040）戰死。翌日（丁卯，十五），涇原路宋軍出戰，又相繼失利。涇州駐泊都監王珪（？～1041）率三千騎來援，被圍於師子堡（疑即獅子堡，亦即寺子岔堡之諧音轉，在今寧夏固原市西吉縣白崖鄉），幸宋軍來援才得解圍；但西夏軍仍攻陷乾溝堡（約在今寧夏固原市中河鄉與西吉縣白崖鄉一帶）等三堡，宋官軍戰沒凡五千人。〔註20〕

是月庚午（十八），范仲淹另一大將种世衡，自大理寺丞、簽署定國軍節度使（即同州，今陝西渭南市大荔縣）判官事換武階為內殿承制，出知延州青澗城（今陝西榆林市清澗縣），開始他日後的顯赫事功。〔註21〕而范仲淹的另一大將范恪，在兩天後（壬申，二十）也得以建立功勳。

范恪的上司及同鄉、環慶路副都部署知慶州任福在這一天率領范恪等眾將，攻克西夏控制的白豹城（今陝西延安市吳旗縣白豹鎮），並打了一場漂亮的勝仗。宋軍除了燒掉白豹城之廬舍、酒稅務、糧倉、草場、四十里內禾稼積聚及守將李太尉衙署外，又擊破骨咩等四十一族，燒殺土垈中所藏不知數目的蕃族，並擒獲敵軍首領張團練及蕃官四人、麻魁七人。宋軍共殺敵軍首領七人，斬首二百五十，獲馬牛羊駱駝七千一百八十頭、器械三百三、印記六面。只付出死一人，傷一百六十四人的代價，算得上是一場大勝。〔註22〕

任福這次攻取白豹城的行動，既是聲東擊西，也算是圍魏救趙。當西夏軍以大兵攻略保安軍（今陝西延安市志丹縣）和鎮戎軍時，任福召集本路將佐商議，他令環慶路東路都巡檢任政、華池寨（今甘肅慶陽市華池縣）主胡永錫擊骨咩族，命鳳川寨（今甘肅慶陽市合水縣東北25公里處）監押、殿直劉世卿，率廣勇及神虎二指揮會華池，又派淮安鎮都監劉政、監押張立，將兵急馳西谷寨（今甘肅慶陽市境內），與寨主等共擊近塞諸族，約定諸路大軍

〔註20〕《長編》，卷一百二十八，康定元年九月丙寅條，頁3042；《宋史》，卷三百二十五〈王珪傳〉，頁10508。

〔註21〕《長編》，卷一百二十八，康定元年九月庚午條，頁3043。

〔註22〕《長編》，卷一百二十八，康定元年九月壬申條，頁3044。據董秀珍的考證，白豹城今名白豹村，是陝西延安市吳旗縣白豹鎮政府所在地。該城居洛河支流白豹川的北岸，處於崇山峻嶺之下，西距子午嶺主脈不足20多公里。參見董秀珍：〈陝北境內宋與西夏緣邊城堡位置考〉，收入姬乃軍（主編）：《延安文博》（西安：陝西旅遊出版社，2003年10月），頁45。又任福與范恪一樣都是開封人，同是起於行伍，由禁軍出身，屢立戰功而得到擢陞成為邊帥。參見《宋史》，卷三百二十五〈任福傳〉，頁10506。

在（壬申，二十）丑時一齊出擊。任福在戊辰（十六）晚上閉軍門授諸軍衣甲，己巳（十七）天未明即率子任懷亮（？～1041）及姪婿成昺出兵，下令慶州城門非從征兵馬不得放出任何人，**聲稱巡邊**。當晚宿於業樂鎮（又名第五將城，約在今甘肅慶陽市境內）。庚午（十八）晚，抵距白豹城七十里的柔遠寨（今甘肅慶陽市華池縣城）。辛未（十九）晨，他大犒柔遠寨的熟戶蕃官，惟不准他們離席及出城，以防泄漏軍機。他即密令諸將分頭率軍，突襲白豹城：慶州駐泊都監王懷政攻白豹城西面，攻守將李太尉銜，並斷神樹橋援軍來路；負責守神林北路的都巡檢的范恪，就負責攻城東，阻斷金湯寨（即金湯城，今陝西延安市志丹縣西洛河川北岸金湯城村，一說今陝西延安市志丹縣義正鄉寨子溝）之路的援軍；柔遠寨主譚嘉震、監押張顯攻城北，斷葉市之路；供奉官王慶和走馬承受石全正攻城南；擊賞渥等族；內殿承制、環慶駐泊都監武英（？～1041）擔任主攻，入城門攻敵。任福本人率大軍坐鎮城南，照管各路策應。另遣將驅柔遠寨蕃官爲前行。壬申（二十）丑時，夜漏未盡，宋軍已抵白豹城下，馬上展開四面合擊。早上卯時，即攻破白豹城。宋軍任由蕃部軍人等掠焚夏軍之巢穴，搶略戰利品方四十里。當晚宋軍還慶州，以范恪及蕃官巡檢趙明（？～1070 後）殿後。西夏軍不忿被襲，遣數百騎從後追襲，范恪早有準備，他在山崖險處設伏，趁敵軍半度而邀擊之，結果斬首四百級，生擒七十人，大大增加了白豹城之戰的勝利果實。十月丙申（十四），宋廷賞功，主將任福擢龍神衛四廂都指揮使，位列三衙管軍，加賀州防禦使，隨後命任福兼鄜延路副都部署。其部下獲優遷而可考的，計武英遷禮賓副使兼涇原路行營都監，范恪亦以功遷內殿承制，居大使臣之頂階。〔註23〕

〔註23〕 白豹城之戰以及任福生平事蹟，目前所見之最早記錄是《涑水記聞》，《長編》與《宋史》均採其說。又任福以功擢管軍後，環慶鈐轄、洛苑使高繼隆因妒忌而中傷任福，任福上告宋廷此事。宋廷爲免出事，在十二月庚寅（初九），將高徙爲梓夔鈐轄，調離陝西。任福聖眷正隆，他在同月癸卯（廿二），宋廷調整三衙管軍人事時，又越過天武捧日四廂都指揮使及步軍都虞候兩階，自龍神衛四廂都指揮使超授馬軍都虞候。參見司馬光（1019～1086）（撰），鄧廣銘（1907～1998）、張希清（校注）：《涑水記聞》（北京：中華書局點校本，1989 年 9 月），卷十二，頁 224～227；《長編》，卷一百二十八，康定元年九月壬申條，頁 3044；卷一百二十九，康定元年十月丙申條，頁 3052；十二月庚寅、癸卯條，頁 3059，3061；《宋史》，卷三百二十三〈范恪傳〉，頁 10465；卷三百二十五〈任福傳〉，頁 10506；〈武英傳〉，頁 10509。又金湯寨（城）的建置與宋夏戰爭的關係，可參閱梁偉基：〈北宋沿邊堡寨金湯城探微〉，《中國文化研究所學報》，第五十八卷（2014 年 1 月），頁 89～112。

當范恪立功陞遷時，官僅鄜延部署司指使的狄青，亦在十一月丁卯（十六）自右班殿直擢爲右侍禁、閤門祗候、涇州（今甘肅平涼市涇川縣）都監。因陝西經略判官尹洙（1001～1047）的推薦，狄青受到韓琦及范仲淹的賞識，譽爲良將之才。他這時名位雖在种世衡及范恪等之下，但在陝西軍中已很知名。〔註24〕

據《宋史》本傳所載，范恪曾會合諸道兵攻十二盤口（約在今甘肅慶陽市境）及咄當寨（約在今甘肅慶陽市境）、迷子寨（在今甘肅慶陽市境）。他身中流矢卻神色自若，仍奮勇督戰至日暮。他看到敵軍的砲石有灶灰，就取之宣示諸軍，稱敵軍已用盡矢石，只好用竈下的磚石。於是諸軍奮勇爭先，奪得敵城，而他也以功擢供備庫副使，進入諸司副使的行列。〔註25〕

仁宗在翌年（1041）改元慶曆，從二月起，宋廷籌議從涇原及鄜延兩路攻夏，但范仲淹持重，不同意韓琦等貿然急擊的主張。〔註26〕任福這時剛奉詔乘驛往涇原議事，韓琦正行邊赴涇州，忽然收到諜報，說元昊閱兵折薑會（今甘肅慶陽市環縣洪德鄉西北約60到70公里處），打算入寇渭州（今甘肅平涼市）。於是韓琦在二月己丑（初十），率任福帶來的軍馬，立即趕赴鎮戎軍，打算邀擊元昊。韓琦盡遣任福軍，再招募敢勇之人共一萬八千人，自懷遠城（疑即懷遠寨，今寧夏固原市西吉縣偏城鄉）趨德勝寨（今寧夏固原市西吉縣將台鎮），至羊牧隆城（今寧夏固原市西吉縣將台鄉南火家集西北），繞過元昊軍後伺機出擊；但任福輕敵冒進，中了元昊誘敵之計。二月癸巳（十四），任福軍幾乎全軍覆沒於好水川（今寧夏固原市西吉縣境內之什字路河川）。任福父子、驍將武英、王珪、桑懌、劉肅、趙律、李簡、李禹亨以下均戰死。指揮使、忠佐死者十五人、軍員二百七十一人、士卒六千七百餘人，亡馬一千三百匹。宋軍雖殺夏民五千九百餘口、熟戶一千四百餘口，焚二千二百六帳；但只殺死敵軍五百十人，獲馬一百五十四匹，可說是得不償失。出身行伍而屢建功勳的任福，本是宋廷倚重，剛冒起的一顆耀目的將星，這一役卻不幸陣亡，而他麾下的多員勇將也

〔註24〕《長編》，卷一百二十九，康定元年十一月丁卯條，頁3056～3057；十二月戊申條，頁3072。按种世衡在康定元年十二月戊申（廿七）已從大使臣的內殿承制，擢爲諸司副使的供備庫副使。

〔註25〕《宋史》，卷三百二十三〈范恪傳〉，頁10465；《隆平集校證》，下冊，卷十九〈武臣傳‧范恪傳〉，頁578。考范恪攻十二盤之年月，史所不載，相信是在白豹城之役後，在慶曆元年十一月他已任右騏驥副使前。

〔註26〕《長編》，卷一百三十一，慶曆元年二月辛巳條、丙戌條，頁3093～3100。

一併戰死，實是宋軍的大挫折。〔註27〕

據《宋史・范恪傳》所載，范恪配合任福大軍的行動，曾率軍攻取蕉蒿砦。退兵時，他親自殿後，為數千敵騎追襲。他看到其矢箙只餘兩鏃箭，但不慌不忙，將弓引滿，敵軍怯於他神箭的威名，馬上退卻。任福覆師後，他又曾與權知慶州杜惟序（？～1041 後）、鈐轄高繼隆統兵分別攻打漢乞、薛馬、都嵬等三砦。范恪率先攻破都嵬砦，但高繼隆攻薛馬砦不克。於是范恪應援攻取之，然後又率兵援助杜惟序攻下漢乞砦。他即以功陞授右騏驥副使。〔註28〕

─────────────────

〔註27〕《涑水記聞》，卷十二，頁 225～227；《長編》，卷一百三十一，慶曆元年二月
　　　　己丑、癸巳條，頁 3100～3103。據宋人事後所記，任福兵敗，因他所統的並
　　　　非素所撫循之師，而只是臨時招募回來，是故法制不立，加上宋軍又分別出
　　　　擊，兵力分散，碰上元昊的主力，又中了敵軍誘敵之計，結果慘敗。關於好
　　　　水川之敗，湯開建曾有分析，他認為任福之敗，一敗於元昊之詭譎，二敗於
　　　　主將之驕矜，所謂「所統的並非素所撫循之師」，並非主要原因。湯氏所論正
　　　　是。筆者認為任福等因白豹城之勝利，而生輕視元昊之心。參見湯開建：〈宋
　　　　仁宗時期宋夏戰爭述論〉，原載《西北民族研究所論文集》，1985 年，現收入
　　　　湯著：《党項西夏史探微》（臺北：允辰文化實業股份有限公司，2005 年 6 月），
　　　　頁 300～301。又據陳守忠的實地考察，由六盤山發源，平行向西流的好水有
　　　　三條，第二條向南距 15 里是什字路河，在上世紀 70 年代在什字路河上流南
　　　　面一條源流旁的觀音店（亦稱觀莊）的李家嘴村發現了任福墓。據說屍體披
　　　　甲戴盔，其所佩箭袋，所用四刃鐵鋼俱在，可見是他死後就地掩埋。陳守忠
　　　　認為此一發現好水川就是什字路河。參見陳守忠：《河隴史地考證》（蘭州：
　　　　甘肅人民出版社，2007 年 1 月），〈隴山左右宋代城寨遺址調查〉，頁 222～223。

〔註28〕按《宋史・范恪傳》未載此兩役的確實年月，然范恪擢右騏驥副使（《宋史》
　　　　作左騏驥副使），在慶曆元年十一月前，則此兩役當不遲於是年十一月。又據
　　　　《長編》所載，好水川之役，外戚杜惟序以環慶鈐轄、供備庫使領騎兵數千由
　　　　懷安路破夏軍三寨，獲馬牛千計。宋廷賞功，在慶曆元年四月丙戌（初八），
　　　　加領忠州刺史，為陝西鈐轄兼巡警緣邊州軍。而《宋史・外戚傳上・杜惟序》
　　　　亦記「（杜惟序）又權慶州。會任福敗，以騎兵數千繇懷安路破賊三砦，斬首
　　　　數百級，獲牛馬千計，以功領忠州刺史，為涇原鈐轄，敕巡警邊州」。顯然《長
　　　　編》及《宋史・杜惟序傳》所記杜惟序攻破夏三寨之事，與《宋史・范恪傳》
　　　　所記攻破漢乞三寨的是同一事。則此兩役當在是年四月前。又《長編》記，高
　　　　繼隆在是年八月乙巳（廿八），以環慶鈐轄、左藏庫使領榮州刺史權知環州。
　　　　則高繼隆在慶曆元年八月前後任職環慶鈐轄，符合《宋史・范恪傳》所記。考
　　　　杜惟序是太祖母舅杜審進（903～974）曾孫，他在慶曆二年二月已自西邊調知
　　　　北疆重鎮雄州（今河北保定市雄縣）遷六宅使。參見《長編》，卷一百三十一，
　　　　慶曆元年四月丙戌條，頁 3115；卷一百三十三，慶曆元年八月乙巳條，頁 3170；
　　　　卷一百三十五，慶曆二年二月庚辰條，頁 3220 頁；《宋史》，卷三百二十三〈范
　　　　恪傳〉，頁 10465；卷四百六十三〈外戚傳上・杜惟序〉，頁 13539～13540。

　　范仲淹在是年五月壬申（廿四），幾經轉折，得以復知慶州兼管勾環慶路部署事，回到西疆前線，再度成為范恪等的直屬上司。〔註29〕五個月後，宋廷為統一事權，再在十月甲午（十八），命范仲淹及韓琦等再分別兼環慶路及秦鳳路馬步軍都部署、經略安撫緣邊招討使。〔註30〕

　　十一月乙亥（廿九），范仲淹趁朝臣梁適（1001～1070）從陝西回京覆旨，請他代奏上他的〈攻守二議〉。他在〈議攻篇〉指出：在延州之西，慶州之東，有西夏界百餘里侵入宋地，其中有金湯寨、白豹寨（疑即白豹城）及後橋寨三寨，阻斷延、慶兩州經過道路。他主張出步騎三萬五千，從速佔領此三寨，並安撫該地蕃族，再拓建城寨，留土兵防守。他舉薦當時已陞為右騏驥副使、慶州北路都巡檢的范恪及東頭供奉官、柔遠寨都巡檢使蕃官趙明，擔任此一任務。他認為此三寨築成後，「若敵軍大至即明斥候，召援兵，而堅壁清野以困之，小至則扼險設伏以待之；居常高估入中及置營田以助之。如此，則可分彼賊勢，振此兵威，通得延、慶兩路軍馬，易於應援。」至於「所用主兵官員使臣，勇決身先者居其前」，范所點名可用的，為王信、狄青、范恪及劉拯四人。范恪曾攻取白豹城，人地相宜，自在中選之列。〔註31〕十二月甲申（初九），環慶副部署王仲寶（？～1047）等攻破金湯等城；不過，宋軍戰死四十九人，而只殺敵二十七人，比起當日攻破白豹城之勝果相差甚遠。在慶州的范恪有否參預這場戰鬥，史所不載，大概此役宋軍並未勝利，故范恪的傳記就沒有記下來。宋廷得報後，擔心夏人會報復犯邊，下令鄜延路預設防禦。〔註32〕

　　慶曆二年三月，范仲淹以慶州西北的馬鋪寨，位當後橋川口，深入於夏人的腹地中。他計劃在此地築城，以控扼夏人。他料知在此處築城，夏人必定力爭之。於是密遣其長子范純祐（1024～1063）與蕃將趙明先佔據其地，

〔註29〕《長編》，卷一百三十一，慶曆元年四月癸未條，頁3114～3115；卷一百三十二，慶曆元年五月壬申條，頁3129。范仲淹在慶曆元年四月癸未（初五），被劾與元昊通書，又焚其回報，徙知耀州（今陝西銅川市耀縣），罷經略安撫副使職。到五月壬申（廿四），才復知慶州，重掌軍務。

〔註30〕宋廷將陝西分為四路，除韓、范分統秦鳳路及環慶路外，王沿（？～1044）和龐籍（988～1063）分別統管涇原路和鄜延路。參見《長編》，卷一百三十四，慶曆元年十月甲午條，頁3191。

〔註31〕《長編》，卷一百三十四，慶曆元年十一月乙亥條，頁3200～3201。按范恪任的右騏驥副使，屬諸司副使前列，位僅在皇城副使、宮苑副使下。

〔註32〕《長編》，卷一百三十四，慶曆元年十二月甲申條，頁3205。

然後派大軍隨後接應。爲了保密，諸將初時也不知行軍方向。是月丙辰（十三），宋軍行至柔遠寨時，才發出號令往該處築城。宋軍以十日的速度築成新城。夏人察知，出兵三萬來奪城，起初詐敗引宋軍追擊。范仲淹不上當，戒宋軍不要窮追，後來果然知道夏軍有埋伏。大順城（今甘肅慶陽市華池縣山莊鄉二將城遺址）築成後，夏人控制的白豹城及金湯城都不敢輕出，於是環慶一路入寇大大減少。四月丙子（初三），范仲淹請得宋廷賜名大順城，並募弓手防守，編爲六指揮。范恪在這次築大順城及擊退夏軍均立功，五月庚申（十八），宋廷將他自右騏驥副使擢一階爲宮苑副使。〔註33〕

這次立下新功，范恪越見知名。大概在同月，知諫院張方平（1007～1091）上奏宋廷，建議「取陝西偏裨之知名者如狄青、范全（即范恪）輩，每路輒徙一兩人」，往北邊重鎮，以防禦可能來犯的遼軍。他又建議召狄青等立功將士赴京，加以擢用。〔註34〕是月底，陝西四路帥都從文階官換武階的觀察使，范仲淹換爲邠州（今陝西咸陽市彬縣）觀察使，名副其實是范大帥了；不過，范仲淹在五月癸亥（廿一）卻上奏宋廷，請復文階爲龍圖閣直學士，理由是他久在西邊，蕃部習慣叫他爲「龍圖老子」，不好改動。宋廷從其議。〔註35〕

宋軍在大順城的小捷，卻彌補不了在閏九月癸巳（廿三）的定川寨（今寧夏固原市中河鄉大營村硝河西北岸黃嘴古城）的慘敗。宋涇原副都部署葛懷敏（？～1042）在此役中了元昊之計，全軍萬餘人陷沒。夏軍長驅直抵渭州，所經幅員六、七百里地帶，焚蕩民居，屠掠居民而去。范仲淹早在慶曆元年二月，當葛懷敏從鄜延副都部署徙爲涇原副都部署時，已指出出身將家子的葛懷敏猥懦不知兵，不可委以重任。這次兵敗，亦由葛指揮無方，輕率

〔註33〕《長編》，卷一百三十六，慶曆二年五月庚申條，頁3265。這次有份立功獲賞的宋軍將校，地位比范恪高的是環慶都監、左藏庫副使王遇，擢爲供備庫使。關於大順城的位置及今天所在的考證，以及宋軍所建立的大順城防禦系統，以及宋夏三次大順城爭奪戰的經過，可參閱張多勇：〈宋代大順城址與大順城防禦系統〉，載杜建錄（主編）：《西夏學》，第七輯（上海：上海古籍出版社，2011年10月），頁46～56；張多勇：〈宋代大順城與大順城防禦線〉，載劉文戈、馬嘯（主編）：《范仲淹與慶陽──紀念范仲淹知慶州970周年學術研討會論文集》（天津：天津古籍出版社，2012年1月），頁350～373。按張氏第二篇文章是第一篇的增訂，補述了白豹城、金湯城的位置。

〔註34〕《長編》，卷一百三十五，慶曆二年四月丙申條，頁3239～3240。

〔註35〕《長編》，卷一百三十五，慶曆二年四月己亥條，頁3241頁；卷一百三十六，慶曆二年五月癸亥條，頁3266。

昧於應變所致。〔註36〕

　　宋廷經此役慘敗後，爲了提陞西邊將士的士氣，對於出身行伍而有邊功的將校，就不次擢拔，張方平先前的建議，得到宋廷的採納。狄青、范恪及安俊（996～1059）等都獲召入京覲見仁宗。因夏軍攻略渭州，軍情吃緊，狄青不能離開，仁宗就命他繪畫其圖像進呈，並擢爲秦州刺史、涇原部署兼本路經略安撫、招討副使。范恪在十月辛丑（初一）入見仁宗，他面奏仁宗軍情，稱偵知夏人已在天都左右廂大點兵，惟不確定夏軍將會進攻何處。仁宗表示剛收到邊奏，夏兵已侵犯高平軍（疑即高平寨，今寧夏固原市楊郎鄉北曹洼古城）、劉璠堡（今寧夏中衛市海原縣西南），命范恪馬上乘驛回去抵禦西夏軍。仁宗還立即將范恪從宮苑副使、環慶都監擢陞爲禮賓使、榮州刺史、環慶鈐轄，並再下手詔促范仲淹出兵赴援。范恪日夜兼程趕回慶州，才到達渭州，夏軍已解圍而去。〔註37〕同月辛亥（十一），仁宗以韓琦及范仲淹守西邊有功，雙雙擢爲樞密直學士。〔註38〕十一月辛巳（十二），宋廷任命韓、范及龐籍（988～1063）爲陝西四路都部署、緣邊經略安撫招討使，統一陝西軍政大權。范仲淹大概在這時上奏宋廷，對他麾下的將佐逐一評考其長短，而范恪就與狄青、种世衡及王信並列第一等，被評爲「足機略，善撫馭，得蕃漢人情」。〔註39〕

〔註36〕　參見《宋史》，卷二百八十九〈葛霸傳附葛懷敏傳〉，頁 9700～9703；《長編》，卷一百三十一，慶曆元年二月癸卯條，頁 3108；卷一百三十七，慶曆二年閏九月癸巳條，頁 3300～3303；卷一百三十八，慶曆二年十月癸丑條、丁卯條，頁 3314～3316。按葛懷敏是將家子，父爲眞宗朝馬軍都指揮使葛霸（934～1008），其妻爲宣徽南院使王德用（980～1058）妹。據載葛懷敏的上司王沿之子王豫，曾勸告其父，說葛懷敏非將才，應該易以他人；但王沿不聽，乃有此敗。

〔註37〕　《長編》，卷一百三十五，慶曆二年四月丙申條小注，頁3240；卷一百三十八，慶曆二年十月己酉條，頁3310～3311；《宋史》，卷三百二十三〈安俊傳〉，頁10467。考天都左右廂即西夏神勇監軍司和右廂朝順監軍司，據湯開建的考證，左廂監軍司的駐地應在夏州東彌陀洞，夏州故址在今內蒙古伊克昭盟鳥審旗白城子，則左廂監軍司應在其東的海流圖廟一帶，離明堂川（即今榆林河）不遠，故亦稱明堂左廂。至於右廂監軍司，仁宗朝在天都山（今寧夏回族自治區中衛市海原縣境內），神宗以後遷至涼州（今甘肅武威市）。參見湯開建：〈西夏監軍司駐所辨析〉，載《黨項西夏史探微》，頁 362～366，371～375。又安俊是仁宗爲太子時的資善堂祗候，仁宗即位後補三班使臣，後出爲環州都監，多立戰功，後與狄青及范恪同被召入京師。

〔註38〕　《長編》，卷一百三十八，慶曆二年十月辛亥條，頁3312～3313。

〔註39〕　《長編》，卷一百三十八，慶曆二年十一月辛巳條，頁3321～3322，另參見註2。

范恪稍後遷洛苑使權秦鳳路兵馬部署。〔註40〕慶曆三年（1043）二月甲
辰（初六），仁宗召用韓琦及范仲淹爲樞密副使。〔註41〕范仲淹在同年七月丁
丑（初十），改授爲參知政事，而富弼（1004～1083）也獲授樞密副使，二人
卻堅持不接受；但到八月丁未（十三），仁宗再授二人參政及樞副之職時，他
們就不能推辭了。〔註42〕范仲淹入主中樞，范恪在這一段時間似乎沒有表現。
十月甲子（三十），諫官歐陽修（1007～1072）上奏論邊將，稱「國家兵興以
來，五、六年所得邊將，惟狄青、种世衡二人而已。」並沒有提到本來與狄
青齊名的范恪。〔註43〕十二月庚戌（十七），另一諫官孫甫（1000～1059）上
言，也稱「今陝西兵官惟种世衡、狄青、王信材勇，可戰可守，自餘闇懦險
貪，大臣不可謂不知也。」將范恪排於陝西能將之外。〔註44〕

慶曆四年（1044）五月丙戌（二十），元昊終於與宋廷議和，願意稱臣，
讓宋廷得以下台。〔註45〕范仲淹在六月壬子（廿二），推行新政不過年餘，就
因抵擋不住反對勢力，而自請罷政出外。仁宗批准，命他宣撫陝西、河東。
八月甲午（初五），范的支持者富弼也罷樞出撫河北。〔註46〕爲此，范恪又再
度成爲范仲淹的麾下。

四、管軍歲月

是年八月乙巳（十六），龍神衛四廂都指揮使、衛州防禦使郭承祐（？
～1051）因樞密使杜衍（978～1057）劾其驕恣不法，宋廷將他遷爲宣州觀
察使，但解軍職。宋廷擢用數有邊功，深爲文臣賞識的狄青，從秦州刺史、
權并代部署爲惠州團練使、捧日天武四廂都指揮使、涇原部署，位列三衙管
軍。〔註47〕

〔註40〕《宋史》，卷三百二十三〈范恪傳〉，頁10465～10466。按《宋史》沒有記范
恪擢洛苑使的年月，只說「頃之」，推想應在慶曆二年底或三年初，又《宋史》
記他權秦鳳路兵馬「總管」，當是「部署」。按要到英宗後，部署才以避英宗
諱改稱總管。

〔註41〕《長編》，卷一百四十，慶曆三年二月甲辰條，頁3363～3364。

〔註42〕《長編》，卷一百四十二，慶曆三年三月丁丑條，頁3399；八月丁未條，頁
3417。

〔註43〕《長編》，卷一百四十四，慶曆三年十月甲子條，頁3489。

〔註44〕《長編》，卷一百四十五，慶曆三年十二月庚戌條，頁3514～3515。

〔註45〕《長編》，卷一百四十九，慶曆四年五月丙戌條，頁3616～3617。

〔註46〕《長編》，卷一百五十，慶曆四年六月壬子條，頁3637～3638；卷一百五十一，
慶曆四年八月甲午條，頁3674。

〔註47〕《長編》，卷一百五十一，慶曆四年八月乙巳條，頁3685。范學輝認爲狄青擢

　　按狄青擢任管軍，未經龍神衛四廂都指揮使一階，而逕授捧日天武四廂都指揮使。而郭承祐的龍神衛四廂都指揮使之缺，補了何人，群書不載。考《宋史·范恪傳》所記，范恪「自龍神衛四廂都指揮使累遷至侍衛親軍馬步軍副都指揮使，歷坊州刺史、解州防禦、宣州觀察使、保信軍節度觀察留後」，即他曾任三衙管軍最低一階的龍神衛四廂都指揮使。按《宋史》未載他擢龍神衛四廂都指揮使的年月，筆者懷疑他在狄青擢捧日天武廂主的同時，擢授低一階的龍神衛廂主。〔註48〕

　　慶曆五年（1045）正月乙酉（廿八），范仲淹罷參政為資政殿學士，仍知邠州兼陝西四路緣邊安撫使。十一月乙未（十四），范再罷陝西四路安撫使，改知內地的鄧州（今河南南陽市鄧州市）。〔註49〕他雖離開西邊，但在十二月甲戌（廿三）仍向宋廷極力推薦他兩員因過失被勒停的部將前涇原都巡檢、禮賓副使孫用（？～1056 後）及瓦亭寨（今寧夏固原市瓦亭鄉）主、左班殿直閤門祗候張忠（？～1052）。他稱兩人頗有武勇，請宋廷稍復他們的官資，責成他們立功自效。宋廷接受他的推薦，復用孫用為供備庫副使，張忠為右班殿直，並差他們往西邊效命。這裡值得一提的是，孫用的兒子、官至皇城使的孫昭諫後來娶了范恪的女兒（1047～1093），成為范恪的快婿。范恪與孫用既是同由禁軍列校選派邊任的同袍，又是范仲淹麾下的戰將，他們後來成為兒女親家，可說間接是范玉成的。〔註50〕

　　范恪這幾年的仕歷不詳，據郭倪（？～1207 後）所編的〈侍衛馬軍司題

<hr>

　　　為管軍，標誌著宋廷任用管軍人選的政策改變，他認為「正是在慶曆新政期間，宋夏戰爭中有功的將領，才開始得以陸續晉升管軍的行列，而且往往具有令人稱道的個人品行」。參見范學輝：〈北宋三衙管軍素質狀況的動態考察〉，《文史哲》，2005 年第 3 期，頁 70～71。

〔註48〕　《宋史》，卷三百二十三〈范恪傳〉，頁 10466。

〔註49〕　《長編》，卷一百五十四，慶曆五年正月乙酉條，頁 3740；卷一百五十七，慶曆五年十一月乙未條，頁 3807。

〔註50〕　《長編》，卷一百五十六，慶曆五年七月辛丑條，頁 3788；卷一百五十七，慶曆五年十二月甲戌條，頁 3813；《宋史》，卷二百九十五〈尹洙傳〉，頁 9837；王箴：〈孫昭諫墓誌銘〉，載《戶縣碑刻》，頁 316～317；王振：〈孫昭諫夫人范氏墓誌銘〉，載《戶縣碑刻》，頁 318～319。據《長編》及《宋史》所載，孫用是知渭州尹洙的部將，他和范恪一樣，以軍校補邊。他從京師貸息錢到官，但沒能償還。尹洙愛惜其才，怕他因這小故被罷去，就借公使錢為他償債；但又以公使錢不足，而借軍資錢回易充用。這筆胡塗賬給人檢舉，害得自韓琦、尹洙以至孫用都被罷職。按孫昭諫在治平元年（1064）娶范恪女，其時范恪已卒三年。又孫用官至環慶路兵馬都監，後贈左屯衛上將軍。

名記），他在慶曆八年（1048）八月，接周美（977～1052）任馬軍都虞候，直至皇祐三年（1051）六月改差。〔註51〕依照宋三衙管軍補授制度，范恪從龍神衛四廂都指揮使陞任馬軍都虞候，他應先歷捧日天武四廂都指揮使及步軍都虞候。可惜文獻無徵。考慶曆七年（1047）十二月，與范恪齊名的王信，以高陽關都部署、馬軍都虞候、象州防禦使之身份，率本部兵平定貝州（今河北邢台市清河縣）王則之叛。慶曆八年正月，宋廷心腹大患的元昊被子所刺傷重而死，宋廷內憂外患暫時解除。閏正月戊申（初九），王信以功遷感德軍留後，四月陞授步軍副都指揮使。他的遺缺由周美補授，周在八月再遷殿前都虞候，而馬軍都虞候一缺，就由范恪替補。因為王信立功陞遷，間接令到范恪得以晉陞。而范恪的直屬上司馬軍副都指揮使，就由狄青陞任。王信卻在八月亡故，而种世衡早於慶曆五年逝世，范仲淹麾下的四員大將，至此只餘下狄青及范恪二人。巧合的是，二人同任馬軍司管軍，在京中執掌禁旅。〔註52〕

　　仁宗於翌年（1049）改元皇祐。這年仲春，當遼與西夏相攻，聚兵近塞，邊防稍有警戒時，仁宗詢問近臣禦備之策。權三司使葉清臣（1000～1049）

〔註51〕狄青在慶曆五年七月庚寅（初七）以步軍都虞候上言，周美和范恪都位在他之後，范恪大概在慶曆五年前後應仍為四廂都指揮使，等到狄青等陞任更高的軍職，他才依次補授步軍都虞候和馬軍都虞候。參見馬光祖（？～1269後）（編）、周應合（？～1275後）（纂），王曉波（校點）：《景定建康志》，收入王曉波、李勇先、張保見、莊劍（點校）：《宋元珍稀地方志叢刊》甲編，（成都：四川大學出版社，2007年6月）第二冊，卷二十六〈官守志三・侍衛馬軍司題名記〉（郭倪撰），頁1242～1243（以下簡稱〈侍衛馬軍司題名記〉）；《宋會要輯稿》，第十五冊，〈方域八・修城上〉，頁9426。又周美亦是范仲淹麾下大將，范仲淹對他的考語是「諳練邊情，及有武勇」，將他評為第二等第一人，在范恪之下。他字純之，靈州（今寧夏銀川市靈武市西南，一說在寧夏吳忠市金積鄉附近）人，當靈州在真宗初年失守後，他棄其族人閒道至開封，投身禁旅，在景德元年（1004）曾從真宗駕幸澶州（今河南濮陽市）。范仲淹守延州，已隸於麾下，他是范仲淹手下大將中年齡最長，資格最老的。參見《隆平集校證》，下冊，卷十九〈武臣傳・周美〉，頁555～556；《范仲淹全集》，中冊，〈范文正公政府奏議卷下〉，〈奏邊上得力材武將佐等第姓名事〉，第616頁。按周美卒年七十六，上推其當生於太平興國二年（977）。這一條記載，見於《隆平集》，本文初稿漏見，蒙李裕民教授提示，謹致謝忱。

〔註52〕《長編》，卷一百六十一，慶曆七年十二月壬寅條，頁3891；卷一百六十二，慶曆八年正月辛未條，頁3901～3902；閏正月戊申條，頁3907；〈侍衛馬軍司題名記〉，頁1242～1243；《宋史》，卷三百二十三〈周美傳〉，頁10458～10459，卷三百二十六〈王信傳〉，頁10518～10519；《宋會要輯稿》，第四冊，〈儀制十一・武臣追贈・管軍留後〉，頁2540。

應詔上言，稱「輔翊之臣，抱忠義之深者，莫如富弼；爲社稷之固者，莫如范仲淹」。而他認爲「帥領偏裨，貴能坐運籌策，不必親當矢石。」除了王德用素有威名外，又是「范仲淹深練軍政」，而「龐籍久經邊任，皆其選也。」至於諸將中能當大任的，他即推舉范仲淹麾下兩員大將狄青和范恪，稱他們「頗能馭眾」。〔註53〕

皇祐二年（1050）九月辛亥（廿七），宋廷舉行明堂祀禮大典，大赦天下。十月丙辰（初二），百官均進秩一等。〔註54〕范恪大概在這時遷解州防禦使並進封太原郡開國侯。爲他撰寫制文的知制誥胡宿（986～1067），稱讚他和同時遷官的王凱（996～1061）「咸以武幹，各總將兵，積用勳勞，遙分侯奄。」〔註55〕

〔註53〕《長編》，卷一百六十六，皇祐元年二月辛巳條，頁3988～3980；《宋史》，卷二百九十五〈葉清臣傳〉，頁9853～9854。按葉清臣上奏的具體月日不詳，李燾以奏有「仲春」之語，故繫於二月。葉清臣在奏中推舉之武臣，尚有蔣偕（？～1053）、張亢（994～1056）、劉貽孫（？～1049後）及王德基（？～1049後）等人。

〔註54〕《長編》，卷一百六十九，皇祐二年九月辛亥條，頁4060；十月丙辰條，頁4062～4063。

〔註55〕胡宿：《文恭集》，文淵閣《四庫全書》本，卷十七〈李端懿可華州觀察使加食邑李端愿可檢校工部尚書越州刺史充本州團練使加食邑五百戶實封二百戶制〉，葉四下至五上；〈范全可檢校工部尚書解州刺史充本州防禦使加食邑百戶王凱可檢校工部尚書隴州刺史充本州防禦使進封太原郡開國侯加食邑五百戶制〉，葉五下。按王凱的生平仕歷，《宋史》本傳記之甚簡略，他遷隴州防禦使的年月不詳，無從考證范恪遷解州防禦使的年月。而《宋史‧范恪傳》只記他由坊州刺史遷解州防禦使，但遷官的年月不詳。考胡宿此制撰於何年何月不詳，歐陽修爲他撰的墓誌銘只說他從蘇州（江蘇蘇州市）召還，修起居注，以本官知制誥，卻未言及他拜知制誥的年月。現存的史料，《宋會要》記胡宿在慶曆七年二月辛酉（十六）及七月辛丑（廿八），均繫職爲集賢校理，而在同年五月庚辰（初六）任起居修注官，但未提及他已任知制誥，而《長編》記他在慶曆八年八月庚辰（十四）的官職差遣是祠部員外郎、集賢校理、同修起居注，沒有說他已知制誥，而最早記載他任知制誥已是皇祐元年十月戊午（初四），然後是皇祐二年十二月甲午（十一），一直到皇祐四年九月甲寅（十二）胡陞授翰林侍讀學士。至於《宋會要》在皇祐二年十二月甲午（十一）、甲辰（廿一）、乙巳（廿二），以及皇祐四年（1052）九月甲寅（十二），均記他以祠部員外郎知制誥。而到皇祐五年正月癸丑（十二），胡宿已以翰林侍讀學士權同知貢舉，不再擔任知制誥。筆者認爲胡宿要到皇祐元年才任知制誥。按此一道制文說「屬涓成于元祀，乃泛舉于慶恩，領強藩，衍增真賦，仍益校聯之美，悉欽朝賞之華」。顯然是宋廷因行大祀典而行恩賞。按宋廷曾於慶曆七年十一月戊戌（廿八），祀天地於圜丘，然後大赦天下。十二月戊申（初八），加恩百官。然後在皇祐二年九月再舉行祀明堂大典。筆者認爲胡宿在慶曆七年尚

皇祐三年六月，馬軍副都指揮使狄青罷軍職，由鄜延副都部署、步軍副都指揮使周美召入補授馬帥之職。三衙管軍依次替補，范恪得遷一級爲殿前都虞候。他的遺缺就由王凱替補。〔註56〕十月庚子（廿二），曾與韓、范守西邊多年，對狄青等深加賞識的樞密使龐籍，繼文彥博（1006～1097）爲相。〔註57〕

皇祐四年（1052）五月乙巳（初一），廣南少數民族領袖儂智高（？～1055）攻破廣西重鎮邕州（今廣西南寧市），並建國稱帝。〔註58〕當宋廷正爲儂智高之叛而憂時，倚爲柱石的范仲淹在是月丁卯（二十）卒於徐州（今江蘇徐州市）。〔註59〕六月丁亥（十四），狄青被仁宗自延州召入，破格地擢爲樞密副

未知制誥，他這道制文所言及的「元祀」及「慶恩」，當指皇祐二年九月之明堂大典，故他這道制文，當撰於皇祐二年十月宋廷大賞百官之時。又考胡宿這一道制文的前一篇制文〈李端懿可華州觀察使加食邑李端愿可檢校工部尚書越州刺史充本州團練使加食五百戶實封二百戶制〉裡，更明確地說「朕宅房心之野，實惟明堂；即太紫之廷，紹修宗祀」。即這次封賞，就是因皇祐二年九月之明堂祀典。李端懿（1013～1060）及李端愿（？～1091）兄弟後來在皇祐三年四月丙戌（初六），便自華州觀察使遷鎮國留後，越州觀察使爲鎮東留後。吻合胡宿所寫的制文，當撰於皇祐三年四月稍前的日子。參見《長編》，卷一百六十五，慶曆八年八月庚辰條，頁3964；卷一百六十七，皇祐元年十月戊午條，頁4022；卷一百六十九，皇祐二年十二月甲午，頁4073；卷一百七十，皇祐三年四月丙戌條，頁4088；卷一百七十三，皇祐四年九月甲寅條，頁4171；《宋史》，卷十一〈仁宗紀三〉，頁224；卷二百五十五〈王全斌傳附王凱傳〉，頁8925～8926；卷三百二十三〈范恪傳〉，頁10466；歐陽修（撰），李逸安（點校）：《歐陽修全集》（北京：中華書局，2001年3月），第二冊，卷三十五〈贈太子太傅胡公墓誌銘〉，頁514～515；《宋會要輯稿》，第二冊，〈禮十八·祈穀〉，頁954；〈禮十九·祀大火星〉，頁977～978；〈禮二十·諸祠廟雜錄〉，頁988；第四冊，〈儀制十·陳請封贈〉，頁2508；第五冊，〈職官六·侍讀侍講〉，頁3191～3192；第九冊，〈選舉一·貢舉一〉，頁5252；〈選舉十·制科一〉，頁5469。

〔註56〕 按〈侍衛馬軍司題名記〉所記，狄青在皇祐三年六月罷馬軍副都揮使，但不記狄青新職。據《長編》所記，狄青在皇祐四年六月擢樞密副使前之官職，乃彰化節度使、鄜延經略使知延州。相信狄青是罷馬帥，授節度使，而與原鄜延副都部署周美對換職位，出守延州。至於范恪所遷之職位，〈題名記〉亦不載，然據宋三衙管軍陞補制度，范恪當遷一階爲殿前都虞候。參見《長編》，卷一百七十二，皇祐四年三月辛亥條，頁4138；六月丁亥條，頁4153頁；〈侍衛馬軍司題名記〉，頁1242～1243；《宋史》，卷三百二十三〈周美傳〉，頁10459。

〔註57〕 《長編》，卷一百七十一，皇祐三年十月庚子條，頁4115～4116。

〔註58〕 《長編》，卷一百七十二，皇祐四年五月乙巳條，頁4142～4143。

〔註59〕 《長編》，卷一百七十二，皇祐四年五月丁卯條，頁4146；《范仲淹全集》，中

使。從御史中丞王舉正（991～1060）以下，多名台諫官均極力反對這項任命，他們不能接受起於卒伍的狄青成爲執政大臣；但仁宗賞識狄青，不理眾人的反對。仁宗這番甚得軍心的做法，是對宋夏戰爭以來在沙場立功的將士最大的肯定。〔註60〕

九月丙辰（十四），馬軍副都指揮使周美卒於任上。由步軍副都指揮使張茂實（997～1063）陞任馬帥。〔註61〕步帥之缺，相信就由殿前都虞候的范恪陞任。同月庚午（廿八），仁宗以諸將討儂智高無功，因宰相龐籍的力薦，加上狄青請纓願行，就命狄青統軍南征儂智高，並授以全權。狄青馬到成功，翌年（皇祐五年，1053）正月戊午（十七）大破儂智高大軍於歸仁鋪（今廣西南寧市東），並收復邕州。〔註62〕這次南征，范恪在京師統率禁旅，沒有從征。

仁宗對這次大捷，龍顏大悅，他一意要擢陞他的愛將狄青爲樞密使。龐籍卻反對，指出狄青初出任樞密副使時，已招致眾多文臣的反對，到狄青今次立下大功，他們才沒話說。倘現時再擢狄青爲樞密使，恐怕又招致眾文臣的議論。龐籍坦言狄青是他的部將，爲了愛惜他，就不想他因爲陞官而招忌。他主張以移狄青節鎮，超擢狄青兩個兒子官職作爲不陞授他樞密使的補償。仁宗起初同意，是年二月癸未（十三），依龐籍之議優遷狄青父子官職，並厚賜狄家京師宅第一區。但參政梁適爲了自己及早拜相，就別有用心地爲狄青說話，又聯合有份從征的內臣石全彬（？～1070）天天向仁宗訴說，結果仁宗被說動了。五月乙巳（初六），仁宗將原文臣樞密使高若訥（997～1055）罷免，而陞授狄青爲樞密使。狄青南征的兩員文臣副手孫沔（996～1066）及余靖（1000～1064），也得以分別超擢爲樞密副使和工部侍郎。〔註63〕狄

冊，〈附錄二・年譜（樓鑰撰）〉，第910頁。

〔註60〕 王珪（1019～1085）所撰的狄青神道碑，說仁宗一日「顧將帥之臣無踰公者，乃召爲樞密副使」。仁宗擢用狄青，當是他個人的主意。參見《長編》，卷一百七十二，皇祐四年六月丁亥條，頁4153；王珪：《華陽集》，文淵閣《四庫全書》本，卷四十七〈狄武襄公神道碑銘〉，葉十五上。又狄青拜樞副的同日，已致仕的老將王德用被重新起用爲河陽三城節度使同平章事判鄭州（今河南鄭州市）。

〔註61〕 《長編》，卷一百七十三，皇祐四年九月丙辰條，頁4173；〈侍衛馬軍司題名記〉，頁1243。

〔註62〕 《長編》，卷一百七十三，皇祐四年九月庚午條，十月辛巳條，頁4174～4176；卷一百七十四，皇祐五年正月丁巳、庚午條，頁4192～4194。

〔註63〕 《長編》，卷一百七十四，皇祐五年二月癸未條，頁4197～4198；丁亥條，頁

青麾下人人陞官，而與狄青同起於卒伍，靠在沙場用命而得以出人頭地的眾多武臣如范恪等，這次自然為狄青的高陞而額手稱慶了。文臣中的死硬派御史中丞王舉正，因再度反對狄青任樞密使不成，就自請解官。〔註64〕狄青這次的勝利，卻種下文臣後來打擊他的禍根。

十一月己巳（初四），宋廷合祭天地於圜丘，大赦天下。丁丑（十二），加恩百官。范恪在這次恩典中加柱國，進開國公，加賜食邑五百戶，並獲賜「忠果雄勇功臣」稱號。知制誥蔡襄（1012～1067）為他撰寫的一道制文，稱許他執掌稱職：

> 智略之明，而濟其忠厚；武材之勝，而守以惠和。精練事經，周旋
> 信遇。擢總句陳之重，益修拱衛之嚴。

值得一提的是，在這道制文中，范恪首次用「范恪」之名。（按：據〈侍衛馬軍司題名記〉，他在皇祐三年六月遷官時，仍名「范全」）。〔註65〕

仁宗於翌年（1054）改元至和。這年三月戊辰（初四），外戚樞密使王貽永（986～1056）以疾罷，仁宗復用宿將王德用為樞密使，與狄青同任樞密使，樞密院罕有地由兩員武臣出任正使。〔註66〕范恪大概在至和元年三月前後，遭喪親之痛，惟不知是喪父抑喪母。蔡襄為他所撰的這一道制文，稱讚他「志尚沈雄，材武優毅。頃臨邊圍，休有風稱；入總環衛，彌見誠效」。另外又說他「自罹家難，尚兼帥領」，記他在喪親之時，仍舊供職。范恪這時所領的本官已是宣州觀察使。〔註67〕

4200：五月乙巳至丁未條，頁4207～4209。

〔註64〕《長編》，卷一百七十四，皇祐五年五月癸亥條，頁4211。

〔註65〕《長編》，卷一百七十五，皇祐五年十一月己巳、丁丑條，頁4238～4239；蔡襄（著），吳以寧（點校）：《蔡襄集》（上海：上海古籍出版社，1996年8月），卷十五〈制誥六·步軍副都指揮使范恪可加柱國進開國公食邑□百戶仍賜忠果雄勇功臣制〉，頁292～293；〈侍衛馬軍司題名記〉，頁1243；蔣維錟：《蔡襄年譜》（廈門：廈門大學出版社，2000年12月），頁105，118～119。按蔡襄這道制文未繫年月。據蔣維錟所考，蔡襄擔任知制誥，乃由皇祐四年九月至至和元年七月，則這道制文，當擢於這三年間。按這道制文開首即記：「朕以仲冬吉日，祗事丘時，陟配三后，祀典百神。諸福之物，擁佑來格；均施之澤，宜自近始」。顯然這次大典就是皇祐五年十一月的祀圜丘，而范恪等即為此大典而獲加恩。

〔註66〕《長編》，卷一百七十六，至和元年三月戊辰條，頁4254～4255。

〔註67〕《蔡襄集》，卷十二〈制誥三·起復雲麾將軍宣州管內觀察使侍衛親軍步軍副都指揮使范恪可銀青光祿大夫餘并依舊制〉，頁234。按此道制文並未繫年月，它在《蔡襄集》裡，編在〈制誥三〉，比范恪進國公之制的〈制誥六〉為前，

五月乙亥（十二），馬軍副都指揮使張茂實被人攻擊，有謠言稱他是眞宗（968～1022，997～1022 在位）的私生子。言官爲了平息流言，就請仁宗解除張的軍職，擢他節度使遣出外鎮，仁宗依議。因張的去職，范恪又得以依次陞任馬軍副都指揮使，且加官爲保信軍節度觀察留後，位列管軍之第二人，位次殿帥許懷德（978～1061）。他的步帥職位，就由殿前都虞候王凱依次補上。至於范恪在馬軍司的副手馬軍都虞候，就由王興陞任。〔註68〕這一次范恪陞官，又是由蔡襄當制，蔡襄大概以前讚揚范恪的話寫得太多了，這次只輕輕一筆地說「恪，智略明果，而資之以沉毅」。〔註69〕

范恪執掌禁旅，擔子越來越重，除了統領馬軍司外，還得兼管步軍司。這年十一月壬戌（初三），殿中侍御史趙抃（1008～1084）上奏，指出三衙管軍的不正常現像：「今殿前只許懷德，馬軍惟范恪外，又復兼管步軍，其餘都指揮使、虞候見差出四員」。當王凱等人都統兵出外時，范恪卻要留在京師，統管禁軍。〔註70〕

但蔡襄的六卷制誥，似乎是以受文人的身份而編，而並非完全按時序先後而編，故不能就據此判定蔡襄撰此制要比〈步軍副都指揮使范恪可加柱國進開國公食邑□百戶仍賜忠果雄勇功臣制〉爲早。因范恪在此制中已官宣州觀察使，筆者可以推定它必定撰於至和元年五月乙亥（十二），范恪遷保信軍節度觀察留後前。考〈制誥三〉同卷收有〈太常博士直史館知光化軍楊畋可屯田員外郎依前直史館知邠州〉一制，在范恪起復一制後兩篇，很有可能是蔡襄相近時間寫的。據筆者所考，楊畋遷官一制，當撰於至和元年三月以後，則范恪起復一制，也當撰於至和元年三月前後。參見何冠環：〈將門學士：楊家將第四代傳人楊畋生平考述〉，載本書下篇，頁512，註88。

〔註68〕《長編》，卷一百七十六，至和元年五月乙亥條，頁4260～4261；〈侍衛馬軍司題名記〉，頁1243。考馬軍都虞候一職，從皇祐四年王凱陞任殿前都虞候後，先由王遠接任，但他在同年十一月便卒於任上。到皇祐五年二月，才由紀質補上遺缺。到至和元年二月，再由王從政（？～1058）陞任。五月，王從政即陞任殿前都虞候，遺缺由王興替補，直到嘉祐三年九月，王興一直是范恪的副手。

〔註69〕《蔡襄集》，卷十三〈制誥四・步軍副都指揮使宣州觀察使范恪可馬軍副都指揮使□□軍節度觀察留後殿前都虞候隴州防禦使王凱除步軍副都指揮使□州觀察使制〉，頁251；《宋史》，卷三百二十三〈范恪傳〉，頁10466。

〔註70〕趙抃：《清獻集》，文淵閣《四庫全書》本，卷六〈奏箚乞差填殿帥・十一月三日〉，葉十四上下；《長編》，卷一百七十七，至和元年十二月癸丑條，頁4296～4297。據范學輝的研究，從眞宗後期開始，馬軍、步軍都指揮使不輕授，而以副都指揮使爲主帥。而從仁宗開始，三衙管軍闕員成爲常態，宋夏戰爭開始後，許多帶管軍的高級將領都統兵出外，而在京中統領禁軍的管軍通常只得兩三員，當主管馬軍司或步軍司的管軍（馬帥及步帥）闕員時，往往以

　　仁宗在兩年後（1056）改元嘉祐，可仁宗的健康卻在這年正月甲寅（初一）開始出現嚴重問題，有一次甚至胡言亂語，說曹皇后（1016～1079）與內侍張茂則（?～1085 後）謀逆，幸賴宰相文彥博等用盡辦法才安定人心。到四月戊辰（十七），仁宗的身體才稍爲好轉。當宋廷尚瀰漫於不安的氣氛時，知諫院范鎭（1008～1089）在五月甲申（初三）上奏，請並無子嗣的仁宗選立宗子爲嗣。在群臣心目中，呼之欲出的人選，正是自幼養於宮中多時、仁宗堂兄濮王允讓（995～1059）之子宗實（即英宗，1032～1067，1063～1067在位）。殿中侍御史趙抃與集賢校理、通判并州（今山西太原市）司馬光也於六月己未（初九）及庚午（二十），先後上奏附和范鎭之議，但仁宗並無任何表示。〔註71〕在此人心不定之時，偏偏京師從五月開始大雨不止。大雨令蔡河氾濫成災，河水冒湧入外城南三門之一靠西的安上門（亦名戴樓門），門關折斷，將門內的官私廬舍數萬區毀壞，大水漫浸，城內靠繩筏渡人。仁宗命眾輔臣分往各門督視災情。執掌京師禁旅的范恪，奉命率領禁軍，擔任京師救災的工作。當大水漫發時，他奉密詔封閉內城南三門的中門朱雀門。知開封府王素（1007～1073）阻止范恪執行這個命令，說：「方上不豫，軍民廬舍多覆壓，奈何障門以惑眾，且使後來者不入耶？」。范恪從善如流，就沒有將朱雀門封閉。范鎭見京師大水，而河北各路江河決溢，災情嚴重，又應詔再申前議，請求早立儲君，以安民心。〔註72〕

低一階的馬軍都虞候、步軍都虞候或龍神衛四廂都指揮使權領，或以另一司的主帥兼攝，故范恪以馬帥兼領步軍司是仁宗朝以後的常態。參見范學輝：《宋代三衙管軍制度研究》（北京：中華書局，2015 年 4 月），上冊，第二章第二節〈三衙管軍闕員現象〉頁 93～101（按：范恪的事例見頁 94）。

〔註71〕　《長編》，卷一百八十二，嘉祐元年正月甲寅至壬申條，頁 4394～4396；四月戊辰條，頁 4405；五月甲申條，頁 4406～4408；六月己未、庚午條，頁 4410～4414。

〔註72〕　《長編》，卷一百八十二，嘉祐元年六月戊寅、己卯條，頁 4415～4416；王珪：《華陽集》，卷五十八〈王懿敏公素墓誌銘〉，葉十一下至十二上。關於安上門及朱雀門在開封的位置，可參閱劉春迎：《北宋東京城研究》（北京：科學出版社，2004 年 7 月），頁 105，133，135，146，159，171。按安上門在後周時名景風門，到太宗太平興國四年（979）改安上門，但北宋時期一般人俗稱爲戴樓門，它位於開封外城南牆的西部，門內有一條大道，直通外城北牆的衛州門。這條大道縱貫南北，是北宋時期位於開封城西部的一條主要南北幹線。它的遺址經考古學家查勘，位於今開封市西南郊市肉聯廠後門的南圍牆附近。至於朱雀門爲內城的正南門，在今開封城牆南門北約 350 米的中山路兩側。又關於在京師的三衙管軍負責巡警京師，維護治安，以及整治汴河、黃河，防護水災，主管都城火政，防火救災等事務性職能的研究及討論，可參閱范學輝：《宋代

　　翰林學士歐陽修在七月再上奏請求立儲，同時又以「樞密使狄青，出自行伍，遂掌樞密。始初議者已爲不可，今三四年間，外雖未見過失，而不幸有得軍情之名，且武臣掌國機密而得軍情，豈是國家之利？」他力主將狄青罷免並將他出守外州。殿中侍御史呂景初稍後亦附和其議，並向宰相文彥博施壓，要求將狄青罷免。以歐陽修爲代表的文臣對出於行伍的武臣的偏見，言溢辭表。八月癸亥（十四），仁宗爲平息文臣紛紛的議論，就罷免狄青樞密使之職，爲了讓無過的狄青體面地去職，便特加他同平章事，名義上陞爲使相，出判京師不遠的陳州（今河南周口市淮陽縣）。〔註73〕十一月辛巳（初三），另一員宿將樞密使王德用與狄青同一命運，罷樞職出爲忠武軍節度使加同平章事。〔註74〕至此，宋廷文臣將武臣排出二府的目標已達到，剩下執掌三衙禁軍的武臣如范恪等，只能惟文臣之命是從。

　　嘉祐二年（1057）二月壬戌（十六），王德用病卒。一個多月後，三月庚子（廿四），狄青也在陳州憤恚而亡。也許是巧合，兩月後，宋軍被夏人擊敗於西邊的急里堆東斷道塢，并州鈐轄管勾麟府軍馬郭恩（？～1057）等陣亡。大將狄青及王德用被文臣排擠而死，西邊即馬上吃了大敗仗。〔註75〕

　　嘉祐三年（1058）正月乙未（廿四），步軍副都指揮使王凱出爲秦鳳路副都部署，〔註76〕范恪則仍留在京師。六月丙午（初七），宰相文彥博備受攻擊下自請求退，仁宗改任范的老上司、樞密使韓琦爲相。〔註77〕

　　　　三衙管軍制度研究》，上冊，第七章〈三衙的職能（下）──事務性和禮儀性職能〉，頁386～408。惟范書相關討論沒有引述范恪這次治河救災之事例。

〔註73〕《長編》，卷一百八十三，嘉祐元年七月丙戌條，頁4424～4428；八月癸亥條，頁4435。文彥博曾爲狄青辯護，說狄青忠謹有素，外面的流言都是小人散播，不足置意；但呂景初仍危言說「青雖忠，如眾心何，蓋爲小人無識，則或以致變。」關於歐陽修對狄青的傷害，可參閱羅家祥：〈歐陽修與狄青之死〉，《學術月刊》，第40卷4月號，2008年4月，頁117～123。

〔註74〕《長編》，卷一百六十四，嘉祐元年十一月辛巳條，頁4451。王德用之罷，因御史趙抃累次上章劾他貪墨無厭，又縱子弟納賂，加上他老病，實不適合再任樞使。而王德用也知情識趣，多次上章求罷，於是仁宗將他罷職。按王德用處世，尤其應付文臣，較狄青老練，他被罷免就少了狄青的憤憤不平，而是順其自然。

〔註75〕《長編》，卷一百八十五，嘉祐二年二月壬戌條，頁4469；三月庚子條，頁4473～4474；五月庚辰條，頁4476～4478。關於斷道塢一役的經過，可參閱何冠環：〈狄青麾下兩虎將──張玉與賈逵〉，頁355～356頁，註26。

〔註76〕《長編》，卷一百八十七，嘉祐三年正月乙未條，頁4502。

〔註77〕《長編》，卷一百八十七，嘉祐三年六月丙午條，頁4511～4512。按文彥博罷

范恪大概在嘉祐四年（1059）染病，這年十一月，他便以疾請罷軍職。宋廷允其請，將他外放爲永興軍路副都部署，范結束了多年在京師執掌禁旅的生涯。接任馬帥的，是多年前被罷馬帥的張茂實。范恪回到西邊才數月，便在嘉祐五年（1060）二月逝世，卒年五十。宋廷追贈他昭武軍節度使，後再贈太尉。范恪比曾和他齊名的狄青年輕三歲，但壽數都同爲五十，算不得上高壽。〔註 78〕

范恪陞任管軍，在京師執掌禁旅的日子，也許是工作上的需要，也許是附庸風雅，他和朝中文臣頗有往來。其中三度爲他撰寫制文，對他的事功多所溢美的蔡襄，在慶曆六年（1046）九月所撰寄贈楊畋（1007～1062）的〈夢遊洛中十首〉七言絕詩中，其中第六首云：「韓王宅裡酒千壚，范帥園中花萬株」，而詩後小注又云：「趙韓王宅有藏酒千百器，范太尉宅花最多」。詩中的趙韓王即是在洛陽有宅園的開國元勳趙普（922～992），而范太尉當是已任管軍的范恪。蔡襄在詩中提到范恪在洛陽的宅第花最多，可知他曾是范宅的常客，結合他爲范恪一再撰寫制文，他與范恪當有不錯的私交。於范恪而言，交上蔡襄這樣大有清望的廷臣，對他的仕宦而言是有利的。〔註 79〕

目前可見的記載中，與范恪有交往的文臣尚有翰林學士宋祁（998～1061）。在宋祁的詩文集裡，有他贈范恪的五言長律一首，題爲〈送馬軍范太尉恪〉：

> 平狄方開府，钃羌舊著名。（自注：君於陝西戰功最多）。新提建章騎，入領羽林兵。賜橐千金重，留車兩印榮。已封頭尚黑，休戰髀還生。大旆前驅影，鳴鐃後隊聲。軷壇勝算爵，客飯飫侯鯖。山背

相後，次相富弼擢首相，而韓琦拜次相。

〔註 78〕《長編》，卷一百九十，嘉祐四年十一月甲寅條，頁 4599；《宋史》，卷三百二十三〈范恪傳〉，頁 10466；《隆平集校證》，下冊，卷十九〈武臣傳・范恪〉，頁 578；《宋會要輯稿》，第四冊，〈儀制十一・武臣追贈・管軍留後〉，頁 2540；〈侍衛馬軍司題名記〉，頁 1243；〈孫昭諫夫人范氏墓誌銘〉，頁 318。考〈侍衛馬軍司題名記〉只記范恪罷馬帥在嘉祐四年，未提月日；而《長編》記張茂實拜馬帥在嘉祐四年十一月甲寅（廿三），則范恪罷軍職當在是年十一月初。又《宋會要》以范恪贈昭武軍節度使，《宋史》本傳作昭化軍（即金州）。另范恪女〈孫昭諫夫人范氏墓誌銘〉亦作昭武軍節度使。現從《宋會要》及〈孫昭諫夫人范氏墓誌銘〉之記載。

〔註 79〕《蔡襄集》，卷五〈夢遊洛中十首〉，頁 89～90。關於蔡襄撰此詩的年月及背景，可參閱何冠環：〈將門學士：楊家將第四代傳人楊畋生平考述〉，載本書下篇，頁 496 及註 50。

迷榆塞，雲披認薊城。介圭朝漢幄，鈿仗侍軒營。悵別疏華恨，勤歸杜情。君看畫像處，麟閣近西清。〔註80〕

另宋祁也向范恪送上一則賀啓云：

伏審光膺詔旨，臨貳帥符。除目四頒，公言三允。太尉沈謀先物，積閱映時。出車于西，臥鼓無警。迺緣褒典，移莅朔陲。屬曡雲聯，仰九天之下將，和營風靡，企三日之先庚。顧惟儒掖之人，謬假幕廷之節。屈紆英躅，垂佐中軍。欣素所叢，訥言非敘。〔註81〕

觀乎宋祁送上四六駢文以及五言長律，看來范恪雖起於卒伍，卻也粗通文墨，看得懂宋大學士的四六文綷縌之詞，有此本事，是故能在京師執掌禁旅。

又據陳舜俞（？～1076）撰於熙寧七年（1074）九月的七言長律〈雙溪行〉之序所記，宋代大詞人張先（990～1078）也是范恪所交結的文士，而且張先與范的家妓何氏還有一段不尋常的情緣。據陳正臣對陳舜俞所言，他的侍婢何氏，本是范恪的家妓，有一次當張先去陳正臣家時，何氏在牖後窺見這時已致仕，年已八十五的張先，她記得張先曾陪范恪宴會，因感舊而泣下數行。陳舜俞聞之惻然，並告訴友人李常，他們就一齊陪同張先去陳正臣家重訪何氏。陳正臣命何氏在屏障後作歌，並吹笛與奏胡琴數弄而罷，據說她的聲調無不清妙。張先以舊緣，得陳正臣許可，附在屏障間，「問范之廢興及所由來。子野曰：此范當年最所愛者。」從張先這段風流韻事，可知他曾是范恪的座上客。〔註82〕

作爲范文正公麾下的大將，范恪願意交結文士廷臣，兼能粗通文墨，在文臣主政的宋廷，他能順應時勢，與文臣爲善，是故他出任管軍，執掌禁軍多年，不聞有不稱職的記錄，這方面他是成功的。

〔註80〕 宋祁：《景文集》，文淵閣《四庫全書》本，卷二十一〈五言長律·送馬軍范太尉恪〉，葉一上下。

〔註81〕 宋祁：《景文集》，卷五十四〈賀范太尉啓〉，葉五下至六上。考這則賀啓撰於何時不詳，觀內容似乎是范恪陞任步帥或馬帥時。

〔註82〕 陳舜俞：《都官集》，文淵閣《四庫全書》本，卷十二〈雙溪行·有序〉，葉二十上至二十二上。據《張先集編年校注》所附的張先年表，張先與范恪結緣其中一個可能是在皇祐五年，當張先赴京受命時。《張先集》的校注者則以張先陪范恪宴會，當是皇祐二年至三年張先通判永興軍時。惟校注者不知范恪出守永興軍在嘉祐四年底至五年初。按皇祐二年至三年，范恪其實在京執掌禁軍。參見張先（著），吳熊和、沈松勤（校注）：《張先集編年校注》（杭州：浙江古籍出版社，1996年1月），〈附錄〉，頁270；〈附錄四·張先年表〉，頁296。

五、東床快婿

范恪有子十人，分別名范愈（？～1071後）、范愿（？～1069）、范總、范愬、范恕、范愚、范應、范隱、范懿和范億。他們大概都以范恪之蔭授三班使臣，惟均事蹟不顯。目前可考的僅有范恪長子范愈及次子范愿事蹟兩則。《宋會要》記范愈在神宗熙寧四年（1071）二月丁巳（初一），以閤門通事舍人上言，稱已授開封府界咸平縣兵馬都監，他請求原兼的宣詞令差事，由他人接替，宋廷允其請。范愈以後的仕歷不詳。而據《宋史‧夏國傳下》所記，熙寧二年（1069）三月，夏軍攻秦州（今甘肅天水市），攻陷劉溝堡（今甘肅天水市北），時為知劉溝堡的范愿被殺。〔註83〕

范恪親屬中，以他女兒長安縣君范氏及其婿孫昭諫，因有墓誌銘傳世而事蹟最詳，而孫昭諫可說是范恪事業的真正繼承人。范有此東床快婿，亦可說是其諸子庸碌的一點補償。據〈孫昭諫夫人范氏墓誌銘〉所載，范恪女長安縣君范氏在元祐八年（1093）十月癸丑（初九）卒，得年四十七，則她當生於慶曆七年，是時范恪大概已任龍神衛四廂都指揮使，而她後來的夫婿孫昭諫的父親孫用，也在兩年前獲范仲淹推薦復職為供備庫副使。〔註84〕她年十七時（即嘉祐八年，1063）嫁當時任右班殿直的孫昭諫，距范恪卒正好是三年，相信二人的婚事是早已訂好的，因范恪之逝，待范氏守制三年畢才成親。她的墓誌銘說她「生貴族為貴族婦，未嘗以貴驕人」，蓋其父雖起於行伍，但當她出生時，其父早已官居三衙管軍，爵封開國侯。到她長成時，范恪已居馬帥之職，官至留後，爵封國公，廁身於貴族。而其翁孫用，是時也當位居諸司使臣，算得上是貴家。墓誌銘的作者王振對她的婦道溢美不已，稱她「自防以禮，從夫以順，孝舅姑仁，宗族均而不妬，勤儉處家，以成婦道，雖《詩》稱碩人，未容擅美也」。又稱許她「生自閥閱，來歸侯門。侯門既歸，內事有倫」，「舅姑稱孝，宗族稱仁。小星之惠，鳲鳩之均」。她以夫孫昭諫的恩典封長安縣君，卒時孫昭諫正守環州。她與孫昭諫育有男八人：長子孫竭、次子孫端、三子孫玗均早死，四子孫翊在建中靖國元年（1101）十一月范氏墓誌銘撰寫時官軍將，五子孫靖官三班奉職，六子孫竦官右班殿直，七子孫竑與八子孫立義未仕。他們有女六人：長適皇城使王況，次適右

〔註83〕《隆平集校證》，卷十九〈武臣傳‧范恪〉，頁578；《宋會要輯稿》，第七冊，〈職官三十四‧閤門通事舍人〉，頁3850；《宋史》，卷四百八十六〈外國傳二‧夏國下〉，頁14007～14008。

〔註84〕〈孫昭諫夫人范氏墓誌銘〉，頁318。另參見註50。

侍禁种師閔（？～1126 後），次適左藏庫副使張斌，次適左班殿直張沔，其餘未嫁。他們夫婦有孫男四人，分別是孫泙、孫泓、孫澳、孫演；孫女五人，均未嫁。〔註85〕

范恪的佳婿孫昭諫，字子忠，原籍祁州（今河北石家莊市無極縣）鼓城縣。他的曾祖孫秀不仕，祖父孫遇贈率府率，父孫用累官至諸司使臣，贈左屯衛上將軍。據說孫昭諫童稚時，已「狀貌嶷然，慷慨有大志」，人們已對之稱奇。到他年已及冠時，給人的印象是「詳審沉靜，疏眉目，美鬚髯，凜凜然有不可犯之色」。但一接觸他，卻又是「溫裕如也」。慶曆七年，他以父蔭補三班借職。是年正是他後來娶的夫人范氏出生。大概他相貌出眾，而性格沉毅類范恪，很有可能就在這年，當范恪生女時，就向他的同袍孫用議親，要招孫昭諫做他的東床快婿。〔註86〕

孫昭諫在嘉祐元年從其父監環慶路兵馬。大概在是年七月，環州屬羌叛亂，孫昭諫自請領軍先行進擊，他總掌百弩，奮勇殺敵。敵軍敗退後，有司評他功第一，大概即以功擢右班殿直。〔註87〕

嘉祐二年，孫昭諫奉命監環州防城庫。七年（1062），再以右班殿直戍守慶州虐泥堡。翌年他與范恪女成婚。英宗繼位後，他在治平三年（1066）以左班殿直權環州肅遠寨（今甘肅慶陽市環縣北烏倉城北 10 公里的玄城溝口）兵馬監押，後以功累遷至西頭供奉官。〔註88〕

神宗繼位後，孫昭諫再多建功勳。熙寧三年（1070）八月壬申（十五），夏主秉常（惠宗，1061～1086，1068～1086 在位）乘環慶路帥臣李復圭（？～1074 後）守禦無方，就傾舉國之兵攻擊環慶路各堡寨。大順城被圍，宋廷本來只命令西邊各路守臣出境牽制，孫昭諫卻率本部直搗夏軍巢穴，破蕩梁戍嵬寨，斬首數百級，獲器甲羊馬不計。他在救援大順城之戰中，破萌逋逴香

〔註85〕〈孫昭諫墓誌銘〉，頁 316～317；〈孫昭諫夫人范氏墓誌銘〉，頁 318～319。

〔註86〕〈孫昭諫墓誌銘〉，頁 316。

〔註87〕據《長編》所記，環慶經略司在嘉祐元年七月丁亥（初七）上奏，稱環州所轄的小遇等族叛。環州知州張揆以蕃官慕恩等九萬七千人往討之，結果斬首一千一百，俘三十四人，羊牛二千，餘黨各獻馬投降。相信《長編》這一條記載，即是孫昭諫墓誌所記的這一役。參見《長編》，卷一百八十三，嘉祐元年七月丁亥條，頁 4429；〈孫昭諫墓誌銘〉，頁 316。

〔註88〕〈孫昭諫墓誌銘〉，頁 316。關於肅遠寨今日的位置，據張多勇在 2006 年 12 月 23 日的實地考察，當在烏倉城北 10 公里的玄城溝口，南距洪德寨 5 公里。參見張多勇：〈范仲淹構築的對夏戰爭的環慶路軍事防禦體系〉，載《第三屆中國范仲淹國際學術論壇論文匯編》（杭州：2009 年 11 月），頁 339。

西水崑、名崑等寨，殺敵千人。他又收容環州各處之敗兵。宋軍解東谷堡（今甘肅慶陽市華池縣懷安鄉小城子村）之圍，破故幣州之族，均由他任先鋒。他以功陞東頭供奉官，再積功遷內殿承制。〔註89〕

熙寧八年（1075）五月，宋廷將環慶路軍兵五萬二千六十九人，馬六千四百七十六匹分爲四將：本路副總管林廣（1035～1082）爲中軍將，鈐轄种古（1024～1093）爲第二將，都監雷嗣文爲第三將，都監李孝孫爲第四將，孫以慶州北路都巡檢充李孝孫的副將。孫昭諫所領的慶州北路都巡檢使兵職，正是范恪長期擔任的。〔註90〕他這幾年的仕歷事蹟不詳。〈墓誌銘〉記他在元豐五年（1082），「從經制李憲收復蘭會賊兵，又以酬獎遷西京左藏庫副使」。相信是指他在是年正月，隨入內副都知李憲（1044～1094）再征蘭州（今甘肅蘭州市）及會州（今甘肅白銀市靖遠縣）路，進擊該處的夏軍。元豐六年（1083）二月，夏人數十萬眾來爭蘭州，蘭州幾乎不守。賴熙河蘭會路鈐轄王文郁（？～1099）死守得以保全。王隨後即代李浩（？～1095）知蘭州。

〔註89〕據《長編》所記，熙寧三年七月乙未（初七），樞密院奏上大順城蕃部都巡檢、東頭供奉官趙餘德（？～1073）、荔原堡（今甘肅慶陽市華池縣南梁鄉）蕃官右侍禁蒙布等禦城之功，宋廷各遷一官及賜銀絹有差。神宗批示說：「餘德出界牽引，斬獲首級，恐與荔原獲兩級人例遷一資輕重不倫，可增賜餘德銀絹各五十。」據此，可知宋廷命西邊守臣及蕃官出兵牽引夏軍。又八月宋廷大順城反擊戰有功的，爲權慶州東路巡檢姚兕（1026～1094）和北部都巡檢林廣及柔遠寨（今甘肅慶陽市華池縣城所在柔遠鎮）蕃部都巡檢趙餘德。宋廷在是年十月丙寅（初九）賞功，孫昭諫當在這次立功受賞之人之列。又據《長編》所記，夏軍所攻略之堡寨，有東谷寨，與孫昭諫墓誌銘所記合。參見《長編》卷二百五十三，熙寧三年七月乙未條，頁5171；卷二百十四，熙寧三年八月戊午、辛未、庚辰條，頁5195～5196，5203～5205，5220；卷二百十六，熙寧三年十月丙寅條，頁5254～5255；〈孫昭諫墓誌銘〉，頁316～317；《宋史》，卷十五〈神宗紀二〉，頁276～277。關於東谷寨今天的所在地，本文初稿有誤，蒙隴東學院歷史系張多勇教授提示，東谷寨當在今日華池縣懷安鄉小城子村，而東谷寨附近有西谷寨，正座落懷安鄉附近的元城鄉。張教授熟悉環慶路一帶的歷史地理，並多次實地考察該處的宋人堡寨，其鴻文值得我們光憑文獻而沒有作實地考察的同寅參考。參見張多勇：〈范仲淹構築的對夏戰爭的環慶路軍事防禦體系〉，頁332～343。

〔註90〕《長編》，卷二百六十四，熙寧八年五月甲子條，頁6457～6458。考孫昭諫之次女婿种師閔，從名字去看，與种家第三代的种師道（1051～1126）及种師中（1059～1126）很近，很有可能是种古的兒子或姪兒。考《金史》曾記宋將种師閔在天會四年（即靖康元年，1126）九月辛未（初八），被金將完顏宗望（？～1127）破於井陘（今河北石家莊市井陘縣）。這個种師閔當是孫昭諫之二婿。參〈孫昭諫墓誌銘〉，頁317；脫脫（纂）：《金史》（北京：中華書局點校本，1975年7月），卷三〈太宗紀〉，頁55；卷七十四〈宗望傳〉，頁1706。

孫昭諫大概在王文郁的麾下，以守城之功擢西京左藏庫副使。〔註91〕

元豐七年（1084）正月癸丑（十三），神宗給李憲手詔，要他從速加深加寬蘭州城垣，並在城內增建散樓子一座五間，另添置砲台，以防夏人再次進攻。同月丁巳（十七），又詔戶部支錢百萬緡給熙河蘭州經略安撫司，給他們計置糧草，修補守具。再於同月辛酉（廿一）及丙寅（廿六），連發兩手詔給李憲，要他從速做好蘭州的城防設施。孫昭諫在是年即以修築蘭州城有功，遷文思副使。〔註92〕

從元豐八年（1085）到元祐六年（1091），他先後知隴州（今陝西寶雞市隴縣）、階州（今甘肅隴南市武都區）、岢嵐軍（今山西忻州市岢嵐縣）。墓銘作者照例溢美他一番，說他所至的地方都有治績，部民都稱頌他云云。〔註93〕

元祐七年（1092），他以皇城副使知環州。是年十月辛酉（十二），西夏梁太后（？～1099）親率大軍數十萬人，沿馬嶺水（今環江）發動強大攻勢。同日包圍環州及其西北四十里外的烏蘭、肅遠、洪德及永和（今甘肅慶陽市境）等寨。據〈孫昭諫墓誌銘〉所載，夏軍來犯，圍攻累日。孫昭諫鼓勵諸將，並聽他的巧計大開城門，以疑兵計迷惑敵軍，敵人果然不敢進城。他處於敵軍重圍中，安然自若，故意命人奏樂宴飲，而命諸將分守要害，暗中派遣奇兵，邀擊敵軍退路。宋軍在主帥環慶路經略安撫使章楶（1027～1102）的精心策劃下，以及名將皇城使、賀州刺史環慶第七將折可適（1050～1110）之指揮得宜，加上副都總管李浩的配合，兵力處於劣數的宋軍，使用了曾瑞龍（1960～2003）所稱的「彈性戰略防禦」，是月丁卯（十八），將梁太后親自

〔註91〕《宋史》，卷十六〈神宗紀三〉，頁306；《長編》，卷三百二十二，元豐五年正月辛亥條，頁7769～7771；卷三百三十一，元豐五年十二月癸丑條，頁7982；卷三百三十三，元豐六年二月丙辰條，頁8018；卷三百三十四，元豐六年三月辛卯條，頁8035。按李憲在是年十二月已任熙河蘭會路經略安撫制置使、都大經制熙河蘭會路邊防財用。另宋廷在元豐六年三月賞蘭州解圍之功，其中接戰得力的將校十二員，守城得力的將校十四員，各遷一資。孫昭諫大概在這二十六人之中。

〔註92〕《長編》，卷三百四十二，元豐七年正月癸丑、丁巳、辛酉、丙寅條，頁8224，8227，8230～8232頁；〈孫昭諫墓誌銘〉，頁317。又孫昭諫在這年哪一月遷文思副使不詳。關於神宗朝蘭州的城池的修築及附近地區的開發，亡友曾瑞龍的一篇遺作值得參考，參閱曾瑞龍：《拓邊西北——北宋中後期對夏戰爭研究》（香港：中華書局，2006年5月），〈附錄一：蘭州在11世紀中國的環境開發及其歷史經驗〉，頁235～256。

〔註93〕〈孫昭諫墓誌銘〉，頁317。

統率，傾國而來而以優勢兵力專攻宋一路的夏國中軍，挫敗於洪德寨（今甘肅慶陽市環縣洪德鄉）外。據曾瑞龍的分析，宋軍的重大勝利，不僅讓夏軍在此役付出傷亡數千人，牛馬大量丟失的代價，還一城不失的保存了環州所有的州軍堡寨，兼且第一次，也是宋夏戰爭中惟一的一次擊破夏軍的中寨，即中軍御營，教夏國的眞正統治者梁太后與數十騎落荒遁去，大大挫敗了夏軍的心理，而洪德城一役也是宋軍爭回戰略主動的一個里程碑。宋廷戰後賞功，賜守環州有功的孫昭諫白金茶藥嘉獎。據說環州民感他守城之德，都畫他的畫像以祠。不過，就在他力守環州不失之時，他的妻子范氏，卻在是年十月戊午（初九）病卒。元祐八年（1087）正月壬寅（廿四），宋廷賞鄜延及熙河兩路在夏軍攻環州時出兵牽制的有功將佐，大概也在同時獎賞環慶路有功將佐，於是孫昭諫遷如京使，進入諸司正使行列。〔註94〕

紹聖元年（1088），哲宗（1077～1100，1086～1100 在位）親政，孫昭諫從環州移知河州（今甘肅臨夏回族自治州臨夏市）。二年（1089）遷東作坊使。四年（1091），再知環州。同年六月丁酉（十五），他因進築安疆城（按：《長編》及《宋史》作安疆寨，今甘肅慶陽市華池縣東）有功，再遷宮苑使。五年（即元符元年，1092）三月，他以參與招得號稱「蕃中老將，習練邊事，素多智計」的西蕃大首領李訛哆舉家歸順，並且築成橫山寨（今陝西延安市吳旗縣西南二道川南岸走馬城古城）和通塞堡（今陝西榆林市定邊縣南的鐵角邊古城）有功，擢皇城使領惠州刺史，並獲宋廷重賞。同年他請罷，宋廷於是授他管勾鳳翔府（今陝西寶雞市鳳翔縣）終南上清太平宮致仕，時年六十三。〔註95〕

〔註94〕 〈孫昭諫墓誌銘〉，頁 317；〈孫昭諫夫人范氏墓志銘〉，頁 318；《長編》，卷四百七十八，元祐七年十月辛酉、丁卯條，頁 11383～11385，11388～11389；卷四百七十九，元祐七年十二月丁卯、壬申條，頁 11403～11409；卷四百八十，元祐八年正月壬寅條，頁 11427～11428；卷四百八十五，元祐八年三月乙未條，頁 11471；曾瑞龍：《拓邊西北──北宋中後期對夏戰爭研究》，第二章〈北宋對外戰爭中的彈性戰略防禦：以宋夏洪德城戰役為例〉，頁 45～77。關於元祐七年十月宋夏洪德城之戰，亡友曾瑞龍有專文詳盡分析，並及它的戰略意義。瑞龍曾參考各樣史料，然似乎沒有見到孫昭諫墓誌銘所述宋軍守環州的記述。又張多勇在 2006 年 10 月 23 日曾到洪德寨作實地考察，該處有宋古城遺址三座，依山而築。洪德寨遺址地理坐標及城牆高度均有紀錄，參見張多勇：〈范仲淹構築的對夏戰爭的環慶路軍事防禦體系〉，頁 340～341。

〔註95〕 〈孫昭諫墓誌銘〉，頁 317；《長編》，卷四百八十九，紹聖四年六月丁酉條，頁 11603；卷四百九十五，元符元年三月丙辰條，頁 11771；三月庚申條，頁 11784

　　孫昭諫自行引退，不求在仕宦上如他妻父一樣更上一層樓。據說當時推薦他的名卿就有四十餘人；但他以奮戰沙場數十年，早已厭倦軍旅生涯，而以志慮早已衰耗，不能再以筋力效命，於是寧可找一處清靜之地，買田歸老。他又以自己的俸錢，經辦族人未葬共二十七起葬事，又以祖宗所分之田，施給兄弟親戚，讓他們過得溫飽。他退居田林後，平日就令家人具酒食，請族人故舊賓客，與相娛樂。他優遊園林三載，於徽宗建中靖國元年（1101），以疾終於家，享年六十五。同年十一月辛酉（初四），他的家人為他及夫人范氏合葬於京兆府（即長安）戶縣界（今陝西西安市戶縣）太平鄉孫思村顏家莊先塋，並分別請得友人和故吏王振、王箴及李公裕等為他夫婦二人撰寫、繕書墓志銘及篆刻墓蓋。為他撰寫墓銘的朝奉郎監鳳翔府斜谷造船場王箴，除了讚許他在環州守邊禦敵的功業外，又特意指出他「惟此歸老，晦跡自保。逍遙於家，克終壽考。松柏芊芊，在渭之涯」的高明出處。孫昭諫論名位，遠不及他的妻父范恪；但他享壽六十五，晚年優遊林泉，與家人同享天倫之樂，這方面又毫不遜於他那晚年在京師執掌禁旅，得小心謹慎與文臣打交道的妻父。〔註96〕

　　孫昭諫的後人可考的，據《建炎以來繫年要錄》、《皇宋十朝綱要》、《通鑑長編紀事本末》、《三朝北盟會編》、《宋史》及《金史》所記，他的第四子孫翊在宣和六年（1124）以右武大夫相州觀察使知新收復的朔寧府（即朔州，今山西朔州市），翌年（宣和七年，1125）十二月，金將完顏宗翰（1080～1137）圍太原，並攻朔州，史稱「勇而忠」、「河東名將，守朔有威聲，金人亦憚之」的孫翊率部二千人自朔州來援太原，因金兵已據雁門關（今山西忻

～11785；卷四百九十六，元符元年三月戊辰、癸酉、甲戌條，頁11807，11808，11811；卷四百九十八，元符元年五月戊辰條，頁11856；《宋史》，卷十八〈哲宗紀二〉，頁 348，351；李埴（1161～1238）（撰），燕永成（校正）：《皇宋十朝綱要校正》（北京：中華書局，2013 年 6 月），卷十四〈哲宗〉，頁 373。據《長編》及《皇宋十朝綱要》所載，橫山寨原名西蔡移寨，由環慶路鈐轄張存統制人馬在三月丁巳（初八）修築，三月乙丑（十六）築成，賜名橫山寨；而西蕃大首領李訛哆率妻男并人戶千人、牛馬牲畜歸附在同月庚申（十一），而通塞堡在同月癸酉（廿四）築成。考宋廷封李訛哆為宥州（今陝西榆林市靖邊縣東）刺史，充橫山至宥山一帶蕃部都巡檢使，並令環慶經略司賜錢四千貫，銀絹各三千匹兩及優給田土。同月戊辰（十九），賞賜招撫有功的張存自西上閤門使遷東上閤門使，其餘將佐「均次第推恩」，孫昭諫可能在同時受賞。考這次宋廷的招撫行動，帶頭的是環慶鈐轄張存，《長編》所記的賞功人員名單，自張存以下四人，並沒有孫昭諫，他可能是以下「次第推恩」者。

〔註96〕〈孫昭諫墓志銘〉，頁 317。

州市代縣縣城以北約 20 公里處的雁門山中），他就從寧化軍（今山西忻州市
靜樂縣東北）及憲州（今山西忻州市靜樂縣）出天門關（今山西太原市尖草
坪區與陽曲縣交界處西關口村北 0.5 華里處，太原三關之一，通往靜樂、寧
武之古道咽喉）抵太原，與金兵激戰五天於城下，最後士卒皆盡，孫翊也就
力戰死於陣中，而朔州城內的原漢民組成的守軍也開門投降。至於他的兒子
孫昂在建炎三年（1129）二月壬戌（十三），以武德大夫、太原路兵馬都監、
嵐石路統制軍馬，與金兵大戰於晉寧軍（即葭蘆砦，今陝西榆林市佳縣縣城
西北神泉鄉大西溝村西古城）。同月己巳（二十）城破，他與守臣徐徽言（？
～1128）仍與金兵巷戰，最後士卒死亡殆盡。庚午（廿一）他們均被金人所
獲，不屈而死，孫氏父子可說是一門忠烈。宋廷追贈他左武功大夫成州團練
使。紹興三十年（1160）八月，孫翊父子殉國三十多年後，因殿帥楊存中（1102
～1166）的上言，宋廷又贈孫翊昭信軍承宣使，孫昂右武大夫成州團練使，
命以其事付史館。〔註97〕不過，《宋史·秦檜傳》卻記秦檜自金國南歸時，

〔註97〕 考朔州原是邊地，宣和五年（1123）宋金聯軍滅遼後，宋人要求金人將雲中
府（即大同，今山西大同市）、朔州、應州（今山西朔州市應縣）、蔚州（今
河北張家口市蔚縣）、武州（今河北張家口市宣化區）等山後諸州給宋，並於
是年七月派內臣譚稹（？～1126後）出守太原，負責經營山後諸州。起初金
太宗（1075～1135，1123～1035在位）允許，同年十一月癸亥（十四），詔割
武州及朔州與宋。大概金太宗因初立，無暇治理山後諸州。翌年（宣和六年，
1124）正月甲戌（初二），金將完顏宗翰及完顏宗望等又反悔，請求勿割山西
州縣與宋；但金太宗不同意違背前盟，仍下令馬上將山後諸州交與宋人。於
是原本守朔州的邊將韓正、蔚州的守將陳詡及應州的守將蘇京都向宋廷通
款，宋廷用蘇京為振武軍節度使、雲中府路安撫使，至於韓正與陳詡均遷官
留任，大概就在這時宋廷將朔州改為朔寧府。據《讀史方輿紀要》所考，朔
州在「宋宣和中曰朔寧府，金仍為朔州」。按《宋史·徽宗紀四》、《宋史·地
理志六·朔州》、《皇宋十朝綱要·徽宗紀》、《通鑑長編紀事本末》、《金史·
地理志上·朔州》及《宋會要·方域》都漏記朔州歸宋後易名為朔寧府之事，
而只有《宋史·徐徽言傳》及《建炎以來繫年要錄》大概據當時的檔案記下
「朔寧府」這一地名而沒有注明它就是朔州。以致李昌憲教授在 2007 年所編
的〈宋代建府一覽表〉也漏記這一個短命的「朔寧府」。考朔州在宋人手上為
時甚暫，宣和六年閏三月丙午（廿九），金太宗又因宗翰之言而拒割山後諸州。
八月，金人攻陷蔚州，殺守臣陳詡，又逐走應州的蘇京與朔州的韓正，相信
宋廷在宣和六年八月以後即以相州觀察使孫翊知朔州，代替韓正，繼續扼守
朔州。當金人在宣和七年十二月乙卯（十八）取得朔州後，復用朔州之名，
是故朔寧府之名不傳。據《三朝北盟會編》引《金虜節要》的說法，孫翊率
兵離開朔州往援太原十餘天後，朔州守將以城降金，而孫翊麾下的軍兵多是
朔州人。金將完顏宗翰驅迫朔州的父老以示孫翊軍，結果翊軍兵變，孫翊在
戰鬥中為叛軍所害，餘眾降金。對於孫翊兵敗身死，《金虜節要》的作者張匯

與他同行的舟子名孫靖，他因秦檜之薦，亦補官爲承信郎。這個孫靖是否與孫昭諫的第五子三班奉職孫靖是同一人？暫無可稽考。〔註98〕

六、餘　論

　　從康定元年至慶曆二年，宋軍被來犯的夏軍三度重挫於西疆，邊庭震動，國防出現嚴重危機。仁宗君臣不得不破格提拔重用能守四方的壯士，以范仲淹、韓琦爲首，有知人之明，別具慧眼而被仁宗委以守西邊重任的帥臣，他們的麾下就有爲數眾多的猛將：出於將家的有楊文廣，出於文臣家的有种世衡，而最多的是起於行伍。這批草莽英雄中，有宋一代名將狄青自然是最有代表性的，而他所建的功業和他所構建的傳奇也是最爲人傳誦的。除了狄青外，因汗馬功勞而擢居三衙管軍的，就有本文的主角范恪，以及王信、周美等人。他們的崛起，可以說是時勢造英雄。沒有長年烽火不熄的西疆，他們就不能有用武之地，得到宋室君臣的破格的厚待。當然，他們本身若沒有

批評他無謀，説他「止務先到太原爲功，殊不知近攝雲中，遠救太原之要也，而復紆迴出險，人疲馬乏，反爲彼賊以間離之，以逸待之，宜乎身死軍覆，無以成功。」參見李心傳（1167～1244）（編撰），胡坤（點校）：《建炎以來繫年要錄》（北京：中華書局，2013年12月），卷二十，建炎三年二月壬戌條，頁464～465；卷一百八十五，紹興三十年八月甲寅條，頁3593；《宋史》，卷二十二〈徽宗紀四〉，頁412～414；卷九十〈地理志六〉，頁2251；卷四百四十七〈忠義傳二·徐徽言〉，頁13192～13194；《金史》，卷三〈太宗紀〉，頁48，50，60；卷二十四〈地理志上〉，頁568；卷七十二〈婁室傳〉，頁1652；《皇宋十朝綱要校正》，卷十八〈徽宗〉，宣和六年八月條，頁534；宣和七年十二月乙卯條，頁538～539；楊仲良（？～1184後）（撰），李之亮（校點）：《皇宋通鑑長編紀事本末》（哈爾濱：黑龍江人民出版社，2006年12月），卷一百四十四〈徽宗皇帝〉，頁2419～2420，2422～2424，2431頁；《宋會要輯稿》，第十五冊，〈方域五·節鎮陞降·化外節鎮〉，頁9355；顧祖禹（1631～1692）（撰），賀次君、施和君（點校）：《讀史方輿紀要》（北京：中華書局，2005年3月），第四冊，卷四十四〈山西六·朔州〉，頁2034～2035；徐夢莘（1126～1207）：《三朝北盟會編》（上海：上海古籍出版社影印清光緒三十四年許涵度刻本，1987年10月），卷二十五，葉五下至七7上。又關於宋代從州建府的情況，可參見李昌憲：《中國行政區劃通史·宋西夏卷》（上海：復旦大學出版社，2007年8月），第一編第三章，表八，第97頁。又天門關的位置及沿革，可參見王懷中、馬書岐（編著）：《山西關隘大觀》（濟南：山東畫報出版社，2012年3月），〈太原市·市區·天門關〉，頁11～15。

〔註98〕考《三朝北盟會編》所記，這名舟子名「孫靜」，而非《宋史》的「孫靖」，故難以確定此人與孫昭諫的關係。參見《宋史》，卷四百七十三〈姦臣傳三·秦檜〉，頁13749；《三朝北盟會編》，卷一百四十三，建炎四年十月二十八日條，葉五上。

沙場殺敵的本事，也不會得到厚賞和重用。狄青的智勇雙全，范恪的神勇果敢，种世衡的深謀遠慮，都是他們成功的必須條件。當然，運氣也是重要的，沒有仁宗用人的不拘一格，沒有范仲淹等的識拔，他們縱是千里馬，也就不能展現奔馳千里的功夫。當然，兵凶戰危，在沙場上，任憑有多大本事，倘遇上的對手是元昊這樣百年不遇的軍事天才，而又碰上不智不明的上司來個瞎指揮，那就禍福難料。在三川口、好水川、定川寨三役戰死的宋將如任福、王珪、武英等人，其實勇敢善戰不下於狄青等；但他們出師未捷身先死，就只能訴諸天意。

筆者多年前曾寫過一篇關於狄青麾下的兩員虎將賈逵（1010～1078）與張玉（？～1075）的文章。〔註99〕從軍事生涯與經歷來說，范恪與張、賈二人很相似，他們都是起於卑末的卒伍，因宋夏戰爭的發生，於是憑個人的勇敢善戰，得到主帥的識拔，累立戰功，一級一級得到擢陞，最後官至武臣希冀的三衙管軍高位，並封侯建節。從年齡來說，狄青、賈逵與范恪很接近，依次是狄青居長，賈逵居次，而范恪第三，至於張玉因生年不詳，暫不能確定他比起狄青等誰較年長，然相信他都是同輩的人。〔註100〕他們都是北宋立國後，因宋夏戰爭的催生，第一代從行伍起家成為大將的一群。狄青與范恪等是由范仲淹識拔的大將，而狄青後來又提拔了張玉及賈逵等出人頭地。

筆者曾以張勇賈智來描述張玉與賈逵。比較起來，范恪的果勇似張玉，而行事的沉毅又近賈逵。整體而言，可能范恪與賈逵更多一點相似。他們都是以善射著名，都是智勇兼備。他們前半生在西疆出生入死，後半生卻被召入朝，在君相廷臣的眼皮下執掌禁軍。他們在京城供職，不再需要奮勇殺敵的本事，而是循規蹈矩，小心謹慎的睿智。在文臣操控國政的環境下，雖說三衙管軍是「禮繼二府」的高官貴職；但范恪等倘不學會與文臣打交道，吃虧是自招的。狄青貴為樞密使，功勞顯赫，卻落得被讒罷職的下場，他的教

〔註99〕　參閱何冠環：〈狄青麾下兩虎將──張玉（？～1075）與賈逵（1010～1078）〉，收入何著：《北宋武將研究》，頁341～384。

〔註100〕范仲淹麾下幾員大將中，以周美最年長及最高壽。他生於977年，卒於1052年，得年七十六。次長的是种世衡，他生於985年，卒於1045年，壽六十一。再其次是王信，生於988年，卒於1048年，壽六十一。再次是王凱，生於996年，卒於1061年，壽六十六。狄青生於1008年，卒於1057年，得年五十。賈逵生於1010年，卒於1078年，得年六十九。范恪生於1011年，卒於1060年，與狄青一樣得年五十。至於張玉卒於1075年，因不知其生年，故不知其壽數，不知他們與狄青等人誰長誰幼。

訓，對其同袍如范恪，部將如賈逵和張玉，自然是深刻的。宋人筆下的范恪和賈逵，性情都是「沉毅」、「沉雄」、「忠厚」、「惠和」、「沉敏有謀」，說穿了不過是說他們都是行事小心穩重，不與廷臣爭競的性格。爲此，他們都能功名令終，不招人妬。相比之下，范恪那位出於將家子的佳婿孫昭諫，卻另有一番豁達不凡的性情，他奮戰沙場，建功立業後，卻不希罕文臣的推薦，不仰人鼻息，當一個三衙管軍，寧可退隱林泉，也不求馬革裹屍而歸。細細考查北宋武臣的行事，當會發現他們的面相倒不是鐵板一塊的。

比起种世衡建立起三世將門，狄青建立不世之功業和不朽之名聲，當年與狄青及种世衡齊名的范恪，他的成就自然是較爲平凡。他的兒孫碌碌平庸，雖有死於王事者，卻無法重振將門家聲，難怪范恪的家妓後來傷痛范氏之衰亡。范恪稍可告慰的，是有一位眞正繼承他建功西邊事業的佳婿孫昭諫。當宋人的書香門第及文官家庭愛在榜下覓婿時，武將家庭以范恪、孫昭諫爲例，卻都喜擇將家子爲東床。這種風尙似乎延續到現代社會。

作爲一個案研究，范恪的事例幫助我們再進一步了解，北宋中葉由行伍起家的武將的種種情況，包括當時的政治社會背景，以及文臣的態度。范文正公不朽之處，在於他一生摒棄了當時文臣常有輕視武人的偏見，以其慧眼識拔了上百將材，爲國效命，並使這些將材建立自身的功業。〔註 101〕誠如李裕民教授所言，范文正公用人，只看能力，不看出身，也不計年齡。他麾下將佐，既有年高資深的周美，也有比周美年輕三十多歲的范恪與狄青。倘范恪等人的事蹟都能據翔實的史料加以發明，則我們對宋代的文武關係、宋代武人在社會上進的情形，以及宋代的將家建立的情況，都當會有更深入的了解。

2009 年 10 月 5 日初稿

2010 年 5 月 30 日修訂

七、後　記

本文初稿在 2009 年 11 月 28 日在杭州師範大學舉行的「第三屆中國范仲淹國際學術論壇」宣讀，蒙論文評議人、陝西師範大學李裕民教授賜示漏引之資料，以及賜告拙文之長短，已據之補充修正。會議期間，又蒙隴東學院

〔註101〕在范仲淹歿後百年，南宋孝、光朝名臣陳傅良（1137～1203）讀到他的神道碑時，便曾賦詩稱許范仲淹用人的度量，稱他「行伍拔大將，寒饑得名儒。推轂天下士，百年用其餘」。參見陳傅良：《止齋集》，文淵閣《四庫全書》本，卷一〈讀范文正公神道碑有感佚事〉，葉三上下。

張多勇教授賜告環慶路一些堡寨今日的正確所在地，亦據之加以修正。

原刊於《九州學林》，2010 年秋季，頁 153～185。

范恪婿孫昭諫墓誌銘

范恪女、孫昭諫妻墓誌銘

北宋邊將劉兼濟事蹟考

一、前　言

筆者多年前曾撰〈敗軍之將劉平（973～1040 後）——兼論宋代的儒將〉一文，考論在宋仁宗（1010～1063，1022～1063 在位）朝被稱爲「詩書之將」、「儒將」，卻在康定元年（1040）正月宋夏三川口（約今陝西延安市西 20 公里處，即今延安市安塞縣、延安市境的西川河匯入延河處）之役兵敗被俘的敗將劉平的生平事蹟。該文並附考他的親弟劉兼濟（997～1055）及其六個兒子劉慶孫（？～1051 後）等，特別是他的幼子劉季孫（1033～1092）的事蹟。〔註 1〕當時因篇幅及史料所限，筆者對劉兼濟的生卒年及相關事蹟所考無多。惟去年（2011）有幸先後找到劉兼濟及劉平副將石元孫（992～1063）的墓誌銘，先據石元孫墓誌銘寫成〈北宋外戚將門開封浚儀石氏第三代傳人石元孫事蹟考述〉一文。〔註 2〕至於由仁宗朝名臣范鎮（1008～1089）所撰的劉兼濟墓誌銘，本來早已於 2002 年出版的《新中國出土墓誌・河南・貳》刊出。筆者當年撰寫劉平一文時漏看，現據此篇墓誌銘，加上《宋史・劉兼濟傳》及其他相關資料，對劉兼濟的事蹟重新考述，並對以劉平兄弟父子爲

〔註 1〕 參見何冠環，〈敗軍之將劉平（973～1040 後）——兼論宋代的儒將〉，載何冠環，《北宋武將研究》（香港：中華書局，2003 年 6 月），頁 283～339，特別是注 62 及附錄二〈劉季孫事蹟考〉。

〔註 2〕 該文載於本書上篇，頁 113～159。石元孫之墓誌銘及其子石宗永妻乳母之墓誌銘，現收入趙君平、趙文成（編）：《河洛墓刻拾零》（北京：北京圖書館出版社，2007 年 7 月），下冊〈四九一・宋石元孫墓誌〉，頁 672；〈四九七・宋石宗永妻趙氏乳母徐氏墓誌〉，頁 679。

主體的開封祥符劉氏將門的興衰作全面論述。〔註3〕

二、父兄餘蔭：劉兼濟早年仕歷

　　劉兼濟字寶臣，據他的墓誌銘所載，他卒於至和二年（1055），得年五十九，以此上推，他當生於至道三年（997），比其兄劉平少二十四歲。據劉兼濟墓誌銘所記，他的曾祖劉承休不仕，他的祖父劉延福贈左驍衛將軍，可能曾擔任低級武官。他的父親劉漢凝（？～1015 後）官至崇儀使贈左領軍衛上將軍。〔註4〕不計他的祖父，劉兼濟一家至少兩代為將。

　　據劉兼濟的墓誌所記：「公生十二年，會真宗皇帝封太山，以蔭為三班奉職」。考真宗（968～1022，997～1022 在位）封禪泰山在大中祥符元年（1008）十月，是年劉兼濟十二歲，就以父蔭為三班使臣的三班奉職。據《劉兼濟墓誌銘》及《宋史》本傳所載，他「幼讀書，通兵法術數，善騎射」，大有將家子的風範。〔註5〕大中祥符四年（1011）二月真宗祀汾陰（后土所在，今山西運城市萬榮縣榮河鎮西南廟前村北古城），時年十五歲的劉兼濟再陞一階為右班殿直，而他的兄長權瀘州（今四川瀘州市）劉平同以祀后土的恩典遷大理寺丞。劉兼濟何時正式出仕？他的墓誌沒有具體記載，按其父劉漢凝約卒於大中祥符八年（1015）或九年（1016）。〔註6〕他當於大中祥符八年或九年在家守孝，大概要到天禧二年（1018）前後才出仕。據他的墓誌所載，他在真宗晚年擔任監鄭州（今河南鄭州市）水磨務及京師（今河南開封市）的天駟

〔註3〕按劉兼濟在《宋史》有傳，附於其兄劉平傳後，共 360 字，而劉兼濟的墓誌銘，則共有 1140 字，要比《宋史》劉兼濟本傳詳盡。該墓銘現收入中國文物研究所、河南省文物考古研究所（編）：《新中國出土墓誌・河南・貳》（北京：文物出版社，2002 年 12 月），〈六十九〉〈宋故西上閤門使贈金紫光祿大夫檢校太子賓客使持節惠州諸軍事惠州刺史兼御史大夫騎都尉彭城郡開國侯食邑一千二百戶劉公（兼濟）墓誌銘〉（以下簡稱〈劉兼濟墓誌銘〉），頁 70；脫脫（1314～1355），《宋史》（北京：中華書局，1977 年 11 月），卷三百二十五〈劉平傳附劉兼濟傳〉，頁 10504。該墓誌銘撰於嘉祐五年（1060）正月己酉（十九），墓誌長八五、寬八四・五、厚一三厘米。誌文三十行，滿行三十八字。正書。四側為纏枝紋。該墓誌於 1949 年在河南開封市尉氏縣出土，現藏尉氏縣文物管理所。誌文參見本文附錄。

〔註4〕參見本文附錄〈劉兼濟墓誌銘〉；關於劉漢凝的事蹟，可參見何冠環：〈敗軍之將劉平（973～1040 後）──兼論宋代的儒將〉，頁 285～286。

〔註5〕《宋史》，卷七〈真宗紀二〉，頁 137～139；卷三百二十五〈劉平傳附劉兼濟傳〉，頁 10504；本文附錄。

〔註6〕《宋史》，卷八〈真宗紀三〉，頁 147～148；本文附錄；何冠環：〈敗軍之將劉平（973～1040 後）──兼論宋代的儒將〉，頁 288～289。

監，官職也遷一級爲左班殿直。〔註7〕

乾興元年（1022）二月仁宗即位後，年已二十六歲之劉兼濟再晉陞爲右侍禁並任襄州（今湖北襄樊市）兵馬監押。他在任內遇上漢江暴漲，州城危急。他解衣涉水，身先士卒，率兵丁民眾捍衛州城，襄州得以保全不被水淹。他得到朝廷的褒獎，因近臣的推薦，加閣門祗候、遷雄、霸路界河巡檢。後來又徙爲晉、絳、澤、潞四州都巡檢使。他到任後，碰上年荒，太行山多盜，他擒獲盜賊二百餘人。到明道元年（1032），他遷左侍禁，徙爲鄜延路兵馬都監。〔註8〕值得注意的是，他的兄長劉平在天聖元年（1023）已從侍御史、鹽鐵判官改任尚衣庫使、環慶路鈐轄，從文官改爲武官，兄弟二人同任武將。劉平在天聖六年（1028）八月以信州刺史（今江西上饒市西北）知雄州（今河北保定市雄縣），直至明道元年（1032）八月徙知眞定府（今河北石家莊市正定縣）。〔註9〕當劉平知雄州時，劉兼濟頗有可能在天聖六年至八年任雄霸路界河巡檢時在乃兄麾下。

劉兼濟大概在景祐年間晉一階爲西頭供奉官並權知鄜延路的保安軍（今陝西延安市志丹縣）。然後歷任同提點陝西、河東、京東刑獄公事，並再遷一階爲東頭供奉官任涇原路都監，然後徙爲德順軍（治所籠（隴）竿城，今寧夏固原市隆德縣城關鎮）駐泊都監。從明道元年到寶元元年（1038）十月元昊（1004～1048，1032～1048 在位）開始犯境之六年期間，他歷任陝西各路的兵職。〔註10〕其兄劉平在寶元元年初以邕州觀察使、殿前都虞候任環慶路副都部署，十二月徙爲鄜延路副都部署。寶元二年（1039）正月以環慶路副都部署兼鄜延環慶路安撫副使。五月劉平再遷步軍副都指揮使。七月再管勾涇原兵馬事，一人統率三路兵馬。〔註11〕劉兼濟這時也就成爲兄長的部下。

〔註7〕 參見本文附錄。
〔註8〕 《宋史》，卷三百二十五〈劉平傳附劉兼濟傳〉，頁 10504：本文附錄。按劉兼濟墓誌銘稱他在山西捕獲盜賊前後二千餘人，恐有誇大。今從《宋史》捕獲二百餘人之說。
〔註9〕 參見何冠環：〈敗軍之將劉平（973～1040 後）──兼論宋代的儒將〉，頁 292，301～302。
〔註10〕 《宋史》，卷三百二十五〈劉平傳附劉兼濟傳〉，頁 10504：本文附錄。
〔註11〕 李燾（1115～1184）：《續資治通鑑長編》（以下簡稱《長編》）（北京：中華書局點校本，1979 年 8 月至 1995 年 4 月），卷一百二十二，寶元元年十二月辛未條，頁 2887；卷一百二十三，寶元二年正月丙午條，頁 2892；卷一百二十四，寶元二年七月癸卯條，頁 2918。另參見何冠環：〈敗軍之將劉平（973～1040 後）──兼論宋代的儒將〉，頁 307～310。

他在德順軍受到夏軍號稱數萬來攻，他率守軍千餘人迎戰，轉戰至室黑松林，擊敗夏軍，並降生戶千餘帳。這是劉兼濟作爲邊將第一次與夏人交鋒。他曾上書言元昊必反。〔註12〕

康定元年正月，元昊大舉進犯延州（今陝西延安市）。劉平與石元孫率軍來援，不幸中伏覆師於三川口，劉、石二人力戰被俘。臨陣逃脫的內臣監軍黃德和（？～1040）爲卸責，反誣告劉平二人降敵。仁宗不察，盛怒之下除扣押劉平在京的家人外，又將時爲知德順軍的劉兼濟鎖拿押送京師問罪，他在德順軍的家人也被逮捕。幸而他的部將德順軍指揮使和斌（1011～1090）一力保護他的家人，又派人密告劉兼濟不要以家人爲憂。劉兼濟尚未到京師，其兄有否降敵一案，經廷中文臣一面倒維護，並由奉命前往河中府（今山西運城市）審理此案的殿中侍御史文彥博（1006～1097）及天章閣待制龐籍（988～1063）確認劉平並無降敵，而是力戰而死。仁宗就釋放劉平的家人，而且給劉家很大的恩恤。據宋祁（998～1061）所撰〈送承制劉兼濟知原州詩序〉所記，當劉兼濟從籠竿城來京後，宋廷已「赫然憤狡寇之昧，惻然憫帥臣之亡，錄孤廕冊，哀顯存歿」。仁宗召見劉兼濟，問他破敵方略，劉兼濟「頓首雪泣」，表示「願得自當一隊，腦王庭，張天聲，以復家仇」。仁宗壯之，就擢陞他爲大使臣之內殿崇班，授禁軍千人，命知原州（今甘肅慶陽市鎮原縣）兼涇原路都監，代替調知渭州（今陝西渭南市）的六宅使、涇原鈐轄郭志高（？～1041 後）。他又再兩番入對，論兵事數十章，宋祁稱他邊事甚悉，「鋪陳切愨，多得要領」。仁宗嘉獎之餘，他就以感遇不世，而慷慨言之。他在同年六月離京赴原州之任時，仁宗還特別召見，勉勵他爲兄復仇，說：「國憂未紓，家仇不可不報，勉之在爾。」跟著再遷他一階爲大使臣之首的內殿承制。〔註13〕宋祁有詩相贈，詩云：

〔註12〕《宋史》，卷三百二十五〈劉平傳附劉兼濟傳〉，頁 10504；本文附錄。考劉兼濟與夏人這場戰鬥未見載於他書。他的直屬上司爲著名的綏州蕃官涇原鈐轄高繼嵩（982～1040）。參見《長編》，卷一百二十三，寶元二年五月丙午條，頁 2907。

〔註13〕本文附錄；《宋史》，卷三百二十五〈劉平傳附劉兼濟傳〉，頁 10504；卷三百五十〈和斌傳〉，頁 11079；《長編》，卷一百二十四，寶元二年八月庚午條，頁 2922；卷一百二十八，康定元年九月丙寅條，頁 3042；曾棗莊、劉琳（編）：《全宋文》（上海：上海辭書出版社，2006 年 8 月），第廿四冊，卷五百十五〈宋祁三十四〉〈送承制劉兼濟知原州詩序〉，頁 315。關於三川口之役的始末及宋廷處理劉平有否降敵一案的分析，可參閱何冠環：〈敗軍之將劉平（973

假節分州郡，掄才出將門。還提射聲旅（自注：上以禁卒千人爲君帳下。）并破護羌屯。（自注：君兼涇原路都監）尺詔方臨遣，新書得細論。犿酋陪獵帳，戍校接歡讌。後伍鞭囊密，前驅鼓吹喧。隴笳梅落怨，邊陣月殘奔。赤白猶傳警，先零久負恩。行期雪家恥，三捷奏天閶。〔註14〕

　　宋祁這次贈詩，可能是仁宗的授意，除了稱許劉兼濟出身將門之才外，主旨同是要他立功「雪家恥」。順帶一提，劉兼濟的妻父趙日宣（？～1040後）在是年八月乙未（十三），以供備庫副使獲委爲契丹主正旦副使，副正旦使富弼（1004～1083），〔註15〕可能也是仁宗對劉家的一點恩典。不過，三十多年後，神宗（1048～1085，1067～1085在位）在熙寧七年（1074）六月乙亥（初九），論及熙河功賞時，卻說：「慶曆中，西方用兵，劉平、葛懷敏失律，士卒死傷數萬，方贈官，超絕推恩，子孫至及二十人；士卒用命被重傷才得錢二千，何其薄也。」〔註16〕認爲當年仁宗對劉家撫恤過厚。

三、立功西北：劉兼濟的後期仕歷

　　劉兼濟出守原州後，熟戶明珠族叛。其族數倍於原州的守軍。劉兼濟帶來的千餘禁軍，大概欲立功，諸將均請與敵決戰。劉兼濟持重，堅持不出擊，而只是每天與部下縱飲和擊鞠爲樂。明珠族猜不透宋軍企圖，狐疑之下就自行引軍離去。劉兼濟這時才引軍追擊，親自射殺敵酋一人，收其餘眾。稍後他徙知環慶路的寧州（今甘肅慶陽市寧縣），在寧州他又擊破靳廝襪族。在兩軍戰鬥時，有流矢射中劉的坐榻，但他踞坐榻上自若，督戰益急。〔註17〕

　　慶曆元年（1041）二月，在韓琦（1008～1075）的極力推動下，宋軍主動出擊元昊，卻不幸慘敗於籠竿城附近之好水川（今寧夏固原市西吉縣境內之什字路河川）。宋將自主將馬軍都虞候任福（981～1041）以下，軍校死者

　　　　～1040後）——兼論宋代的儒將〉，頁312～317。

〔註14〕宋祁：《景文集》，文淵閣《四庫全書》本，卷二十〈五言長律〉〈送承制劉兼濟知原州〉，葉一下。

〔註15〕劉兼濟初娶趙氏，其妻父趙日宣在景祐三年（1036）七月以過由浙江路同提點刑獄責爲杭州（今浙江杭州市）兵馬都監，最後官至禮賓副使，生卒年不詳。參見《長編》，卷一百十九，景祐三年七月庚申條，頁2800；卷一百二十八，康定元年八月乙未條，頁3033；本文附錄。

〔註16〕《長編》，卷二百五十四，熙寧七年六月乙亥條，頁6208。按神宗這番態度，可能與宋廷後來知悉劉平並沒有「盡節而死」的事實有關。

〔註17〕參見《宋史》，卷三百二十五〈劉平傳附劉兼濟傳〉，頁10504；本文附錄。

數百人，軍士死者六千餘人。〔註 18〕劉兼濟這次沒有參預這場惡戰，也就較乃兄當年幸運，沒有覆師沙場；不過，他也就失去一次復仇雪恥的機會。〔註 19〕劉兼濟大概在是年九月徙知鄜延路的鄜州（今陝西延安市富縣），官職也遷爲禮賓副使，進入諸司副使的行列。〔註 20〕他的才幹受到當時負責環慶路的知慶州（今甘肅慶陽市慶陽縣）范仲淹（989～1052）的欣賞。是年十一月，范上奏其〈攻守二議〉，談到鄜延、環慶兩路的主兵官員及使臣「有心力幹事者營立城寨」時，就點了劉兼濟的名。范也稱許劉的姪兒劉貽孫（？～1049 後）是「勇決身先者居其前」。〔註 21〕劉平當年擔任言官時，曾爲討好宰相呂夷簡（979～1044）而攻擊過范仲淹。范仲淹現在不但不念舊惡，還提拔劉平的子弟。范仲淹其實不相信劉平眞的戰死，慶曆二年（1042）二月他曾向宋廷奏報劉平尙在人間的傳聞；不過，他仍爲劉平說好話，認爲延州得以不失，「此實劉平忠勇之力」。對於劉兼濟、劉貽孫等劉平子弟，他認爲他們「其跡孤危，未能雪恥」。他說當劉平未死的消息在邊臣中流傳後，劉兼濟等或會受到歧視，他要求宋廷對他們多加照管。〔註 22〕劉兼濟能不受猜疑及被歧視，有幸的是范仲淹的保護。

慶曆二年閏九月癸巳（廿三），宋軍再度覆師於渭州之定川寨（今寧夏固原市中河鄉大營村硝河西北岸黃嘴古城）。主將涇原路副都部署葛懷敏（？～1043）以下廿餘將校戰死，軍九千四百餘人、馬六百餘匹陷沒。〔註 23〕因戰事發生在涇原一線，劉兼濟並沒有參預此場惡戰。從復仇的角度來看，劉兼濟失去一次雪恥之機會；但從另一角度來看，他沒有參戰，就倖免於這次

〔註 18〕《長編》，卷一百三十一，慶曆元年二月己丑至戊戌條，頁 3100～3103。

〔註 19〕好水川之役發生時，劉兼濟大概仍在寧州，也就沒有參預這場惡戰。

〔註 20〕劉兼濟何時徙知鄜州不詳，考在康定元年十二月甲辰（廿三），宋廷以太常博士集賢校理知坊州李丕諒（？～1043）換武階爲崇儀使知鄜州。而在慶曆元年九月前，知鄜州一職又曾爲鄜延都鈐轄、西上閤門使張亢（994～1056）兼任。九月庚戌（初四），張亢徙爲并代鈐轄管勾麟府軍馬公事，很有可能劉兼濟在此時徙知鄜州。是年十一月丙寅（二十），宋廷祀天地於圜丘並改元慶曆，大赦天下，劉兼濟大概在這時以恩典遷官爲禮賓副使。參見《宋史》，卷三百二十五〈劉平傳附劉兼濟傳〉，頁 10504；本文附錄；《長編》，卷一百二十九，康定元年十二月甲辰條，頁 3062；卷一百三十三，慶曆元年九月庚戌條，頁 3172；卷一百三十四，慶曆元年十一月丙寅條，頁 3198。

〔註 21〕《長編》，卷一百三十四，慶曆元年十一月乙亥條，頁 3200～3201。

〔註 22〕何冠環：〈敗軍之將劉平（973～1040 後）——兼論宋代的儒將〉，頁 317。

〔註 23〕《長編》，卷一百三十七，慶曆二年閏九月癸巳條，頁 3300～3303。

慘敗。

因爲沒有像劉平那樣成爲敗軍之將，故劉兼濟叔姪仍爲宋廷文臣看重。他的姪兒劉貽孫在慶曆三年（1043）八月，給河北轉運使李昭述（？～1059）所劾奏，諫官余靖（1000～1064）即出頭爲他辯護，稱揚「河北之將，惟劉貽孫、王果數人而已，近聞貽孫乃爲李昭述所奏，欲加之罪，此按察之非當也。」〔註24〕

元昊在慶曆四年（1044）五月初提出與宋議和，西邊危機漸緩。五月甲戌（十三），因四川的淯井監（今四川宜賓市長寧縣北）蠻人叛，宋廷就將劉兼濟自知鄜州徙爲四川的梓夔路鈐轄，官階也由禮賓副使擢爲供備庫使，進入諸司使臣的行列。同月丙戌（廿五），元昊向宋稱臣。七月甲申（廿五），他尚未到任而亂事已平，宋廷又將他徙爲環慶路鈐轄，未至又改涇原路鈐轄兼知鎮戎軍（今寧夏固原市）。八月甲午（初五），保州（今河北保定市）發生兵變，劉兼濟的姪兒、知廣信軍劉貽孫與走馬承受宋有言在事發後趕到保州城下，向叛兵招降不成。宋廷未幾發動各路大軍平亂，同月甲寅（廿五）亂平。宋廷在九月壬戌（初四）論功責過，群書未記劉貽孫的情況，按與他同往保州招降的內臣宋有言以無功被貶，他本來應該也被責降，似乎得到宋廷寬大處理。宋廷待劉兼濟也不薄，十二月，陝西路轉運使批評他軍政苛急，下屬多怨，請將他徙往內地。宋廷沒有處分他，只是依議將他徙爲權環慶路鈐轄知寧州，還加授文思使。不久，又將他徙知原州。〔註25〕

慶曆五年（1045）二月庚子（十三），劉兼濟的姪兒劉孝孫獲淮南發運使方偕（992～1055）的保舉，以供奉官充淮南撥發。劉氏子弟仍舊受恩待。〔註26〕

〔註24〕《長編》，卷一百四十二，慶曆三年八月癸亥條，頁3425。
〔註25〕《長編》，卷一百四十九，慶曆四年五月戊辰條，頁3608；五月乙酉至丙戌條，頁3615～3617；卷一百五十，慶曆四年六月壬辰條，頁3625；卷一百五十一，慶曆四年七月辛未條，頁3666；七月甲申條，頁3670；八月甲午條，頁3676；八月甲寅條，頁3688～3689；卷一百五十二，慶曆四年九月壬戌條，頁3696～3697。卷一百五十三，慶曆四年十二月乙卯條，頁3727～3728；《宋史》，卷三百二十五〈劉平傳附劉兼濟傳〉，頁10504；本書附錄。按劉兼濟受命出守梓夔時，淯井監蠻亂仍未止息。據《長編》所記，諫官余靖在慶曆四年五月乙酉（廿四）上奏，仍然談到梓州（今四川綿陽市三台縣）、戎州（今四川宜賓市）、瀘州蠻賊騷動，宋廷在六月壬辰（初二）還恩恤在淯井監戰死的散直李慶之子李忠爲下班殿侍。淯井監蠻亂要到七月辛未（十二）才平息。李燾認爲劉兼濟沒有赴梓夔之任而逕往鎮戎軍，劉兼濟墓誌銘記他徙離鎮戎軍後復知寧州，當是他權環慶路鈐轄的兼職。
〔註26〕徐松（1781～1848）（輯），劉琳、刁忠民、舒大剛、尹波等（校點）：《宋會

然在五月，石元孫被夏人釋放回來，劉平當年沒有戰死的傳言進一步傳開，雖然宋廷沒有對劉平生死之問題作任何澄清，但宋廷文臣對劉氏子弟看重及維護的態度就明顯地大不如前。〔註27〕

劉兼濟在慶曆末年離開西邊，徙知北邊的冀州（今河北冀州市），未至又改知宋遼邊境的廣信軍（今河北保定市徐水縣西遂城鎮）。他在廣信軍時，碰到大水，州民缺糧，他就開倉廩賑濟，得以存活之民甚眾，時人許爲良吏。〔註28〕

就在劉兼濟在北邊獲得良吏之譽時，他的姪兒荊湖南路兵馬都監、西上閤門副使劉貽孫卻在慶曆七年（1047）正月丙戌（十一），被本路安撫使崔嶧（？～1055 後）劾他徭賦未平而託疾求醫，擅離職守。宋廷不再以他是劉平的兒子而寬貸他，將他責爲安遠軍節度行軍司馬、岳州（今湖南岳陽市）安置。他已不像慶曆三年時得到廷臣的維護。〔註29〕

劉兼濟在皇祐元年（1049）以南郊恩典加惠州刺史。在皇祐三年（1051）前充河北沿邊安撫副使。又以明堂恩典遷左藏庫使。以入奏稱旨，再遷橫班使臣的西上閤門使同管勾三班院。他在皇祐三年冬後十日，以河北沿邊安撫副使、西上閤門使、惠州刺史之官銜帶同兒子殿直劉振孫（？～1089 後）、試校書郎劉詵孫巡邊，順道往河北曲陽縣（今河北保定市曲陽縣）謁北嶽安天王廟，並留下題名。〔註30〕

皇祐四年（1052）二月庚寅（十四），他徙知其兄曾任的雄州。他到任前，邊境的宋民爲了避罪，不少人逃往遼國，遼人都予以收納。他的前任怕事不敢向遼國詰問，他到任後就移檄文遼國，要求將這些人遣還；〔註31〕不過，

要輯稿》（上海：上海古籍出版社，2014 年 6 月），第十二冊，〈食貨四十五・漕運四・綱運設官〉，頁 7010。

〔註27〕 關於石元孫被釋後宋廷的反應及宋廷對劉平有否戰死的曖昧立場的討論，可參閱何冠環：〈敗軍之將劉平（973～1040 後）——兼論宋代的儒將〉，頁 317～322。

〔註28〕 《宋史》，卷三百二十五〈劉平傳附劉兼濟傳〉，頁 10504；本文附錄。

〔註29〕 《宋會要輯稿》，第八冊，〈職官六十五・黜降官二〉，頁 4797。

〔註30〕 北京圖書館金石組（編）：《北京圖書館藏中國歷代石刻拓本匯編》（鄭州：中州古籍出版社，1990 年 2 月），第三十八冊〈兩宋二〉，〈劉兼濟題名〉，頁 135；網上《宋代碑拓精華》，〈馮元輔等題名〉（拓本藏中國國家圖書館，編號「各地7642」）。

〔註31〕 《長編》，卷一百七十二，皇祐四年二月庚寅條，頁 4133；《宋史》，卷三百二十五〈劉平傳附劉兼濟傳〉，頁 10504；本文附錄。

在三月丁未（初二）自兵部員外郎、知諫院出爲龍圖閣學士、河北都轉運使的包拯（999～1062），卻嚴厲批評劉兼濟，說他「材庸識闇，素無廉節，當此邊寄，中外之議，共以爲不可。」〔註32〕可能因包拯的嚴劾，劉兼濟在雄州很快便離任。考右驍驤使、榮州刺史李緯（987～1056）在皇祐五年（1053）六月丁亥（十九），加西上閤門使留任知雄州。〔註33〕則劉兼濟很可能在皇祐四年中已調離雄州，由李緯接替。

這年五月乙巳（初一），廣源蠻儂智高（？～1055）叛，攻佔邕州（今廣西南寧市），又攻陷橫州（廣西南寧市橫縣）、貴州（今廣西貴港市）等八州，並進圍廣州（今廣東廣州市）。宋廷先後派知桂州（今廣西桂林市）陳曙（？～1053）、秘書監余靖、屯田員外郎楊畋（1007～1062）、樞密直學士孫沔（996～1066）平亂；但均告無功，而在西邊素有戰功的驍將張忠及蔣偕均陣亡。九月戊午（十六），宋廷最後派樞密副使狄青（1008～1057）統率大軍南征。狄青除擇他信任的將佐隨軍外，又挑選鄜延、環慶、涇原路蕃落廣銳軍各五千人隨行。皇祐五年正月戊午（十七），狄青一舉擊破儂智高軍，收復邕州。自狄青以下有份南征臣僚將佐均獲厚賞。〔註34〕在這次大征戰中，當年保護過劉兼濟家人的和斌也獲召立功，〔註35〕劉兼濟卻沒有被狄青徵召，得以建立新功，他的運氣似乎不佳。

據劉兼濟的墓誌銘所載，他離開雄州後，「久之徙冀州」，但未踰月便又徙知忻州（今山西忻州市）。他大概在至和元年（1054）召還京師，以西上閤門使提舉四園苑，又同管勾三班院。他在內廷任職時，「豁達敢言，以功名自喜」，仁宗每每詢問他對左右之意見。據說禁掖宮戚都怕他。他在至和二年

〔註32〕 包拯（撰），楊國宜（整理）：《包拯集編年校補》（合肥：黃山書社，1989年12月），卷四〈請罷知雄州劉兼濟奏〉，頁227～228；《長編》，卷一百七十二，皇祐四年三月丁未條，頁4133～4138。考包拯在皇祐四年七月初五徙知瀛州（今河北河間市），他奏劾劉兼濟當在三月初至七月初。
〔註33〕 《長編》，卷一百七十四，皇祐五年六月丁亥條，頁4213。
〔註34〕 《宋史》，卷十二〈仁宗紀四〉，頁232～234；《長編》，卷一百七十二，皇祐四年五月乙巳條，頁4142～4143；癸丑至丙寅條，頁4144～4146；五月壬申至六月甲申條，頁4147～4148；六月丙戌至庚子條，頁4152～4154；卷一百七十三，七月丙午至甲子條，4162～4164；八月丙子至十月壬辰條，頁4165～4177；十一月戊申至十二月戊子條，頁4179～4183；卷一百七十四，皇祐五年正月丁未至庚申條，頁4190～4194；二月丙子至乙未條，頁4197～4201；四月壬申至丁未條，頁4204～4209。
〔註35〕 《宋史》，卷三百五十〈和斌傳〉，頁11080。

（1055）六月乙未（初八）卒於京師，得年五十九。五年後，到嘉祐五年（1060）正月己酉（十九）始下葬於開封祥符縣應頭原祖塋。他的家人請得知制誥集賢校理范鎮爲寫墓誌銘，而他的四女婿西染院副使張山甫（？～1085）書寫墓銘。值得一提的是，在他的墓銘中，對於乃兄劉平在三川口之敗，只是輕輕地說「既而公之兄侍衛親軍步軍副都指揮使、靜江軍節度觀察留後平戰延州，沒于虜。公以家死事召授內殿崇班知原州。」仍維持官方的說法：劉平「戰死」於延州。〔註36〕

四、外戚佳婿：張山甫事蹟附考

劉兼濟先後兩娶：先娶禮賓副使趙日宣女，〔註37〕再娶馬軍都虞候、贈應州觀察使張昭遠（983～1034）女，張氏封萬壽縣君。〔註38〕他有子七人，和其兄劉平的兒子相同，都以「孫」字爲名，分別是：德孫、順孫、振孫、詵孫、世孫（？～1093後）、叔孫、繩孫。在嘉祐五年正月時，長子劉德孫及

〔註36〕《宋史》，卷三百二十五〈劉平傳附劉兼濟傳〉，頁10504；本文附錄。
〔註37〕關於趙日宣的事蹟，參見註15。
〔註38〕墓誌銘所記劉兼濟妻父「觀察使張昭遠」，當是仁宗朝官至馬軍都虞候、昭州防禦使，後贈應州觀察使的張昭遠。張昭遠是太宗（939～997，976～997在位）、眞宗朝殿前都虞候、寧州防禦使張凝（944～1005）之子。張昭遠《宋史》有傳，他字持正，滄州無棣（今河北滄州市）人，咸平三年（1000）年十八已隨其父張凝佐大將康保裔（？～～1000）血戰遼軍立功，眞宗稱許他知邊略。天禧元年（1017）十月擢西上閤門副使，翌年（二年，1018）二月任河北緣邊安撫副使，三年（1019）六月遷西上閤門使。仁宗即位後，在天聖二年（1024）出知瀛州兼高陽關鈐轄，四年（1026）改知雄州，後徙鄜延路兵馬都鈐轄。他歷知瀛州、定州、雄州、成德軍（即鎮州，今河北石家莊市正定縣）。明道元年八月自步軍都虞候遷馬軍都虞候，被召入朝執掌禁軍。二年（1033）六月罷管軍，授左龍武軍大將軍、昭州防禦使。景祐元年（1034）閏六月卒，贈應州觀察使。他是劉兼濟兄長劉平禁軍的前輩，比劉平早三年擔任馬軍都虞候（按：劉平在景祐二年（1035）八月除馬軍都虞候）。他將女兒嫁給劉兼濟，算得上是門當戶對：一方面劉兼濟也是將家子，另一方面其兄劉平是他禁軍的同僚。參見《宋史》，卷六十四〈五行志二下〉，頁1403；卷一百八十六〈食貨志下八〉，頁4563；卷三百二十六〈張昭遠傳〉，頁10538；周應合（？～1275後）（纂），王曉波（點校）：《景定建康志》，收入《宋元珍稀地方志叢刊・甲編》，第二冊（成都：四川大學出版社，2007年6月），卷二十六〈官守志三〉〈侍衛馬軍司題名記〉，頁1241；《宋會要輯稿》，第四冊，〈儀制十一・武臣追贈・大將軍〉，頁2540；《長編》，卷九十，天禧元年十月壬午條，頁2084；卷九十一，天禧二年二月庚辰條，頁2101；卷九十二，天禧二年十月辛亥條，頁2127～2128；卷九十三，天禧三年六月辛丑條，頁2153；卷一百二，天聖二年九月己亥條，頁2367；卷一百四，天聖四年七月壬戌條，頁2413。

次子劉順孫以蔭補左班殿直，三子振孫、六子叔孫及七子繩孫補右班殿直，第四子詵孫授試秘書省校書郎（按：他在皇祐三年陪父謁北嶽廟時已任此職），第五子世孫補三班奉職。劉兼濟七子中，惟有第三子劉振孫及第五子劉世孫略有事蹟可考。劉振孫在元豐六年（1083）二月前後曾任蘭州（今甘肅蘭州市）主兵官，同月甲戌（廿八），以過失被罰銅三十斤。他又曾任職南京應天府（今河南商丘市），曾與在南京寓居守喪之文臣路昌衡（？～1104）發生過節，他趁路微服入娼家時，將他痛毆。後來劉振孫知寧州，路昌衡卻擔任陝西轉運副使。路就公報私仇，以匿名的書狀指劉不法，將他降爲原州都監。劉振孫以後的事蹟不詳。〔註39〕至於劉世孫，據蘇軾（1036～1101）在元祐八年（1093）十月出知定州（今河北保定市定州市）後所上一篇奏狀所記，他在定州任職，蘇軾命他與其他二人帶匠人遍詣眾禁軍營房加以修葺。惟他的官職不詳，以後的事蹟也不載。〔註40〕

　　劉兼濟有女四人，長適大理寺丞趙仲遂（？～1093後），早亡。次女爲尼，賜號妙慧大師。次適西染院副使閤門通事舍人張山甫，最幼未適。他的長婿趙仲遂，據宋肇〈夔州重葺三峽堂記〉，在元祐八年時任知夔州（今重慶市奉節縣）。他的生平不詳。〔註41〕爲劉兼濟書寫墓誌銘、其四女婿張山甫值得一談。他是仁宗寵妃張貴妃（後追封溫成張皇后，1024～1054）的從弟，仁宗朝甚受爭議的外戚宣徽使張堯佐（987～1058）之子。他在皇祐三年九月己酉（初一），以父拜宣徽南院使，而自文階的太常寺太祝換武階優遷爲右侍禁、閤門祗候。〔註42〕至和元年正月癸酉（初八），張貴妃逝世，仁宗傷悼之餘，除了追冊她爲溫成皇后外，又優遷她的從弟及姪兒及妹婿、姪婿十多人爲官，張山甫即遷一官爲西頭供奉官。〔註43〕到劉兼濟在嘉祐五

〔註39〕本書附錄；劉安世（1048～1125）：《盡言集》，文淵閣《四庫全書》本，卷八〈論王子韶路昌衡差除不當第八表〉，葉七下至八下；《長編》，卷三百三十三，元豐六年二月甲戌條，頁 8027；第廿九冊，卷四百二十四，元祐四年三月乙酉，頁 10248～10249；《宋會要輯稿》，第八冊，〈職官六十六·黜降官三〉，頁 4836。

〔註40〕蘇軾（撰），孔凡禮（點校）：《蘇軾文集》（北京：中華書局，1986年3月），卷三十六〈奏議〉〈乞降度牒修定州禁軍營房狀〉，頁 1021～1022。

〔註41〕本書附錄；楊慎（1488～1559）（編）：《全蜀藝文志》，文淵閣《四庫全書》本，卷三十四〈夔州重葺三峽堂記〉，葉五十一下至五十二上。

〔註42〕《宋史》，卷四百六十三〈外戚傳上·張堯佐〉，頁 13557～13558；《長編》，卷一百七十一，皇祐三年八月辛卯條，頁 4105；九月己酉條，頁 4108。

〔註43〕《長編》，卷一百七十六，至和元年正月癸酉條，頁 4249～4251。

年正月下葬而他負責書寫墓誌時，已遷官至諸司副使的西染院副使並兼閤門通事舍人，另授光祿大夫檢校太子賓客兼御史大夫騎都尉清河縣開國男食邑三百戶。嘉祐六年（1061）閏八月己丑（初九），他即以西染院副使、閤門通事舍人的官職出使遼國，任契丹主生辰副使。〔註44〕神宗繼位後，他已陞遷至橫班副使的西上閤門副使。熙寧九年（1076）四月丙午（廿一），他再次使遼，即以西上閤門副使擔任遼國母祭奠副使。〔註45〕他一直受到神宗的重用，特別是神宗在熙寧後期至元豐時期簡閱軍隊，以及重整將兵法及強化保甲法，編練教習各地的保甲，甚至推行保馬法，他與名將狄青的長子狄諮（？～1100），都是神宗最倚重的執行者。他是外戚子弟，其父張堯佐進士出身，雖非將家子，卻有武幹，能當此大任。也許這亦是劉兼濟擇他為婿的一個原因。〔註46〕

　　熙寧十年（1077）正月庚辰（廿九），神宗以淮南等路近團置將兵，怕委州府不能妥辦，就特命張山甫與另一名外戚莊宅副使高遵一（？～1077後）前往點閱和招增簡補。張山甫辦事頗得力，八月辛卯（十四），神宗便對新授知潭州（今湖南長沙市）謝景溫（1021～1097）稱許張山甫，說他已於潭州招練團兵五千人。〔註47〕元豐元年（1078）四月辛酉（十八），神宗以點閱淮南、荊湖、江西及福建的將兵完成，而張山甫勞績最著，就特減他磨勘三年。〔註48〕七月辛巳（初九），神宗以他長於點閱將兵，再命他與內臣馮宗道（？～1098）按閱京東、京西將下馬步諸軍武藝。十天後（辛卯，十九），又命他就便往亳州（今安徽亳州市）按閱團結訓練諸軍。另外又按他的需要，由他親自監造隨行合他使用的弓弩。〔註49〕他在這年底，已由西上閤門副使陞兩級為引進副使。十二月甲子（廿四），他即以引進副使、京東西按閱將下馬步軍武藝的官職奏劾京東第八將張建中所教之兵眾合格人數最少。神宗納其

〔註44〕本書附錄；《長編》，卷一百九十五，嘉祐六年閏八月己丑條，頁4717。

〔註45〕《長編》，卷二百七十四，熙寧九年四月丙午條，頁6709。

〔註46〕關於神宗在熙豐時期命狄諮等提舉保甲的情況，可參閱何冠環：〈狄青（1008～1057）故事的傳述者——狄家將第二代傳人狄諮（？～1100）與狄詠（？～1097後）事蹟考〉，載何著《北宋武將研究》，頁462～482。

〔註47〕《長編》，卷二百八十，熙寧十年正月己卯條，頁6857；卷二百八十四，熙寧十年八月辛卯條，頁6953。

〔註48〕《長編》，卷二百八十九，元豐元年四月辛酉條，頁7068。

〔註49〕《長編》，卷二百九十，元豐元年七月辛巳條，頁7098；七月辛卯至丙申條，頁7101。

奏，就將張建中貶職。〔註50〕

　　元豐三年（1080）六月甲午（初三），神宗下詔河北、河東、陝西路各選文武官一員提舉義勇和保甲。武臣提舉義勇、保甲的兼提點刑獄，文臣原來提舉刑獄的就兼提舉義勇、保甲。除了狄諮獲授提舉河北西路義勇保甲外，簡在帝心的張山甫也以引進副使之職獲命提舉永興軍、秦鳳等路義勇保甲，負責陝西諸路的保甲。〔註51〕張山甫到任後，用心辦理保甲事務。八月癸巳（初三），張山甫便向宋廷提出商州（今陝西商洛市商州區）、虢州（今河南三門峽市靈寶市）只有保甲而無義勇，居於山險而民居遠者，舊法是不必教閱上番。宋廷於是下詔商州、虢州保甲內大保長一例集教，其保甲歸兵部管轄。同月乙卯（廿五），他又向宋廷奏報陝西路保甲的現狀：陝西諸路的二十八州軍共有義勇、保甲三十一萬七千六百二十三人，合教節級、大保甲一萬二千六百六十四人，共置集教場三十三所。他請求將保甲集教併作三番，並預計三年可以訓練畢。宋廷同意他的建議。〔註52〕

　　他在元豐四年（1081）七月前已獲神宗用為樞密院副都承旨，得預樞密院之機事。〔註53〕到元豐五年（1082）八月戊午（初九），張山甫奉命與入內供奉官、勾當御藥院劉惟簡（？～1096）按閱提舉河北路保甲司所教大保長武藝時，他已自引進副使陞為客省副使、樞密院副都承旨。十一月辛卯（十四），神宗命二人根據按閱的賞格，給受閱的弓箭手馬步射手、都副保正、大

〔註50〕《長編》，卷二百九十五，元豐元年十二月甲子條，頁7190。

〔註51〕神宗在元豐三年七月，以東南諸路團結諸軍未曾遣使按閱，就差遣另一外戚子弟、西京左藏庫使勾當軍頭司李詵（？～1085後）與內侍押班石得一（？～1096）前往，神宗命他們依張山甫按閱京西諸將的條例施行，此可見神宗對張山甫的欣賞。參見《長編》，卷三百五，元豐三年六月丙午條，頁7424；卷三百六，元豐三年七月丙戌條，頁7444～7445；《宋史》，卷一百九十二〈兵志六〉，頁4770～4771。

〔註52〕《長編》，卷三百七，元豐三年八月癸巳條，頁7452；己卯條，頁7470；《宋會要輯稿》，第十四冊，〈兵二・義勇保甲〉，頁8631。

〔註53〕在元豐四年七月己酉（廿四），同知諫院蔡卞（1048～1117）上言，指出武學教授蔡碩近日留修《軍器監敕》，而於樞密院設局；但他既是執政之弟（按：指時任參知政事的蔡確〔1037～1093〕），又是時任承旨張山甫的姻親。他擔心蔡碩會「交相黨援，席勢營私」，因此要求另委別人。神宗納其言，詔樞密院別差官。據此，可知張山甫這時已任樞密副都承旨。參見《長編》，卷三百十四，元豐四年七月己酉條，頁7610；《宋會要輯稿》，第八冊，〈職官六十三・避親嫌〉，頁4757。

保正等據其成績優劣賜予銀碗及絹匹。〔註54〕

張山甫可說能者多勞，才按閱畢河北保甲，於元豐六年（1083）二月辛酉（十五），神宗又命他與殿前副都指揮使燕達（？～1088）按試開封府界第四將軍馬及營陣；〔註55〕不過，張山甫仍是關心保甲的事務。他在翌月（三月）丁丑（初二）上奏神宗，指宋廷對團教保甲立下三等事藝，因爲賞典優厚，故此，就有人在按閱時，找家丁及別的都保人冒名代試按閱，而主事官員一時無由辨認。他奏重立告賞之法，以求杜絕奸弊。神宗採納他的意見，並訂出因應的措施，以防止張山甫所說的流弊。〔註56〕

六月己巳（廿五），神宗整頓保馬法，又委張山甫以重任。神宗以「牧馬重事，經始之際，非左右近臣專總其政，隨事奏稟，付之有司，未易營辦。」他將霧澤陂牧馬所造法，打算在京畿內置十監試行，當證之有效，就在各路推廣施行。他即任命張山甫及樞密都承旨張誠一（？～1092 後）專提舉經度制置牧馬條畫，令他們奏稟施行。他們的職權，仍依五路保甲條例，不隸尚書駕部及太僕寺，而擁有獨立的權力。有當由朝廷處分的事，才稟樞密院施行。〔註57〕

張山甫在元豐七年（1084）已擢爲橫班正使的東上閤門使，比他的妻父劉兼濟的西上閤門使還要高一階。是年七月辛丑（初四），他奉詔與劉惟簡依格按閱河東路第一番保甲事藝。〔註58〕

張山甫於元豐八年（1085）四月前卒，得年多少不詳。宋廷以他任職歲久，特錄其子張詠爲右班殿直，張諭爲三班借職，女婿陶器爲太廟齋郎。〔註59〕

〔註54〕張山甫何時擢客省副使？據《長編》卷三百三十九元豐六年九月丙寅條所記，遼使鄭顓（？～1082 後）來賀元豐五年正旦，宋廷以蘇頌（1021～111）爲館伴使，張山甫以館伴副使身份接待遼使。似乎他以客省副使而兼館伴副使在職務上較適合。故疑張山甫在元豐五年初已陞任客省副使。參見《長編》，卷三百二十九，元豐五年八月戊午條，頁 7920；卷三百三十一，元豐五年十一月辛卯條，頁 7973～7974；卷三百三十九，元豐六年九月丙寅條，頁 8171；《宋會要輯稿》，第十四冊，〈兵二·義勇保甲〉，頁 8635～8636；鄒浩（1060～1111）：《道鄉集》，文淵閣《四庫全書》本，卷三十九〈故觀文殿大學士蘇公行狀〉，葉十七上下。

〔註55〕《長編》，卷三百三十三，元豐六年二月辛酉條，頁 8020。

〔註56〕《長編》，卷三百三十四，元豐六年三月丁丑條，頁 8030～8031。

〔註57〕《長編》，卷三百三十五，元豐六年六月己巳條，頁 8086～9087；《宋會要輯稿》，第六冊，〈職官二十三·群牧司〉，頁 3653；《宋史》，卷一百九十八〈兵志十〉，頁 4942。

〔註58〕《長編》，卷三百四十七，元豐七年七月辛丑條，頁 8322。

〔註59〕張山甫在元豐八年何月何日卒不詳，因他得年多少不載，故不知其生年。神

張山甫在《宋史》僅有寥寥數語記載，其實他既是仁宗朝為主流文臣圍攻的外戚張堯佐之子，又是仁宗朝引起爭議的儒將劉平的姪婿，他在神宗朝執行新政的將兵法、保甲法多有勞績，本文將他的事蹟鉤尋一番，也當是有點意義的。

五、餘 論

劉兼濟是開封祥符劉氏將門第二代的代表人物，也是仁宗朝略有事功的邊將。他的兄長劉平在康定元年位列步帥，官至觀察留後，被仁宗君臣譽為「詩書之將」。倘劉平不是在三川口之役覆師，本來劉兼濟在兄長的提攜下，加上他本人的才能，當有一番作為。倘若劉平真的在戰敗後盡節而死，而不是後來在敵國偷生，劉兼濟也會因忠臣之子弟而得益。不幸的是，劉平「忠義而死」的神話被戮穿後，宋室君臣對劉氏子弟就沒有再額外施恩。為劉兼濟撰寫墓誌銘的范鎮，雖然稱許他「在邊數有功，諸將皆被賞，而公終不自陳。故遷官皆以恩或以論薦，未始用邊效，人多稱其能讓。」又說「維古名將，以虛上首級坐罪者多矣。公前後居邊有功，皆推於士卒，終不自明，其有以過於古人者，信可尚也。公之官雖不大顯，然而有名於時，蓋其材足以致云。」〔註60〕考劉兼濟到逝世時，官僅及橫班正使的最低一級的西上閤門使，所領遙郡只到刺史一級。比其兄長劉平位列管軍而官至留後，實有一段距離。而和他同時出道，在西邊建功的將校如狄青、范恪（1011～1060）、周美（977～1052）、王信（988～1048），甚至比他資淺的賈逵（1010～1078）、張玉（？～1075），以至他的部將和斌，後來均至少位列管軍，成就和官位都比他高。劉兼濟是否真的像范鎮所說因不自陳其功故官不顯？不過，我們客觀地檢視范鎮筆下的劉兼濟生平事蹟，我們看到劉兼濟後半生戎馬生涯中，除了在原州及寧州兩番算不上大型戰鬥中擊敗蕃部外，他並未有機會參預對西夏的任何一場的戰鬥，一方面他無從為家為兄報仇雪恥，另一方面也無法建立像狄青等之功勳，而得到擢陞。教人惋惜的是，就是仁宗皇祐四年至五

宗在是年三月崩，大概張山甫死在神宗之後。他的二子一女是否劉兼濟女所出亦不詳。張山甫婿陶器得補太廟齋郎，屬於特恩。元祐四年（1089）七月，外戚曹佾（1018～1089）之子曹諭請求援引此例，授曹佾親孫婿太學內舍生黃持以承務郎，但最後給宋廷否決。參見《長編》，卷三百五十四，元豐八年四月己酉條，頁8484；卷四百三十，元祐四年七月丁酉條，頁10402。
〔註60〕 參見本文附錄。

年的一場討平儂智高之亂的大征戰，他也沒有機會參預，那就注定無法以建立新功來得到進一步的陞遷。范鎮對他未得顯官的解釋其實是牽強的。

劉兼濟無法為兄雪恥，也沒有建立甚麼大功勳，加上諸子姪均碌碌，劉氏將門到第三代除了劉平幼子劉季孫略知名外，自劉貽孫以下就無足論。〔註61〕劉氏第四代以下更是湮沒無聞。這亦是宋代將門三代而衰一個常態。

附　錄

宋故西上閤門使贈金紫光祿大夫檢校太子賓客使持節惠州諸軍事惠州刺史兼御史大夫騎都尉彭城郡開國侯食邑一千二百戶劉公（兼濟）墓誌銘

朝散大夫尚書禮部郎中知制誥集賢殿修撰糾察在京刑獄兼權判尚書工部充宗正封修玉牒官騎都尉高平縣開國男食邑三百戶賜紫魚袋范鎮　撰

西染院副使閤門通事舍人光祿大夫檢校太子賓客兼御史大夫騎都尉清河縣開國男食邑三百戶張山甫書

公諱兼濟，字寶臣，開封祥符人。曾祖承休，不仕。祖延福，贈左驍衛將軍。父漢凝，崇儀使贈左領軍衛上將軍。公生十二年，會真宗皇帝封太山，以蔭為三班奉職。祀汾陰，改右班殿直。監鄭州水磨務、京天駟監，遷左班。上即位，進右侍禁、襄州兵馬監押。屬漢江漲，城危甚，公解衣涉水，為士卒先。卒捍其患，詔書褒美。用近臣薦，加閤門祗候、雄霸路界河巡檢。徙晉絳澤潞太行山都巡檢使。會歲饑多盜，前後捕獲二千餘人。

明道初，轉左侍禁、鄜延路駐泊都監，授西頭供奉官權知保安軍，同提點陝西河東京東刑獄公事。遷東頭、涇原路都監，徙籠竿城駐泊。方是時趙元昊反，分兵寇邊，其眾數萬，公以兵千餘轉戰窒黑松林，敗之，降生戶千

〔註61〕以官位來說，劉平子劉貽孫後來官至西上閤門使，與劉兼濟同。王珪（1019～1085）為他寫制文時也官樣文章地說他「懷幹肅之資，濟沈銳之略，或詩書自高於閫外，或矢石嘗勤於兵間，早服華於近墀，預相容於當依。」不過，他任邊將多年，沒有立過甚麼功勞，廷臣對他的評價，是毀譽參半。好像歐陽修（1007～1072）在慶曆五年五月上奏時，便說他在「閑慢州軍尚憂敗政」，而孫抃（996～1064）則說他世授兵法，可委以邊防之寄。參見王珪：《華陽集》，文淵閣《四庫全書》本，卷四十〈西上閤門使劉貽孫等加勳邑制〉，葉十上下；歐陽修（撰），李逸安（點校）：《歐陽修全集》（北京：中華書局，2001 年 3 月），第五冊，卷一百十八〈河北奉使奏草卷下〉〈論契丹侵地界狀·慶曆五年五月〉，頁 1822～1824；蘇頌（撰），王同策（點校）：《蘇魏公集》（北京：中華書局，1988 年 9 月），卷六十三〈朝請大夫太子少傅致仕贈太子太保孫公（抃）行狀〉，頁 966。關於劉平諸子事蹟，參見註1。

餘帳。既而公之兄侍衛親軍步軍副都指揮使、靜江軍節度觀察留後平戰延州，沒于虜。公以家死事召授內殿崇班知原州。入辭，上謂之曰：國憂未紓，家讎不可不報，勉之在爾。因復加承制。既至，熟戶明珠叛，其眾數倍。諸將進討，欲決戰，公獨不可。日縱飲擊鞠為持重，勢以疑虜心，既而果自潰去，乃躡其後，親射酋長一人，死之，收其餘眾。徙知寧州，破靳廝襪寨，流矢中槁，公踞坐自若，督戰益勵。徙知廊州，遷禮賓副使。

其後元昊納款，而渭井蠻叛，擢供備庫使梓夔路鈐轄。事平徙環慶路，未至改涇原路鈐轄知鎮戎軍。復知寧州授文思使。再知原州，徙冀州，未至改廣信軍。

皇祐初，加惠州刺史。俄充河北沿邊安撫副使。大饗明堂，遷左藏庫使，入奏稱旨，授西上閤門使同管勾三班院。未幾知雄州。先是邊民避罪，多亡入虜境。守將畏生事，不敢問，公□□籍文追索，虜不敢隱，久之徙冀州，未踰月知忻州。召還，提舉四園苑，復同管勾三班院。至和二年六月乙未，卒於京師，年五十九。

公幼讀書，通兵法術數。善騎射，豁達敢言，以功名自喜，

上亦悉聽之。數因間柢左右，構近短長，禁掖宮戚等氣索，不敢與抗。元昊未反時，公上書言其必反，已而果反。及其在邊，數有功，諸將皆被賞，而公終不自陳。故邊官皆以恩或以論薦，未始用邊效，人多稱其能讓。在廣信屬大水，民艱於脩，公為發倉廩振貸，全活甚眾。有良吏之風。

娶趙氏，禮賓副使日宣之女。張氏，觀察使昭遠之女，封萬壽縣君。子七人：德孫、順孫、振孫、說孫、世孫、叔孫、繩孫。德孫、順孫補左班殿直，振孫、叔孫、繩孫右班殿直，說孫試秘書省校書郎，世孫三班奉職。女四人，長適大理寺丞趙仲遠，早亡。次為尼，賜號妙慧大師。次適西染院副使閤門通事舍人張山甫。最幼未適。

乃以嘉祐五年正月己酉葬公于開封府祥符縣應頭原。銘曰：

維古名將，以虜上首級坐罪者多矣。公前後居邊有功，皆推於士卒，終不自明，其有以過於古人者，信可尚也。公之官雖不大顯，然而有名於時，蓋其材足以致云。

中書省玉冊官郭中立□□刊

原刊於《九州學林》，2013 年秋季（第 32 卷），頁 79～95。

狄諮卒年考

　　狄諮（？～1100）是北宋中葉名將狄青（1008～1057）之長子，他除了是神宗（1048～1085，1067～1085 在位）元豐時期（1078～1085）深化保甲法的最重要執行者外，更是狄青故事的最重要傳述者。他的生平事蹟，筆者在年前曾撰〈狄青（1008～1057）故事的傳述者──狄家將第二代傳人狄諮（？～1092 後）與狄詠（？～1097 後）事蹟考〉一文詳考。該文在修訂後並於前年（2003）六月收入筆者的論文集《北宋武將研究》中。[註1] 對於狄諮、狄詠兄弟的生卒年，拙作在定稿時仍未能考定，筆者當時懷疑狄諮卒於哲宗（1077～1100，1085～1100 在位）親政後之紹聖年間（1094～1097），故哲宗在紹聖二年（1095）七月，打算恢復保甲法時，群書並未載哲宗曾徵詢狄諮的意見。[註2] 筆者在去年（2004）二月閱覽新購得的點校本《曾公遺錄》（按：是書現存殘三卷【卷七、八、九】，起元符二年（1099）三月甲辰朔【初一】，迄元符三年（1100）七月丙戌【廿一】）時，共錄得有狄諮事蹟三條，其中一條清楚記載狄諮其實卒於元符三年四月癸亥（廿七），即徽宗（1082～1135，1100～1125 在位）繼位後四個月（按：哲宗死於是年正月己卯【初七】），筆者以前的推斷有誤。[註3] 這三條記載可以略為填補狄諮晚年事蹟之空白。

　　考《曾公遺錄》卷八，記在元符二年十二月壬子（十五），當時身為知樞

〔註 1〕何冠環：《北宋武將研究》（香港：中華書局，2003 年 6 月），頁 437～504。
〔註 2〕同上書，頁 493。
〔註 3〕曾布（撰），程郁（整理）：《曾公遺錄》，收入朱易安等（編）：《全宋筆記》（鄭州：大象出版社，2003 年 10 月），第一編，第八冊，卷九，頁 212～214，287。

密院事的曾布（1036～1107）入對。因知定州（今河北保定市定州市）路昌衡（?～1104）請求任命狄諮爲定州副總管，佐理他守定州，哲宗就徵求曾布的意見。曾布不贊成，表示：「諮與一在京宮觀足矣，不足施行。」哲宗接納曾布的意見，且批評路昌衡舉薦狄諮任副總管的做法不妥，稱：「總管自當朝廷選擇，何可乞？」〔註4〕

　　舉薦狄諮出任定州路副總管的路昌衡，字持正，開封祥符縣（今河南開封市祥符區）人，以進士起家，歷任內外之職，《宋史》有傳。他於元符元年（1098）八月自權知開封府（今河南開封市）出知定州，接替調知大名府（今河北邯鄲市大名縣）的韓忠彥（1038～1109）。韓忠彥與狄諮交好，疑出於韓之推薦，故路昌衡請求任命狄諮做他的副手。徽宗在元符三年正月己卯（十二）繼位後，路以寶文閣直學士歷知定州和成都府（今四川成都市）。到同年九月甲申（廿一）以寶文閣直學士、左中散大夫知成都府貶爲司農少卿分司南京（即應天府，今河南商丘市）。他因應詔上書，反對向西邊用兵，在崇寧元年（1102）九月丙申（十四），被列入元祐黨籍，其章疏被列爲「邪中」。到崇寧二年（1103）五月，罷知應天府並落職提舉明道宮。他大概在崇寧三年（1104）初卒。到了大觀三年（1109）六月辛未（三十），才獲徽宗「以出籍例施行」，得到復官。他的政見顯然傾向舊黨，故不爲哲宗及曾布所喜。宣和五年（1123）六月，宋廷以他「知開封府日具有治聲，忠嘉蕃著，止緣上書得罪，亡歿至今，尚在責籍，可特與復舊職，贈龍圖閣學士。」〔註5〕

〔註4〕曾布在紹聖四年（1097）閏二月擢知樞密院事，至元符三年八月拜尚書右僕射兼中書侍郎。參見《曾公遺錄》，卷八，元符二年十二月壬子條，頁202；脫脫（1314～1355）：《宋史》（北京：中華書局點校本，1977年11月），卷十八〈哲宗紀二〉，頁346；卷十九〈徽宗紀一〉，頁360。

〔註5〕關於路昌衡在元符三年的職位，《宋會要·職官四十四》記他在是年五月庚寅（廿四）仍以知定州上言，但《宋會要·刑法七》卻記他在同月壬辰（廿六）以知成都府上奏。他在這時究竟任職何方？《宋史》本傳稱他在徽宗立後應詔上書時的官職則是知成都府。疑《宋會要》所記他徙知成都府的月日有誤。又考《通鑑長編紀事本末》卷一百二十二〈徽宗皇帝·禁元祐黨人下〉，在崇寧三年六月甲辰降詔所列之「元祐姦黨」中，路昌衡名列「曾任待制以上官」，但在他的名下注有「故」字。則他在崇寧三年六月前已卒。參見李燾：《續資治通鑑長編》（北京：中華書局點校本，1979年8月至1995年4月），卷五百一，元符元年八月壬辰條，頁11937～11938；《宋史》，卷三百五十四〈路昌衡傳〉，頁11158～11159；徐松（1781～1848）（輯），劉琳、刁忠民、舒大剛、尹波等（校點）：《宋會要輯稿》（上海：上海古籍出版社，2014年6月），第

　　按狄諮早在元祐六年（1091）正月前，已提舉京師的醴泉觀。〔註6〕從曾布上面的話推敲，似乎狄諮在元祐六年以後，繼續擔任提舉醴泉觀的閒職。按李燾（1115～1184）之《續資治通鑑長編》（以下簡稱《長編》）在相同的年月日條下，並沒有採用曾布這一條關乎狄諮晚年仕歷的記載，〔註7〕現存的殘本《曾公遺錄》幸而保存了這條珍貴的史料。

　　狄諮這次無法得到出守邊防重鎮之要職，大概因他是宣仁高太后（1032～1093）賞識的人，故不爲哲宗所喜。狄諮似乎與定州無緣，在元祐六年四月，本來樞密院已授他出任定州路鈐轄，因高太后要立他的女兒爲哲宗皇后而留他在京師。最後他做不成國戚，也沒有再出守定州。〔註8〕這次路昌衡舉薦他出任定州副總管，可惜又被曾布所沮。

　　狄諮事蹟再著錄於《曾公遺錄》，是同書卷九之元符三年四月己亥（初三）條。《曾公遺錄》在這一條下，記載當時仍留任知樞密院事的曾布在這日再入對。垂簾聽政的向太后（1046～1101）宣示「以狄諮知代州，李偁特改一官，餘人不得援例。仍云：【奉事先帝頗勤勞。】」曾布回答說：「外庭無緣知禁中事。」在旁的徽宗則說：「親王亦何由知？」曾布接著說：「外人皆云偁本元祐人，以在賢妃閣中故保全。」〔註9〕

　　考向太后在這裡稱許「奉事先帝頗勤勞」的，根據該條上文所載的相關內容，與及該條下文之曾布與徽宗二人所作的按語推斷，多半專指內臣御藥李偁（？～1101後），而不包括狄諮；不過，狄諮在投閒置散多年，能得到知代州（今山西忻州市代縣）之差使，確是出於向太后的特恩。據《曾公遺錄》

四冊，〈儀制十一・從官贈職〉，頁2537；第七冊，〈職官四十四・河北糴便司〉，頁4223；第八冊，〈職官六十八・黜降官五〉，頁4872；第九冊，〈職官七十六・收敘放逐官二〉，頁5111；第十四冊，〈刑法七・軍制〉，頁8588；《曾公遺錄》，卷九，頁269，元符三年四月戊戌條；楊仲良（？～1184後）：《通鑑長編紀事本末》，收入趙鐵寒（1908～1976）（主編），《宋史資料萃編》，第二輯，（臺北：文海出版社，1967年11月），第七冊，卷一百二十〈徽宗皇帝・逐惇卞黨人復用附見〉，葉十三下至十四上（總頁3626～3627）；卷一百二十二〈禁元祐黨人下〉，葉十下（總頁3694）；卷一百二十三〈編類元符章疏〉，葉六上（總頁3717）。
〔註6〕《北宋武將研究》，頁489。
〔註7〕《長編》，卷五百十九，元符二年十二月壬子條，頁12347～12348。
〔註8〕《北宋武將研究》，頁489～491。
〔註9〕《曾公遺錄》，卷九，元符三年四月己亥條，頁271。按：《長編》在元符三年二月以後各卷均佚，而《宋史・徽宗紀》及《皇宋十朝綱要》在同年月所記之事均甚簡略，並沒有記狄諮獲授知代州之事。

同卷的記載，本來知代州的王崇拯（？～1101 後），因沒有在收復葭蘆寨（後陞爲晉寧軍，今陝西榆林市佳縣）之役策應出兵，而被哲宗罷知代州。〔註10〕知代州之空缺，到了這時，就由向太后特命狄諮接任。考曾布在同書中批評王崇拯無功而竟擢陞爲殿前都虞候時，曾經說「代州乃閒地」；〔註11〕不過，當宋廷發兵取葭蘆寨諸城後，代州可不再是閒地。曾布在數月前曾反對狄諮出任定州副總管，這次他就沒有再持異議。曾布爲何態度轉變？大概他見到與狄諮交好的韓忠彥已回朝出任執政，且早晚拜相。於是迎合主子，也樂得給韓忠彥一趟順水人情，同意狄諮接替王崇拯出知代州。〔註12〕

　　狄諮事蹟最後著錄於《曾公遺錄》的，是同書卷九之元符三年四月癸亥（廿七）條。在是條下記「又以李琉知代州。狄諮卒。」〔註13〕據此，我們

〔註10〕《曾公遺錄》，卷八，元符二年九月甲寅條，頁 164；卷九，元符三年二月戊申條，頁 244；元符三年二月己酉條，頁 246；元符三年四月戊戌條，第 269頁；《長編》，卷五百十四，元符二年八月辛卯條，頁 12224～12227；卷五百十五，元符二年九月甲寅條，頁 12245。按：王崇拯在《曾公遺錄》及《長編》有時又寫作「王崇極」或「王宗拯」，當係筆誤。又王崇拯罷知代州之年月不詳。考宋廷收復葭蘆寨在在元符二年八月，而王崇拯在是年九月甲寅（十五）仍以知代州上言。則他被哲宗罷知代州，當在元符二年九月後，元符三年正月前。王崇拯在元符三年二月己酉（十一），當管軍人選調整時，竟幸運地獲遷爲殿前都虞候。到是年四月戊戌（初二），又奉詔管勾馬軍司，並接任修奉哲宗山陵，然後赴闕供職。又李之亮所編的《宋河北河東大郡守臣易替考》，在代州條下，誤以王崇拯從紹聖四年（1097）四月，至崇寧二年（1103）一直知代州不替，而不審王崇拯早在元符三年初，已解知代州之職，並在三年四月入京執掌禁軍，而知代州之職在元符三年四月早由狄諮接任。李氏似和筆者一樣，漏了參考《曾公遺錄》。參見李之亮（編）：《宋河北河東大郡守臣易替考》（成都：巴蜀書社，2001 年 5 月），〈代州〉，頁 347～348。

〔註11〕《曾公遺錄》，卷九，元符三年二月己酉條，頁 246。

〔註12〕韓忠彥在元符三年二月庚申（廿三）拜門下侍郎，擔任執政。到四月甲辰（初八），即狄諮獲委出知代州後五日，擢尚書右僕射兼中書侍郎，成爲宰相。參《宋史》，卷十九〈徽宗紀一〉，頁 358～359。

〔註13〕據曾布所記，接替狄諮出任知代州的李琉（？—1108 後），因奏對「頗爲上稱，兼嘗爲益鈐，與代州等路一般也。」考李琉《宋史》無傳，據《長編》與《宋會要輯稿》所載，他本是文官，在元祐元年（1086）二月，因判大名府韓絳（1012～1088）的奏請，宋廷將他自文資的通直郎特換爲武資的供備庫副使。他在元符三年四月改知代州後之事蹟不詳，到崇寧三年六月甲辰，宋廷降詔頒佈「元祐姦黨」名單，他卻是榜上有名的二十五員武臣之一。到崇寧五年（1106）正月，徽宗大赦。同年三月，宋廷議敘復被貶之元祐黨人，李琉名列武臣第二等之二十人中。到大觀二年（1108）六月，他才以赦得到脫出元祐黨籍。參見《曾公遺錄》，卷九，元符三年四月癸亥

得知狄諮卒於是日或之前。究竟狄諮卒於在知代州任上，抑未赴任前已逝於京師？另宋廷對狄家有何恤典？惟曾布於這些地方並未有一字記載。可以解釋的是，曾布對狄諮並沒有太大的注意或欣賞。考狄諮在四月己亥（初三）獲授知代州，而卒於同月癸亥（廿七）。論理他有足夠時間抵代州履任，甚至可以順道先往故里汾州西河（原屬今山西汾陽市冀村鎮，現改隸文水縣西槽頭鄉）拜祭亡父墓塚。當然，狄諮年事已高，行動緩慢，可能不及赴任而卒。關於狄諮的壽數，按他在皇祐五年（1053）已與弟狄詠隨父南征，他是狄青次子（按：其長兄狄諒早夭），當年至少也應超過二十歲（按：是年狄青年四十六）。假定狄諮在皇祐五年二十歲，則他在元符三年逝世時至少得年六十八。筆者以為他真實的壽數當超過七十，在當時來說算得上是高壽了。

狄諮一生經歷仁宗（1010～1063，1022～1063在位）、英宗（1032～1067，1063～1067在位）、神宗、哲宗與徽宗五朝，可惜因史料散佚，他在哲宗親政之後的事蹟不著，幸而殘卷的《曾公遺錄》尚保存了以上三條史料，教我們對這位名將之令子的生平總算增多一點認識。狄諮一方面因父蔭之故，加上他的勤奮任事，神宗、高太后都對他青眼有嘉，一直委以重任。《曾公遺錄》的有關記載，讓我們知道，除了神宗與高太后外，向太后也對他有良好印象，在他垂暮之年，仍擢用他鎮守北邊之代州。而在新舊黨之爭的夾縫中，一直為神宗保甲法盡力的狄諮，卻並未獲得哲宗君臣之賞識。值得注意的是，傾向舊黨的路昌衡對狄諮的才幹甚為賞識，力薦他出守定州。相反，新黨大臣曾布卻迎合哲宗，反對他任職。狄諮最終雖能老當益壯，出守北邊，可惜歲月不饒人，他這伏櫪多年之老驥，重出疆場不及一月，就已病故，無法再創一番事業，給狄家再添一分光彩。相比之下，狄諮昆弟狄詠，我們對其晚年事蹟所知無多，亦不詳其卒年。期盼他日藉新發現的史料，能對狄諮兄弟的事蹟有所補充。

六、修訂後記

本文原刊於朱瑞熙、王曾瑜、蔡東洲（主編）：《宋史研究論文集》（第

條，頁287頁；《宋會要輯稿》，第八冊，〈職官六十一・換官〉，頁4696；《長編》，卷三百六十六元祐元年二月癸未條，頁8802；《通鑑長編紀事本末》，卷一百二十二〈徽宗皇帝・禁元祐黨人下〉，葉十二下（總頁3698）；卷一百二十四〈徽宗皇帝・追復元祐黨人〉，葉十四下至十五上（總頁 3754～3755），十七下（總3760）。

十一輯）（成都：巴蜀書社，2006 年 8 月），頁 531～537。這次修訂除文字略有修改外，內容沒有大的改動，只是改用 2014 年出版的《宋會要輯稿》校點本。本來也打算改用《通鑑長編紀事本末》2006 年出版的李之亮校點本，但發現它的校點質量不高，幾處引用的地方都沒有校好，故仍用臺北文海出版社 1967 年影印光緒十九年（1893）廣雅書局本。

附錄：南宋初年一則有關种師道的神話

一、導　言

　　筆者過去曾撰寫過一篇題爲〈論靖康之難中的种師道（1051～1126）與种師中（1059～1126）〉的文章，對於北宋中葉興起於西北的种氏將門的第三代的代表人物种氏兄弟的最後結局，作了一番考述，筆者並指出「他們在戰場上的失敗，是其過去戰無不克的神話的破滅；雖然基於各種各樣的前述的理由，他們的失敗卻又產生了另一番神話」。筆者以爲，种師道兄弟這番神話的繼續流傳，與《水滸傳》扯上二人，並給予正面的形像，當有關係。〔註1〕筆者最近從刊於《文物》2007 年第 8 期的一篇南宋彭杲夫婦墓清理報告所附的一通〈彭杲墓誌銘〉，又發現了一則與种師道有關的神話。〔註2〕本文即據此一新出土的墓誌銘提供的新史料，並據其他有關史料，對种師道神話在南宋以後流傳的情況，作一補充。

二、〈彭杲墓誌銘〉所述之种師道神話

　　彭杲（1126～1191）是南宋初年一員武將，《宋史》雖無傳，但如〈陝

〔註1〕　參見何冠環：〈論靖康之難中的种師道（1051～1126）與种師中（1059～1126）〉，收入何著：《北宋武將研究》（香港：中華書局，2003 年 6 月），頁551～584。筆者的引文參見該文的頁 582〈餘論〉。

〔註2〕　該墓位於陝西漢中市洋縣城北 7 公里的丘陵上，屬洋縣紙坊鄉孤魂廟村石山梁小組。其右有灙水，前爲洋縣至四郎的公路。1991 年 12 月，當地農民平整土地時發現，由漢中地區文物管理委員會、洋縣文博館聯合進行清理。惟清理簡報要到 2007 年始發表。出土的文物包括墓主彭杲的墓誌銘，銘文近 3800字。參見李燁、周忠慶：〈陝西洋縣南宋彭杲夫婦墓〉，〈附錄：彭杲墓誌銘〉，《文物》，2007 年第 8 期，頁 57，67～70。

西洋縣南宋彭杲夫婦墓〉一文作者所考，在《宋史‧孝宗紀》及《續資治通鑑》均多次提及他的事蹟。據其墓誌銘所記，他生於欽宗靖康元年（1126）閏十一月壬寅（十一），卒於光宗紹熙二年（1191）十一月己酉（初四），得年六十六，官至武功大夫、吉州刺史（今江西吉安市）、興元府（今陝西漢中市東）駐劄、御前都統制致仕。〔註3〕彭杲是德順軍水洛城人（今甘肅平

〔註3〕 李燁、周忠慶：〈陝西洋縣南宋彭杲夫婦墓〉，〈附錄：彭杲墓誌銘〉，頁68，70。
按李燁等稱《宋史》及《續資治通鑑》多次著錄彭杲的事蹟。經筆者檢索，《宋史‧孝宗紀三》載淳熙十一年（1184）三月癸巳（初四），「命利路三都統吳挺、郭鈞、彭杲密陳出師進取利害，以備金人。」這是《宋史》惟一記載彭杲事蹟的一條。至於《續資治通鑑》記載彭杲事蹟的，前後共有三條，分別是淳熙十一年五月甲寅條、八月戊辰條、淳熙十五年三月辛酉條。考比《宋史》及《續資治通鑑》成書要早的《宋會要輯稿》及《皇宋中興兩朝聖政》等書，均有記錄彭杲生平事蹟的一鱗半爪。計《宋會要》共有五條記載彭杲的史料，分別記錄他從淳熙九年（1182）二月至紹熙元年（1190）十二月，在興元府駐劄御前諸軍都統制的任上的軍政措施。至於《皇宋中興兩朝聖政》則著錄一條史料，記他在淳熙十一年九月，應樞密院之令，上奏有關興元府之軍政。另外在宋人文集中，不乏提及彭杲事蹟的記載，好像周必大（1126～1204）的文集裡，便收錄了好一些彭杲在淳熙十一年至十二年（1185）任職興元府時，宋廷給他的詔旨及他的申奏，以及周必大給他的書信。與周必大同時的崔敦詩（1139～1182）的文集裡，便收有宋廷賜給彭杲的詔令。參見脫脫（1314～1355）：《宋史》（北京：中華書局，1977年11月點校本），卷三十五〈孝宗紀三〉，頁681；畢沅（1730～1797）：《續資治通鑑》（北京：古籍出版社，1957年點校本），卷一百四十九〈宋紀一百四十九〉，淳熙十一年五月甲寅條，頁3987；八月戊辰條，頁3991～3992；卷一百五十一〈宋紀一百五十一〉，淳熙十五年三月辛酉條，頁4035；徐松（1781～1848）（輯），劉琳、刁忠民、舒大剛、尹波等（校點）：《宋會要輯稿》（上海：上海古籍出版社，2014年6月），第八冊，〈職官六十‧久任官〉，頁4685；第十四冊，〈兵六‧屯戍下〉，頁8718；第十五冊，〈兵十九‧軍賞二〉，頁9018；〈兵二十三‧馬政‧買馬下〉，頁9098；〈兵二十九‧邊防〉，頁9258；佚名（編）：《皇宋中興兩朝聖政》（北京：北京圖書館出版社，2007年9月），卷六十一，葉十一上（頁477），淳熙十一年九月戊子條；周必大：《文忠集》，文淵閣《四庫全書》本，卷一百四十七〈奉詔錄二〉，〈移義勝軍御筆回奏‧淳熙十一年四月三日〉，葉一上至二下；〈興元指揮‧淳熙十一年〉，葉三上下；〈繳彭杲書草奏‧淳熙十一年四月〉、〈與彭杲書草‧淳熙十一年〉、〈付下彭杲書草回奏‧淳熙十一年四月〉，葉五上至六下；〈郭鈞彭杲文字回奏‧淳熙十一年七月二十八日〉，葉十六上下；〈興元彭杲奏〉、〈錄白付彭杲御筆〉，葉廿一上至廿二下；〈付下蜀中三帥劄子并錄白御筆回奏‧淳熙十一年十一月二十日〉，葉廿三下至廿四上；卷一百四十八〈奉詔錄三〉，〈繳進蜀中指揮回奏‧淳熙十二年三月十一日〉，葉五下至六上；〈與馮憲傅鈞彭杲‧淳熙十二年〉，葉六下至七上；曾棗莊、劉琳（主編）：《全宋文》，（上海：上海辭書出版社，2006年），第二百七十三冊，卷六一七七〈崔敦詩一四〉，〈賜侍衛馬軍司行司侍衛馬軍都虞候馬

涼市莊浪縣），他從軍後一直追隨的抗金名將吳璘（1102～1167）是他的同鄉，而他也是吳家將麾下一員能征慣戰的悍將。他在紹興十年（1140）夏，年方十七時應募入吳家軍，爲行營右護軍效用。十一年（1141）九月隨吳璘出陝西，於剡家灣之戰擊退進犯的金兵，立下首功，授進義副尉。據稱吳璘「由是奇之，事必諉焉」。從紹興十九年（1149）至二十九年（1159），吳璘四次派他赴闕奏事，視之爲心腹親信，爲吳家將的重要戰將。到紹興三十一年（1161）金兵南侵，他繼續在吳璘麾下多立功績，稱得上是一員抗金的能將。他在孝宗（1127～1194，1163～1189 在位）至光宗（1147～1200，1189～1194 在位）朝屢任邊職，到淳熙五年（1178）冬，更以護聖步軍統制攝侍衛馬步軍兩司職事，職任同三衙管軍。淳熙七年（1180）冬，改興元府（今陝西漢中市東）駐箚御前諸軍副都統制，直至紹熙二年（1191）七月才以疾請致仕。〔註4〕

據爲其撰寫墓誌銘的浚儀（今河南開封市）人宋戴（？～1192 後）所記，彭杲的父親彭淵（？～1139）年逾四十尙無子，因禱告於聞思大士（按：即觀音大士），得到異占。彭杲母親王氏（？～1165）受孕時，「夜夢偉人金章紫服，倉迨求避，方辭拒，已入室匿床下。俄而甲馬口門扣問：太老种太尉在此，何不出？皇妣驚，寤即就蓐。後知忠憲公師道，世所謂老种太尉者，以是年十月辛酉（廿九）薨於京師，距公之生四十二日，人皆異之。」此外，宋戴在墓誌銘的最後部份，又記下一則異聞，說彭杲的長子彭軫，在彭杲逝世前十日夢遊山林間，見「穹嶺修谷，木葉黃落如秋暮。其中兩門對峙，匾曰致仕李太尉生祠，傍舍書二字：曰豹林。既覺駭汗，豹林谷在終南种氏，實忠憲公所自出也，是亦異矣。」〔註5〕

　　定遠御前諸軍都統制吳挺郭剛皇甫倜田世卿郭鈞王世雄御前諸軍副都統制彭杲李彥孚劉光祖郭杲銀合夏藥敕書〉，頁258。（原載《玉堂類稿》，卷十六）
〔註4〕 李燁、周忠慶：〈陝西洋縣南宋彭杲夫婦墓〉，〈附錄：彭杲墓誌銘〉，頁68～69。考〈彭杲墓誌銘〉所稱的「吳信王」爲吳璘死後追封的王號。可參考樊軍：《吳挺碑校注》（蘭州：蘭州大學出版社，1993年6月），頁16。又兩部出版於上世紀90年代中期有關吳家將的研究專著，因成書時沒及看到2007年才刊出的〈彭杲墓誌銘〉，故他們的對吳璘部將的論述，都沒有包括彭杲。以此之故，此一墓誌銘對研究吳家將頗有參考價值。有關吳家將的研究，可參閱王智勇：《南宋吳氏家族的興亡》（成都：巴蜀書社，1995年11月）；楊倩描：《吳家將──吳玠吳璘吳挺吳曦合傳》（保定：河北大學出版社，1996年8月）。
〔註5〕 〈彭杲墓誌銘〉，頁68，70。考聞思大士即觀音大士，據黃啓江學長所告，

　　〈彭杲墓誌銘〉所云彭杲爲种師道後身的神話，究竟出自彭杲一家的口碑，還是出於宋戲的杜撰？暫難考辨。南宋從高宗（1107～1187，1127～1162在位）以降，對种師道之功勳一再表揚，屢加追諡，而在水洛城不遠的渭州（今甘肅平涼市）早有民間爲种師道所建的祠堂，可以想像得到，种師道在南宋以後，特別是西北地區仍享有很高的聲望。彭杲後來一直追隨的吳璘，亦出身於种師道兄弟之涇原軍，算得上是种家軍之部屬。在這種處處追崇种師道的特別地理環境及時代氣氛下，彭杲家族一廂情願地創造了彭杲爲种師道轉世的神話，也是有可能的。〔註6〕

　　彭杲的長相，據說是「儀觀甚偉，廣頭方頤，眉目如畫，音吐鴻亮，未

《首楞嚴經》云：「觀世音菩薩由聞思修入三摩地」，因而得名。又黃學長賜告，李綱（1083～1140）《梁溪集》〈虞公明出示序觀音詩事并頌次韻〉一詩起句，「聞思大士眞奇絕，俱妙形神侔玉雪，譬如水月自清涼，能與世間除惱熱。」以及蘇軾（1037～1101）〈子由生日以檀香觀音像及新合印香銀篆槃爲壽一首〉末句云：「問君何時返鄉枌，收拾散亡理放紛。此心實與香俱焄，聞思大士應已聞。」亦可旁證。又筆者閱讀南宋僧釋寶曇（1129～1197）所撰之〈台州白塔寺三目觀音記〉，其中亦云：「大士從聞思修入三摩地，聞即聞自心也，思即思所聞也。聞盡思復，無虛空，無實際，唯吾一觀世音。」亦釋聞思大士即觀音。另外彭軫在夢中所見的致仕李太尉生祠，其中李太尉究爲何人？本文不具名的審稿人懷疑是「种」太尉生祠之筆誤。考种師道在彭軫作夢時已死數十年，稱爲生祠於理不合。考种師道生前在渭州（今甘肅平涼市）有百姓所供奉的生祠，死後除渭州外，尚有疑爲其姪种湘（？～1135後）建於敍州（今四川宜賓市）的祠堂。至於在終南山豹林谷是否有其祠堂，史所未載。筆者認爲「李」、「种」二字訛寫機會不高，所載的致仕李太尉當另有其人。考與彭杲同時有李太尉身份而已致仕的，最有可能的人，當是南宋初年抗金名將，與种師道及彭杲同出於西北的李顯忠（1110～1178）。惟李顯忠已於淳熙五年卒，彭軫所見爲「致仕李太尉生祠」，則亦不合，待考。參見蘇軾（撰），孔凡禮（點校）：《蘇軾詩集》（北京：中華書局，1982年2月），卷三十七〈子由生日以檀香觀音像及新合印香銀篆槃爲壽一首〉，頁2015～2016；李綱（撰），王瑞明（點校）：《李綱全集》（長沙：嶽麓書社，2004年5月），卷十五〈虞公明出示序觀音詩事并頌次韻〉，頁187；《全宋文》，第二百四十一冊，卷五三八七〈釋寶曇二·台州白塔寺三目觀音記〉，頁162；何冠環：〈論靖康之難中的种師道（1051～1126）與种師中（1059～1126）〉，頁581，註56。

〔註6〕何冠環：〈論靖康之難中的种師道（1051～1126）與种師中（1059～1126）〉，頁579～581。又關於吳璘及其兄吳玠（1093～1039）之出身問題，可參考王智勇：《南宋吳氏家族的興亡》，第一章〈起於行伍之間——吳玠吳璘早期行跡考述〉，頁5～11；第三章〈隱然爲方面之重——吳璘抗金保蜀事跡述評〉，「四·剡家灣之戰」，頁129～135；〈彭杲墓誌銘〉，頁68～69。

冠長六尺」。至於他的天資，據說是「沈毅多大略，遇事照知底蘊，凡有規劃，談笑立定，後人雖極思，智弗能也。喜經史，善騎特，勇鷙過人而仁愛周濟，赴人之急，甚於己私。」而據种師道故吏折彥質（1080～1160）所寫的〈种師道行狀〉所記，种師道的才識氣貌，為「色莊氣壯，顧視有威。寡言笑，謹許可，量度闊遠，接物至誠，為族黨鄉里推重。開府公（按指种諤，1027～1083）每以公輔期之，識者不以為過。少從橫渠張載學，多見前輩長者，練達事務，洞曉古今。」另據趙鼎（1085～1147）所記，种師道與种師中皆出於章楶（1027～1102）的幕府，章曾舉薦种師道於哲宗（1077～1100，1086～1100 在位），云「師道拙訥如不能言，及與之從容議論，動中機會，他日必為朝廷名將」。〔註7〕而記載朱熹（1130～1200）評鑒人事的《朱子語類》，也多處記「師道為人口訥，語言不能出」，「种老將不會說」；「一日，召師道來，全不能言，遂不用」；「种，關西人，其性寡默，與中朝士大夫不合。一日因對，淵聖（即欽宗）曰：『朕已與和矣。』种於此，全不能有所論。」〔註8〕究竟彭杲的長相與才性與种師道有多少相似？那就見仁見智了。當然，論名聲與事功，彭杲是遠遠及不上种師道的。他們相同的地方，除了同是籍屬西北將領外，他們都在沙場與金人交鋒。不同的地方，是种師道敗於金兵之手而威名不保，而彭杲數十年與金兵作戰，個人雖沒有建立顯赫大功，但也沒有遭到大的挫敗，於功名無損，憑著吳家將的名堂，他也稱得上一員抗金的能將。至於他是种師道轉世的異聞，若非他的墓誌銘出土，後人不一定知曉有此一神話曾在南宋初期流傳。

三、南宋人其他有關种師道的傳說

宋人筆記小說中，為南宋時人所撰有關种師道的傳聞，而可資談論的有趙令時（1064～1134）所撰之《侯鯖錄》卷七的第一條，以及陸游（1125～1209）所撰《老學庵筆記》卷三的一條。

《侯鯖錄》卷七〈种師道詩〉一條記：「老种太尉師道，預知金賊反覆，上進二詩，多為張大太尉所藏，不達。已備言大金連結情狀，後果叛盟。詩

〔註7〕〈彭杲墓誌銘〉，頁 68；徐夢莘（1126～1207）：《三朝北盟會編》（上海：上海古籍出版社，1987 年 10 月），卷六十〈靖康中帙三十五〉，葉十三上下；趙鼎：《忠正德文集》，文淵閣《四庫全書》本，卷八，葉五下至六上。

〔註8〕黎靖德（？～1263 後）（輯），王星賢（點校）：《朱子語類》（北京：中華書局，1986 年 3 月），卷一百三十，頁 3132～3135。

曰：『外塞胡兒裡黨臣，勾連數眾赴京城。團團闊闊孤平寨，不識皇家王氣星。』又云：『飛蛾視火殘生滅，燕逐群鷹命不存。從今一掃胡兵盡，萬年不敢正南行。』後，金人奔突犯闕，皆如其言。初與折可存立殊勳，後欲擊賊，不用其言，氣憤而卒。」〔註9〕

考趙令時卒於紹興四年（1134），他這則筆記當撰於高宗初年。這則筆記與〈彭杲墓誌銘〉均稱呼种師道為「老种太尉」，這大概是南宋時人對种師道的通行稱呼。這裡所稱的「張大太尉」當是种師道部將張俊（1086～1154）。〔註10〕這裡所傳為种師道所作的兩首詩，從其內容之淺俗，若說為粗通經史，長期任武臣之种師道所作，應沒有太大之懷疑，至於所謂他預知金人犯闕，看來是附會居多，不過是延續南宋初年流傳种師道對國事不堪而早有先見的神話而已。〔註11〕倘這兩首詩源出張俊，大概可以推論一個事實：出於西北的南宋諸將，都以各種各樣的傳聞，以表揚他們的老前輩种師道种太尉。

《老學庵筆記》卷三所記一條關於种師道受命統軍入朝的說法，則近於神話。其云：「种彝叔，靖康初以保靜節鉞致仕，居長安村墅。一夕，旌節有聲，甚異，且而中使至，遂起。五代時，安重誨、王峻皆嘗有此異，見周太祖實錄。二人者皆得禍。彝叔雖自是登樞府，然功名不成，亦非吉兆也。方彝叔赴召時，有華山道人獻詩曰：『北蕃群犬窺籬落，驚起南朝老大蟲。』」〔註12〕

〔註9〕 趙令時（撰），孔凡禮（點校）：《侯鯖錄》（與《墨客揮犀》、《續墨客揮犀》合本）（北京：中華書局，2002年9月），卷七〈种師道詩〉，頁173。

〔註10〕 張俊是秦州三陽寨（今甘肅天水市北四十里三陽川）人，從軍後隸种師道麾下，征南蠻與攻西夏，累功授保義郎。宣和五年（1123），山東盜賊蜂起，种師道以他沈毅有勇，命他統兵平賊，從五年至七年，他屢破山東群盜。靖康元年，他以隊將從种師中救太原（今山西太原市）。种師中戰死於榆次（今山西晉中市榆次區）後，他與數百騎突圍而出。是年十二月他率本部投入高宗的大元帥府。他是种師道兄弟器重的一員勇將。參見周麟之（1118～1164）：《海陵集》，文淵閣《四庫全書》本，卷二十三〈宋故安民靖難功臣太師靜江寧武靖海軍節度使清河郡王食邑一萬五千七百戶食實封六千六百戶致仕追封循王諡忠烈張俊神道碑〉，葉三上至四上。

〔註11〕 考南宋人曾敏行（1118～1175）所撰的《獨醒雜志》卷八，即有第188，189兩條記述种師道應召入朝前後關於禦敵的先見先知。參見曾敏行：《獨醒雜志》（上海：上海古籍出版社，1986年6月），卷八，頁72～73。

〔註12〕 陸游（撰），李劍雄、劉德權（點校）：《老學庵筆記》（北京：中華書局，1979年11月），卷三，頁40。

陸游這則筆記，與〈彭杲墓誌銘〉有一相同地方，就是均言及發生於長安豹林谷种氏村墅的異聞，而二者均帶來不吉的後果：前者是种師道功名不成而死，後者是彭杲未幾壽終。至於華山道人那半首詩，又近似張俊所藏的种師道詩意。〔註13〕南宋文人對种師道無法力挽狂瀾，總是有各樣的惋惜。最近筆者在南宋初蜀人郭印（？～1134 後）的文集《雲溪集》找到一首題爲〈送种守〉的五言古詩，詩中最後幾句云：「聞昔乃祖風，勳業照國史。尺箠鞭羌夷，奇謀付孫子。青雲且遇合，未信朱輪柅。行觀舊物歸，一洗中原恥。」〔註14〕這個「种守」，很有可能是种師道之姪种湘（？～1135 後），而郭印所以贈其詩，大概也是有惋惜他的父祖的勳業，而期望他一洗其亡父與

〔註13〕 本文不具名審稿人懷疑陸游此則筆記所記之「長安村墅」，不一定就是長安豹林谷，而認爲种師道居豹林谷時似並未致仕，懷疑陸游誤記。按陸游所記不誤，關於种師道的生平，莫詳於其知交兼幕僚折彥質所撰之〈种師道行狀〉。據折氏所記，种師道的「曾祖隱君放者，退居長安豹林谷，子孫因家焉。」按群書並未載种氏在長安還有其他的居所，故陸游所說的長安別墅，當是長安豹林谷的簡稱。至於种師道在徽宗晚年的官職，據行狀所記，他在宣和七年（1125）敍復爲憲州（今山西忻州市靜樂縣）刺史知環州（今甘肅慶陽市環縣），但他不久請歸老，於是徽宗恢復他保靜軍節度使之頭銜，以此致仕。种師道要到欽宗即位後才獲宋廷重新起用。考欽宗即位於宣和七年十二月庚申（廿三），改元靖康，而种師道也在同一天重新獲起用。惟种師道要到靖康元年正月初才收到宋廷起用他爲靜難軍節度使充河北河東路制置使的詔命，故陸游說他在靖康初仍以保靜節鉞致仕是說得通的。參《三朝北盟會編》，卷二十六〈靖康中帙一〉，葉三下至四上：卷六十〈靖康中帙三十五〉，葉四下至五上：九下至十上。關於种師道在宣和及靖康之交的事蹟，可參何冠環：〈論靖康之難中的种師道（1051～1126）與种師中（1059～1126）〉，頁 554～557。

〔註14〕 郭印：《雲溪集》，文淵閣《四庫全書》本，卷一〈送种守〉，葉五下至六上。考种湘曾任益州路兵馬鈐轄，紹興五年（1135）六月以閤門宣贊舍人知敍州，他在這時上奏宋廷种師道的勞績，請加褒贈。宋廷遂追贈种師道少保，諡「忠憲」。按郭印是蜀人，他筆下的「种守」，可能就是當時任知敍州的种湘。种湘事蹟可參見何冠環：〈論靖康之難中的种師道（1051～1126）與种師中（1059～1126）〉，頁 579～580。又《邵氏聞見後錄》曾載有關种湘一則異聞。據說种湘知敍州，毀掉客館造東園，有大蛇從客館出，穿西樓而去，沒於樓旁的大江，它大概有十餘丈。第二天，种湘命人在客館之後面尋找蛇跡，發現有穴丈許，往下發掘，它的蟠屈有一間屋之大，它的土色光膩，好像新的泥飾。據說數日後种湘即死於任上。關於這個東園，宋人李良臣所撰的〈鈐轄廳東園記〉，言及此園爲种湘任益州路兵馬鈐轄時所建，未知是否邵博（？～1158）所記之東園。參見邵博（撰），劉德權、李劍雄（點校）：《邵氏聞見後錄》（北京：中華書局，1983 年 8 月），卷三十，頁 236；《全宋文》，第一百四十六冊，卷三一四二〈李良臣‧鈐轄廳東園記〉，頁 51～52。

其亡伯無法挽回中原失喪之恥。另洪邁（1123～1202）《容齋隨筆》之〈靖康時事〉條，記他「近讀《朱新仲詩集》有〈記昔行〉一篇，正敘此時事。其中云：『老种憤死不得戰，汝霖疽發何由痊？』乃知忠義之士，世未嘗無之，特時運使然耳。」也看出他與朱新仲（按：即朱翌，1190～1167）都為种師道之命蹇惋惜。〔註15〕

四、小　結

《宋史》沒有為之立傳的彭杲，原屬吳璘麾下一員戰將的事實，群書並未交待清楚，而他為种師道轉世的神話，更屬前所未聞。1991 年出土的這一通〈彭杲墓誌銘〉為我們研究南宋初年史事增添了這一條重要的，屬於南宋人所傳述的种師道神話。這則神話給推崇种師道的南宋人一番近於一廂情願的安慰：在靖康之難中不獲宋廷信任，不能擊退圍困開封的金兵而齎志以歿的「老种太尉」种師道，在他死後一月即轉世為德順軍人彭杲。彭杲長大後便投入西北抗金主力吳家將麾下，並屢建功勳，保全了大宋半壁江山。而种師道抗金的遺願，就得以從彭杲身上得以補償和實現。眾所周知，轉世之說，在宋人當中頗為流行，在宋人筆記中時有著錄，好像宋高宗便被時人傳說他是吳越開國主錢鏐（852～932）的轉世，並且指出錢鏐年八十一，高宗也年八十一，而皆定都杭州，「卜都於此，亦非偶然」。〔註16〕故〈彭杲墓誌銘〉所稱种師道轉世為彭杲的神話，也並非罕有之現象。上文所引述的另外兩則宋人筆記小說，雖然不像〈彭杲墓誌銘〉所傳述的那樣離奇，但同樣傳述著與种師道有關的神話。筆者懷疑在种師道身後，他的各樣神話曾在南宋西北

〔註15〕　參洪邁：《容齋隨筆》（上海：上海古籍出版社，1978 年 7 月），卷十六，頁212〈靖康時事〉。按「汝霖」即宗澤（1060～1128），朱新仲即朱翌。據本文不具名審稿人所考，朱翌著有《灊山文集》四十卷，今本《灊山集》只存三卷，乃輯自《永樂大典》，〈記昔行〉一詩已不傳。此條資料承本文不具名審稿人提供，謹此致謝。

〔註16〕　此則異聞據周必大所記，出於孝宗。在淳熙十四年（1187）十一月丙寅（廿九），當孝宗與臣下討論高宗的喪事時，孝宗對洪邁說，高宗時有一個老內臣，說高宗將誕生時，徽宗夢見吳錢王。錢牽他的衣服云：「我好來朝便留住我，終須還我河山，待教第三子來。」在同一條下，周必大又記下洪邁關於此異聞的另一版本：洪邁稱其父洪皓（1088～1155）有一侍妾，原籍東平府（即鄆州，今山東荷澤市鄆城縣），其母為徽宗明節劉皇后（1088～1121）婢女。據說其母也在宮中聽到所謂金甲神人自稱錢武肅王（即錢鏐），轉世為高宗的異聞。洪皓後來在金地購得此侍妾，因得聞這則異聞。參見周必大：《文忠集》，卷一百七十二〈思陵上〉，葉三十五下至三十六上。

地區一度廣泛地口語相傳。後來歲月推移，這些傳聞漸漸爲人所忘記。今天機緣巧合，我們有幸看到重見天日的〈彭杲墓誌銘〉，才使「种師道轉世爲人，抗金不息」這則神話不至湮沒無聞。歷史研究的趣味即如此。

（原刊於《九州學林》，第七卷一期（2009），頁 194～205。）

彭杲之主帥吳玠吳璘於寶雞大散關鑄像

參考書目

一、史　源

1. 林寶（？～812後）（撰），岑仲勉（1885～1961）（校記）：《元和姓纂》（北京：中華書局，1994年5月）。

2. 陶穀（903～970）（撰），鄭村聲、俞鋼（整理）：《清異錄》，收入朱易安（主編）：《全宋筆記》，第一編，第二冊（鄭州：大象出版社，2003年10月）。

3. 薛居正（912～981）等（撰）：《舊五代史》（北京：中華書局標點本，1978年5月）

4. 錢儼（937～1003）：《吳越備史》，文淵閣《四庫全書》本。

5. 田錫（940～1003）（撰），羅國威（校點）：《咸平集》（成都：巴蜀書社，2008年4月）。

6. 柳開（947～1000）：《河東集》，文淵閣《四庫全書》本。

7. 王禹偁（954～1001）：《小畜集》，《四部叢刊初編縮本》。

8. 錢若水（960～1003）（撰），燕永成（點校）：《宋太宗實錄》（蘭州：甘肅人民出版社，2005年11月）。

9. 錢若水（撰），范學輝（校注）：《太宗皇帝實錄校注》（北京：中華書局，2012年11月）。

10. 楊億（974～1020）：《武夷新集》，文淵閣《四庫全書》本。

11. 夏竦（985～1051）：《文莊集》，文淵閣《四庫全書》本。

12. 胡宿（986～1067）：《文恭集》，文淵閣《四庫全書》本。

13. 范仲淹（989～1052）（撰），李勇先、王蓉貴（校點）：《范仲淹全集》（成都：四川大學出版社，2002年9月）。

14. 張先（990～1078）（著），吳熊和、沈松勤（校注）：《張先集編年校注》（杭州：浙江古籍出版社，1996 年 1 月）。

15. 宋庠（997～1066）：《元憲集》，文淵閣《四庫全書》本。

16. 宋祁（998～1061）：《景文集》，文淵閣《四庫全書》本。

17. 楊訥、李曉明（編）：《文淵閣四庫全書補遺——據文津閣四庫全書補》，（北京：北京圖書館出版社，1997 年 4 月），第二冊，《五·宋別集一（續）》，《景文集》。

18. 包拯（999～1062）（撰），楊國宜（整理）：《包拯集編年校補》（合肥：黃山書社，1989 年 12 月）。

19. 曾公亮（999～1078）（編）：《武經總要》（北京：解放軍出版社，據明金陵書林唐富春刻本影印，1988 年 8 月）。

20. 余靖（1000～1064）：《武溪集》，文淵閣《四庫全書》本。

21. 尹洙（1001～1047）：《河南集》，文淵閣《四庫全書》本

22. 梅堯臣（1002～1060）（撰），朱東潤（1896～1988）（編年校注）：《梅堯臣集編年校注》（上海：上海古籍出版社，1980 年 11 月）。

23. 田況（1005～1063）（撰），儲玲玲（整理）：《儒林公議》，收入朱易安等（編）：《全宋筆記》第一編第五冊（鄭州：大象出版社，2003 年 10 月）。

24. 江休復（1005～1060）（撰），儲玲玲（整理）：《江鄰幾雜志》，收入朱易安、傅璇琮（主編）：《全宋筆記》第一編第五冊（鄭州：大象出版社，2003 年 10 月）。

25. 祖無擇（1006～1085）：《龍學文集》，文淵閣《四庫全書》本。

26. 僧文瑩（？～1076 後）（撰），鄭世剛、楊立揚（點校）：《玉壺清話》（與《湘山野錄》合本）（北京：中華書局，1984 年 7 月）。

27. 僧文瑩（？～1076 後）（著），鄭世剛、楊立揚（點校）：《湘山野錄》（與《玉壺清話》合本）（北京：中華書局，1984 年 7 月）。

28. 文彥博（1006～1097）：《潞公文集》，文淵閣《四庫全書》本。

29. 歐陽修（1007～1072）（撰），徐無黨（注）：《新五代史》（北京：中華書局標點本，1974 年 12 月）。

30. 歐陽修（撰），李逸安（點校）：《歐陽修全集》（北京：中華書局，2001 年 3 月）。

31. 歐陽修（撰），李之亮（箋注）：《歐陽修集編年箋注》（成都：巴蜀書社，2007 年 12 月）。

32. 契嵩（1007～1072）：《鐔津集》，文淵閣《四庫全書》本。

33. 王素（1007～1073）（撰），儲玲玲（整理）：《文正王公遺事》，載戴建國（主編）：《全宋筆記》第一編第五冊（鄭州：大象出版社，2003 年 10

月）。

34. 張方平（1007～1091）（撰），鄭涵（點校）：《張方平集》（鄭州：中州古籍出版社，1992 年 10 月）。

35. 蘇舜欽（1008～1048）（撰），傅平驤、胡問陶（校注）：《蘇舜欽集編年校注》（成都：巴蜀書社，1991 年 3 月）。

36. 韓琦（1008～1075）（撰），李之亮、徐正英（箋注）：《安陽集編年箋注》（成都：巴蜀書社，2000 年 10 月）。

37. 趙抃（1008～1084）：《清獻集》，文淵閣《四庫全書》本。

38. 范鎮（1008～1088）（撰），汝沛（點校）：《東齋記事》（與《春明退朝錄》合本）（北京：中華書局，1980 年 9 月）。

39. 龔鼎臣（1009～1086）：《東原錄》，文淵閣《四庫全書》本。

40. 蔡襄（1012～1067）（著），吳以寧（點校）：《蔡襄集》（上海：上海古籍出版社，1996 年）。

41. 陶弼（1015～1078）：《邕州小集》，文淵閣《四庫全書》本。

42. 陳襄（1017～1080）：《古靈集》，文淵閣《四庫全書》本。

43. 韓維（1017～1098）：《南陽集》，文淵閣《四庫全書》本。

44. 文同（1018～1079）（撰），胡問濤、羅琴（校注）：《文同全集編年校注》（成都：巴蜀書社，1999 年 6 月）。

45. 劉敞（1019～1068）：《公是集》，文淵閣《四庫全書》本。

46. 陳舜俞（？～1075）：《都官集》，文淵閣《四庫全書》本。

47. 宋敏求（1019～1079）（撰），誠剛（點校）：《春明退朝錄》（與《東齋記事》合本）（北京：中華書局，1980 年 9 月）。

48. 曾鞏（1019～1083）（撰），陳杏珍、晁繼周（點校）：《曾鞏集》（北京：中華書局，1984 年 11 月）。

49. 曾鞏）（撰），王瑞來（校證）：《隆平集校證》（北京：中華書局，2012 年 7 月）。

50. 王珪（1019～1085）：《華陽集》，文淵閣《四庫全書》本。

51. 司馬光（1019～1086）：《資治通鑑》（北京：中華書局點校本，1956 年）。

52. 司馬光：《涑水記聞》，文淵閣《四庫全書》本。

53. 司馬光（撰），鄧廣銘（1907～1998）、張希清（校注）：《涑水記聞》（北京：中華書局，1989 年 8 月）。

54. 司馬光（撰），李之亮（箋注）：《司馬溫公集編年箋注》（成都：巴蜀書社，2009 年 2 月）。

55. 司馬光（撰），李文澤、霞紹暉（校點）：《司馬光集》（成都：四川大學出版社，2010 年 2 月）。

56. 司馬光（1019～1086）（著），王亦令（點校）：《稽古錄點校本》（北京：中國友誼出版公司，1987 年 12 月）。

57. 蘇頌（1020～1101）（撰），王同策、管學成、顏中其（點校）：《蘇魏公文集》（北京：中華書局，1988 年 9 月）。

58. 王安石（1021～1086）（撰），李之亮（箋注）：《王荊公文集箋注》（成都：巴蜀書社，2005 年 5 月）。

59. 王安石（撰），李壁（注）：《王荊文公詩李壁注》（上海：上海古籍出版社，1993 年 12 月，據朝鮮活字本影印）。

60. 王安石：《臨川文集》，文淵閣《四庫全書》本。

61. 李德身（編）：《王安石詩文繫年》（西安：陝西人民出版社，1987 年 9 月）。

62. 鄭獬（1022～1072）：《勛溪集》，文淵閣《四庫全書》本。

63. 郭若虛（？～1074 後）（撰），鄧白（注）：《圖畫見聞志》（成都：四川美術出版社，1986 年 11 月）。

64. 強至（1022～1076）：《祠部集》，文淵閣《四庫全書》本。

65. 王存（1023～1101）（撰），魏嵩山、王文楚（點校）：《元豐九域志》（北京：中華書局，1984 年 12 月）。

66. 沈遘（1028～1067）：《西溪集》，文淵閣《四庫全書》本。

67. 楊傑（？～1090 後）：《無為集》，文淵閣《四庫全書》本。

68. 劉摯（1030～1097）（撰），裴汝誠、陳曉平（點校）：《忠肅集》（北京：中華書局，2002 年 9 月）。

69. 沈括（1031～1095）（撰），楊渭生（新編）：《沈括全集》（杭州：浙江大學出版社，2011 年 5 月）。

70. 沈括（撰），胡道靜（校注）：《新校正夢溪筆談》（香港：中華書局，1975 年 1 月）。

71. 王闢之（1031～1098 後）（撰），呂友仁（點校）：《澠水燕談錄》（與《歸田錄》合本）（北京：中華書局，1981 年 3 月）。

72. 王令（1032～1059）（撰），沈文倬（校點）：《王令集》（上海：上海古籍出版社，1980 年 4 月）

73. 沈遼（1032～1085）：《雲巢編》，文淵閣《四庫全書》本。

74. 韋驤（1033～1105）：《錢塘文集》，文淵閣《四庫全書》本。

75. 程顥、程頤（1033～1107）（著），王孝魚（校點）：《二程集》（北京：中華書局，1981 年 7 月）。

76. 王安禮（1034～1095）：《王魏公集》，文淵閣《四庫全書》本。

77. 王欽臣（1034～1101）：《王氏談錄》，收入《全宋筆記》第三編第三冊（鄭

州：大象出版社，2008 年 1 月）。

78. 曾布（1036～1107）（撰），程郁（整理）：《曾公遺錄》，收入朱易安等（編）：《全宋筆記》（鄭州：大象出版社，2003 年 10 月），第一編，第八冊。

79. 孫升（1037～1099）（撰），楊倩描、徐立群（點校）：《孫公談圃》（與《丁晉公談錄》合本）（北京：中華書局，2012 年 6 月）。

80. 蘇軾（1037～1101）（撰），王松齡（點校）：《東坡志林》（北京：中華書局，1981 年 9 月）。

81. 蘇軾（撰），孔凡禮（點校）：《蘇軾詩集》（北京：中華書局，1982 年 2 月）。

82. 蘇軾（撰），孔凡禮（點校）：《蘇軾文集》（北京：中華書局，1986 年 3 月）。

83. 蘇轍（1039～1112）（撰），曾棗莊、馬德富（校點）：《欒城集》（上海：上海古籍出版社，1987 年 3 月）。

84. 蘇轍（撰），俞宗憲（點校）：《龍川別志》（與《龍川略志》合本）（北京：中華書局，1982 年 4 月）。

85. 夷門君玉（撰），楊倩描、徐立群（點校）：《國老談苑》（與《丁晉公談錄》合本）（北京：中華書局，2012 年 6 月）。

86. 劉斧（？～1094 後）（撰輯）：《青瑣高議》（上海：上海古籍出版社，1983 年 5 月）。

87. 范祖禹（1040～1098）：《范太史集》，文淵閣《四庫全書》本。

88. 朱長文（1041～1100）：《墨池編》，文淵閣《四庫全書》本。

89. 黃裳（1044～1130）：《演山集》，文淵閣《四庫全書》本。

90. 黃庭堅（1045～1105）（撰），劉琳、李勇先、王蓉貴（校點）：《黃庭堅全集》（成都：四川大學出版社，2001 年 5 月）。

91. 張舜民（著），李之亮（校箋）：《張舜民詩集校箋》（哈爾濱：黑龍江人民出版社，1989 年 1 月）。

92. 張舜民（撰），湯勤福（整理）：《畫墁錄》，收入《全宋筆記》，第二編，第一冊。

93. 畢仲游（1047～1121）（撰），陳斌（校點）：《西台集》（與《貴耳集》合本）（鄭州：中州古籍出版社，2005 年 4 月）。

94. 王鞏（1048～1117）（撰），戴建國（整理）：《聞見近錄》，收入《全宋筆記》第二編第六冊（鄭州：大象出版社，2006 年 1 月）。

95. 李之儀（1048～1117）：《姑溪居士前集》，文淵閣《四庫全書》本。

96. 劉安世（1048～1125）：《盡言集》，文淵閣《四庫全書》本。

97. 朱彧（？～1148 後）（撰），李偉國（點校）：《萍洲可談》（與《後山談叢》

合本）（北京：中華書局，2007 年 11 月）。

98. 秦觀（1049～1100）（撰），徐培均（箋注）：《淮海集箋注》（上海：上海古籍出版社，1994 年 10 月）。

99. 魏泰（1050～1110）（撰），李裕民（點校）：《東軒筆錄》（北京：中華書局，1983 年 10 月）。

100. 李復（1052～1128 後）：《潏水集》，文淵閣《四庫全書》本。

101. 晁補之（1053～1110）：《雞肋集》，文淵閣《四庫全書》本。

102. 許翰（1055 或 1056～1133）（撰），劉雲軍（點校）：《許翰集》（保定：河北大學出版社，2014 年 7 月）。

103. 邵伯溫（1056～1134）（撰），李劍雄、劉德權（點校）：《邵氏聞見錄》（北京：中華書局，1983 年 8 月）。

104. 李廌（1059～1109）（撰），查清華、潘清華（整理）：《師友談記》，收入朱易安、戴建國等主編：《全宋筆記》，（鄭州：大象出版社，2006 年 1 月），第二編，第七冊。

105. 黃休復（撰），趙維國（整理）：《茅亭客話》，收入朱易安等（編）：《全宋筆記》第二編第一冊，（鄭州：大象出版社，2006 年 1 月）。

106. 委心子（撰）：《新編分門古今類事》（北京：中華書局，1987 年 7 月）。

107. 劉跂（？～1114 後）：《學易集》，文淵閣《四庫全書》本。

108. 鄒浩（1060～1111）：《道鄉集》，文淵閣《四庫全書》本。

109. 趙令畤（1064～1134）（撰），孔凡禮（點校）：《侯鯖錄》（與《墨客揮犀》、《續墨客揮犀》合本）（北京：中華書局，2002 年 9 月）。

110. 慕容彥逢（1067～1117）：《摛文堂集》，文淵閣《四庫全書》本。

111. 劉安上（1069～1128）：《給事集》，文淵閣《四庫全書》本。

112. 釋惠洪（1071～1128）：《林間錄》，文淵閣《四庫全書》本。

113. 釋惠洪：《禪林僧寶傳》，文淵閣《四庫全書》本。

114. 釋惠洪（著），（日）釋廓門貫徹（？～1730）注、張伯偉等（點校）：《注石門文字禪》（北京：中華書局，2012 年 2 月）。

115. 孔平仲（？～1102 後）（撰），楊倩描、徐立群（點校）：《孔氏談苑》（與《丁晉公談錄》等合本）（北京：中華書局，2012 年 6 月）。

116. 羅從彥（1072～1135）：《豫章文集》，文淵閣《四庫全書》本。

117. 王安中（1076～1134）：《初寮集》，文淵閣《四庫全書》本。

118. 郭印（？～1134 後）：《雲溪集》，文淵閣《四庫全書》本。

119. 徐度（？～1138 後）：《卻掃編》，文淵閣《四庫全書》本。

120. 葉夢得（1077～1148）（撰），宇文紹奕（考異），侯忠義（點校）：《石林

燕語》（北京：中華書局，1984 年 5 月）。

121. 葉夢得（撰），徐時儀（整理）：《避暑錄話》，載戴建國等（編）：《全宋筆記》第二編第十冊（鄭州：大象出版社，2006 年 1 月）。

122. 程俱（1078～1144）：《麟臺故事》，文淵閣《四庫全書》本。

123. 李綱（1083～1140）（撰），王瑞明（點校）：《李綱全集》（長沙：嶽麓書社，2004 年 5 月）。

124. 趙鼎（1085～1147）：《忠正德文集》，文淵閣《四庫全書》本。

125. 張嵲（1096～1148）：《紫微集》，文淵閣《四庫全書》本。

126. 晁公武（1102？～1187）（撰），孫猛（校證）：《郡齋讀書志》（上海：上海古籍出版社，1990 年 10 月）。

127. 鄭克（？～1133 後）：《折獄龜鑑》，文淵閣《四庫全書》本。

128. 王銍（？～1144）（撰），朱杰人（點校）：《默記》（與《燕翼詒謀錄》合本）（北京：中華書局，1981 年 9 月）。

129. 江少虞（？～1145 後）：《宋朝事實類苑》（上海：上海古籍出版社，1981 年 7 月）。

130. 邵博（？～1158）（撰），劉德權、李劍雄（點校）：《邵氏聞見後錄》（北京：中華書局，1983 年 8 月）。

131. 李燾（1115～1184）：《續資治通鑑長編》（北京：中華書局點校本，1979 年 8 月至 1995 年 4 月）。

132. 周麟之（1118～1164）：《海陵集》，文淵閣《四庫全書》本。

133. 曾敏行（1118～1175）：《獨醒雜志》（上海：上海古籍出版社，1986 年 6 月）。

134. 韓元吉（1118～1187）：《南澗甲乙稿》，文淵閣《四庫全書》本。

135. 釋賾藏主（？～1162 後）（編），蕭萐夫、呂有祥（點校）：《古尊宿語錄》（北京：中華書局，1994 年 5 月）。

136. 張綱（？～1165 後）：《華陽集》，文淵閣《四庫全書》本。

137. 晁公遡（？～1166 後）：《嵩山集》，文淵閣《四庫全書》本。

138. 員興宗（？～1170）：《九華集》，文淵閣《四庫全書》本。

139. 楊仲良（？～1184 後）：《通鑑長編紀事本末》，收入趙鐵寒（1908～1976）（主編），《宋史資料萃編》，第二輯（臺北：文海出版社，1967 年 11 月）。

140. 楊仲良（撰），李之亮（校點）：《皇宋通鑑長編紀事本末》（哈爾濱：黑龍江人民出版社，2006 年 10 月）。

141. 費袞（？～1192 後）（撰），傅毓鈐（標點）：《梁谿漫志》（太原：山西人民出版社，1986 年 10 月）。

142. 洪邁（1123～1202）：《容齋隨筆》（上海：上海古籍出版社，1978 年 7

月）。

143. 洪邁（撰），何卓（點校）：《夷堅志》（北京：中華書局，1981 年 10 月）。

144. 周煇（1124～1195）（撰），劉永翔（校注）：《清波雜志校注》（北京：中華書局點校本，1994 年 9 月）。

145. 陸游（1125～1209）：《陸游集》（北京：中華書局，1976 年 11 月）。

146. 陸游（撰），李劍雄、劉德權（點校）：《老學庵筆記》（北京：中華書局，1979 年 11 月）。

147. 周必大（1126～1204）：《文忠集》，文淵閣《四庫全書》本。

148. 尤袤（1127～1202）：《遂初堂書目》，文淵閣《四庫全書》本。

149. 王明清（1127～1204 後）：《揮麈錄》（上海：上海書店出版社，2001 年 8 月）。

150. 佚名（編）：《皇宋中興兩朝聖政》（北京：北京圖書館出版社，2007 年 9 月）。

151. 佚名（編），汝企和（點校）：《續編兩朝綱目備要》（北京：中華書局，1995 年 7 月）。

152. 呂祖謙（1137～1181）：《東萊集》，文淵閣《四庫全書》本。

153. 呂祖謙（編），齊治平（點校）：《宋文鑑》（北京：中華書局，1992 年 3 月）。

154. 樓鑰（1137～1213）：《攻媿集》，文淵閣《四庫全書》本。

155. 彭百川（？～1209 後）：《太平治蹟統類》（揚州：江蘇廣陵古籍刻印社影印適園叢書本，1999 年 12 月）。

156. 趙汝愚（1140～1196）（編），鄧廣銘、陳智超等（整理）：《宋朝諸臣奏議》（上海：上海古籍出版社，1999 年 12 月）。

157. 衛涇（1155～1226）：《後樂集》，文淵閣《四庫全書》本。

158. 高斯得（？～1241 後）：《恥堂存稿》，文淵閣《四庫全書》本。

159. 李心傳（1167～1244）（撰），崔文印（點校）：《舊聞證誤》（與《遊宦紀聞》合本）（北京：中華書局，1981 年 1 月）。

160. 李心傳（撰），徐規（1920～2010）（點校）：《建炎以來朝野雜記》（北京：中華書局，2000 年 7 月）。

161. 李心傳（編撰），胡坤（點校）：《建炎以來繫年要錄》（北京：中華書局，2013 年 12 月）。

162. 魏了翁（1178～1237）：《鶴山集》，文淵閣《四庫全書》本。

163. 普濟（1179～1253）（著），蘇淵雷（點校）：《五燈會元》（北京：中華書局，1984 年 10 月）。

164. 陳耆卿（1180～1236）：《嘉定赤城志》，文淵閣《四庫全書本》。

165. 王稱（？～1200 後）：《東都事略》，收入趙鐵寒（1908～1976）主編：《宋史資料萃編第一輯》（臺北：文海出版社，1967 年 1 月）。

166. 劉昌詩（？～1215 後）（撰），張榮錚、秦呈瑞（校點）：《蘆浦筆記》（北京：中華書局，1986 年 4 月）。

167. 不著撰人：《翰苑新書前集》，文淵閣《四庫全書》本。

168. 范之柔（？～1217 後）：《范文正公年譜補遺》，收入范仲淹（著），李勇先、王蓉貴（校點）：《范仲淹全集》（成都：四川大學出版社，2002 年 9 月），中冊，〈附錄二・年譜〉。

169. 王林（？～1227 後）（撰），誠剛（點校）：《燕翼詒謀錄》（與《默記》合本）（北京：中華書局，1981 年 9 月）。

170. 徐夢莘（1126～1207）：《三朝北盟會編》（上海：上海古籍出版社影印清光緒三十四年（1908）許涵度刻本，1987 年 10 月）。

171. 周煇（1127～1198 後）（撰），劉永翔（校注）：《清波雜志校注》（北京：中華書局，1994 年 9 月）。

172. 朱熹（1130～1200）（編），李偉國（點校）：《八朝名臣言行錄》，《五朝名臣言行錄》，收入朱傑人、嚴佐之、劉永翔（主編）：《朱子全書》第十二冊（上海：上海古籍出版社，2010 年 9 月）。

173. 朱熹（1130～1200）（編撰），戴揚本（校點）：《伊洛淵源錄》，載朱傑人、嚴佐之、劉永翔（主編）：《朱子全書》，第十二冊（上海：上海古籍出版社，2002 年）。

174. 陳傅良（1137～1203）：《止齋集》，文淵閣《四庫全書》本。

175. 李埴（1161～1238）（撰），燕永成（校正）：《皇宋十朝綱要校正》（北京：中華書局，2013 年 6 月）。

176. 王象之（1163～1230）（撰），李勇先（校點）：《輿地紀勝》（成都：四川大學出版社，2005 年 10 月）。

177. 釋居簡（1164～1246）：《北磵集》，文淵閣《四庫全書》本。

178. 宇文懋昭（？～1234 後）撰，崔文印（校證）：《大金國志校證》（北京：中華書局，1986 年 7 月）。

179. 陳均（1174～1244）（撰），許沛藻等點校：《皇朝編年綱目備要》（北京：中華書局，2006 年 12 月）。

180. 岳珂（1183～1243）：《寶真齋法書贊》，文淵閣《四庫全書》本。

181. 陳振孫（1179～1262）（撰），徐小蠻、顧美華（點校）：《直齋書錄解題》（上海：上海古籍出版社，1987 年 12 月）。

182. 吳曾（？～1162 後）：《能改齋漫錄》（上海：上海古籍出版社，1979 年 11 月新一版）。

183. 杜大珪編（？～1194 後）：《名臣碑傳琬琰之集下》，文淵閣《四庫全書》本。

184. 黎靖德（？～1263 後）（輯），王星賢（點校）：《朱子語類》（北京：中華書局，1986 年 3 月）。

185. 劉克莊（1187～1268）（撰），王蓉貴等（校點）：《後山先生大全集》（成都：四川大學出版社，2008 年）。

186. 釋志磐（？～1271 後）：《佛祖統紀》，《續修四庫全書》本（上海：上海古籍出版社，2002 年據北京大學圖書館藏明刻本影印）

187. 不著撰人（編），司義祖（點校）：《宋大詔令集》（北京：中華書局，1962年 10 月初版，1997 年 12 月二版）。

188. 佚名（撰），李之亮（校點）：《宋史全文》（哈爾濱：黑龍江人民出版社，2004 年 8 月。

189. 佚名：《金剛般若波羅蜜經感應傳》，載《卍新纂續藏經》第八十七冊（No.1632）。

190. 潛說友（1216～1277）：《咸淳臨安志》，載《宋元方志叢刊》，第四冊（北京：中華書局，1990 年 5 月）。

191. 王應麟（1223～1296）：《玉海》，文淵閣《四庫全書》本。

192. 王應麟：《玉海》（上海：上海書店據清光緒九年浙江書本刊本影印，1988年 3 月）。

193. 馬光祖（？～1269 後）（編）、周應合（？～1275 後）（纂），王曉波（校點）：《景定建康志》，收入王曉波、李勇先、張保見、莊劍（點校）：《宋元珍稀地方志叢刊》甲編，（成都：四川大學出版社，2007 年 6 月）。

194. 馬端臨（1254～1323）（著），上海師範大學古籍研究所暨華東師範大學古籍研究所（點校）：《文獻通考》（北京：中華書局點校本，2011 年 9月）。

195. 脫脫（1314～1355）（纂）：《遼史》（北京：中華書局點校本，1974 年 10月）。

196. 脫脫（纂）：《金史》（北京：中華書局點校本，1975 年 7 月）。

197. 脫脫（纂）：《宋史》（北京：中華書局，1977 年 11 月）。

198. 陸友（？～1334 後）：《墨史》，文淵閣《四庫全書》本。

199. 陶宗儀（1329～1410）：《書史會要》，文淵閣《四庫全書》本。

200. 陶宗儀（撰），文顥（點校）：《南村輟耕錄》（北京：文化藝術出版社，1998 年 8 月）。

201. 李賢（1408～1466）：《明一統志》，文淵閣《四庫全書》本。

202. 王鏊（1450～1524）：《姑蘇志》，文淵閣《四庫全書》本。

203. 楊慎（1488～1559）（編）：《全蜀藝文志》，文淵閣《四庫全書》本。

204. 李濂（1488～1566）（撰），周寶珠、程民生（點校）：《汴京遺蹟志》（北京：中華書局，1999 年 12 月）。

205. 田汝成（1503～1557）：《西湖遊覽志》，文淵閣《四庫全書》本。

206. 凌迪知（1529～1600）（編）：《萬姓統譜》，文淵閣《四庫全書》本。

207. 于慎行（1545～1607）（著）、黃恩彤（1801～1883）（參訂），李念孔等（點校）：《讀史漫錄》（濟南：齊魯書社，1996 年 8 月）。

208. 吳之鯨（？～1609 後）：《武林梵志》，文淵閣《四庫全書》本。

209. 顧祖禹（1631～1692）（撰），賀次君、施和君（點校）：《讀史方輿紀要》（北京：中華書局，2005 年 3 月）。

210. 宋犖（1634～1714）等（編）：《御批續資治通鑑綱目》，文淵閣《四庫全書》本。

211. 張尚瑗（？～1701 後）：《左傳折諸》，文淵閣《四庫全書》本。

212. 釋際祥（纂輯），劉士華、袁令蘭（標點）：《淨慈寺志》，收入趙一新（編）：《杭州佛教文獻叢刊》（杭州：杭州出版社，2006 年）。

213. 儲大文（1665～1743）等（纂）：《山西通志》，文淵閣《四庫全書》本。

214. 儲大文：《存研樓文集》，文淵閣《四庫全書》本。

215. 茅星來（1678～1748）：《近思錄集註附說》，文淵閣《四庫全書》本。

216. 劉於義（？～1735 後）等（監修），沈清崖（？～1735 後）（編纂）：《陝西通志》，文淵閣《四庫全書》本。

217. 蔡上翔（1717～1810）撰，裴汝誠（點校）：《王荊公年譜考略》，收入《王安石年譜三種》（北京：中華書局，1994 年 1 月）。

218. 畢沅（1730～1797）：《續資治通鑑》（北京：古籍出版社，1957 年點校本）。

219. 黃易（1744～1802）：《岱巖訪古日記》，收入《石刻史料新編》第三輯第 28 冊（臺北：新文豐出版公司據民國十年（1921）山陰吳氏遯盦金石叢書西泠印社聚珍版影印，1986 年 7 月臺一版）。

220. 徐松（1781～1848）（輯），劉琳、刁忠民、舒大剛、尹波等（校點）：《宋會要輯稿》（上海：上海古籍出版社，2014 年 6 月）。

221. 穆彰阿（1782～1856）等纂修：《大清一統志》，文淵閣《四庫全書》本。

222. 《嘉慶重修一統志》，（臺北：臺灣商務印書館，1966 年據上海涵芬樓景印清史館藏進呈寫本影印）。

223. 邵子彝等（修），魯琪光等（纂）：《同治建昌府志》，清同治十一年（1872）刊本影印，載《中國方志叢書‧華中地方》，第八三一號，第六冊。

224. 黃以周（1828～1899）等（輯注），顧吉辰（點校）：《續資治通鑑長編拾

《補》（北京：中華書局，2004 年 1 月）。

225. 李慈銘（1830～1894）（著），由雲龍（1877～1961）（輯）：《越縵堂讀書記》（北京：中華書局，1963 年 6 月）。

226. 李慈銘：《荀學齋日記》（臺北：中國革新出版社，1989 年）。

227. 陸心源（1834～1894）（輯撰）：《宋史翼》（北京：中華書局據清光緒三十二年（1906）初刊朱印本影印，1991 年 12 月）。

228. 許應鑅（修），謝煌（纂）：《光緒撫州府志》，清光緒二年（1876）刊本影印，載《中國方志叢書·華中地方》，第二五三號，（臺北：成文出版社有限公司，1975 年）

229. 喻長林（纂）：《民國台州府志》，（上海：游民習勤所，1936 年）。

230. 中國文物研究所、千唐誌齋博物館（編）：《千唐誌齋藏誌》（北京：文物出版社，1983 年）

231. 北京圖書館金石組（編）：《北京圖書館藏中國歷代石刻拓本匯編》，第三十七冊至四十二冊（鄭州：中州古籍出版社，1990 年 2 月）。

232. 傅璇琮（編）：《全宋詩》，第九冊（北京：北京大學出版社，1992 年 7 月）。

233. 中國文物研究所、河南省文物研究所（合編）：《新中國出土墓誌》（河南·一）下冊（北京：文物出版社，1994 年）。

234. 中國文物研究所、河南省文物考古研究所（編）：《新中國出土墓誌·河南·貳》（北京：文物出版社，2002 年 12 月）。

235. 國家圖書館善本金石組編：《宋代石刻文獻全編》（北京：北京圖書館出版社，2003 年 6 月），第二冊至第四冊。

236. 鄭兆鶴、吳敏霞（編）：《戶縣碑刻》（西安：三秦出版社，2005 年 1 月）。

237. 陳新、張如安（等編）：《全宋詩訂補》（鄭州：大象出版社，2005 年 12 月）。

238. 曾棗莊、劉琳（編）：《全宋文》（上海：上海辭書出版社，2006 年 8 月）

239. 趙君平、趙文成（編）：《河洛墓刻拾零》（北京：北京圖書館出版社，2007 年 7 月）。

240. 中國國家圖書館及中央研究院合編：《宋代碑拓精華》（網上資料庫）。

二、專　書

1. 余嘉錫（1883～1955）：《余嘉錫論學雜著》（臺北：河洛圖書出版社，1976 年 3 月）。

2. 蔣復璁（1898～1990）：《珍帚齋文集》（臺北：臺灣商務印書館，1985 年），卷三《宋史新探》。

3. 隋樹森（1906～1989）（編）：《元曲選外編》（北京：中華書局，1959 年 9 月第一版，1987 年 9 月第二版）。

4. 傅樂煥（1913～1966）：《遼史叢考》（北京：中華書局，1984 年 11 月）。

5. 張家駒（1914～1974）：《沈括》（上海：上海人民出版社，1962 年 8 月）。

6. 朱東潤：《梅堯臣傳》（北京：中華書局，1979 年 5 月）。

7. 聶崇岐（1903～1962）：《宋史叢考》（北京：中華書局，1980 年 3 月）。

8. 常征（1924～1998）：《楊家將史事考》（天津：天津人民出版社，1980 年 9 月）。

9. 譚其驤（1911～1992）（主編），：《中國歷史地圖集》第六冊《宋遼金時期》（北京：中國地圖出版社，1982 年 10 月）。

10. 河南省文物研究所、安陽地區文物管理委員會等（編）：《安陽修定寺塔》（北京：文物出版社，1983 年 5 月）。

11. 陶晉生：《宋遼關係史研究》（臺北：聯經出版事業股份有限公司，1984 年 7 月）。

12. Chi-chiang Huang（黃啓江），*Experiment in Syncretism: Ch'-Sung（1007 ～1072）and Eleventh-Century Chinese Buddhism,*（The University of Arizona, Ph.D. Dissertation, unpublished，1986）

13. 章群（1925～2000）：《唐代蕃將研究》（臺北：聯經出版事業公司，1986 年 3 月）。

14. 章群：《唐代蕃將研究續編》（臺北：聯經出版事業公司，1990 年 9 月）。

15. 馬馳：《唐代蕃將》（西安：三秦出版社，1990 年 6 月）。

16. 馬馳：《唐代蕃將》（修訂本）（西安：三秦出版社，2011 年 9 月）。

17. 洪本健：《醉翁的世界：歐陽修評傳》（鄭州：中州古籍出版社，1990 年 6 月）。

18. 樊軍：《吳挺碑校注》（蘭州：蘭州大學出版社，1993 年 6 月）。

19. 嚴杰：《歐陽修年譜》（南京：南京出版社，1993 年 11 月）。

20. 張邦煒：《宋代皇親與政治》（成都：四川人民出版社，1993 年 12 月）。

21. 何冠環：《宋初朋黨與太平興國三年進士》（北京：中華書局，1994 年 10 月）。

22. 曹仕邦：《中國沙門外學的研究——漢末至五代》（臺北：東初出版社，1994 年 11 月）。

23. 王智勇：《南宋吳氏家族的興亡》（成都：巴蜀書社，1995 年 11 月）。

24. 汪聖鐸：《宋真宗》（長春：吉林文史出版社，1996 年 7 月）。

25. 楊倩描：《吳家將——吳玠吳璘吳挺吳曦合傳》（保定：河北大學出版社，1996 年 8 月）。

26. 龔延明：《宋代官制辭典》（北京：中華書局，1997 年 4 月）。

27. Tsang Sui-lung（曾瑞龍），*War and Peace in Northern Sung China: Violence and Strategy in Flux, 960〜1104 A.D.*（Ph.D. Dissertation，The University of Arizona; 0009，1997）

28. 高路加：《高氏群體的歷史與傳統》（呼和浩特：內蒙古大學出版社，1997 年 10 月）。

29. Meir Shahar, *Crazy Ji: Chinese Religion and Popular Literature*, Boston: Harvard University Center, 1998.

30. 孔凡禮：《蘇軾年譜》（北京：中華書局，1998 年 2 月）。

31. 孔繁敏：《包拯研究》（北京：中國社會科學出版社，1998 年 4 月）。

32. 李華瑞：《宋夏關係史》（保定：河北人民出版社，1998 年 9 月）。

33. 李裕民：《宋史新探》（西安：陝西師範大學出版社，1999 年 11 月）。

34. 梁若愚：《包順事蹟勾尋》（香港中文大學歷史系學士畢業論文，2000 年，未刊稿）。

35. 王善軍：《宋代宗族和宗族制度研究》（石家莊：河北教育出版社，2000 年 1 月）。

36. 蔣維錟：《蔡襄年譜》（廈門：廈門大學出版社，2000 年 12 月）。

37. 趙嗣滄：《楊歧方會大師傳》（新北市三重市：佛光文化事業有限公司，2001 年 3 月）。

38. 李之亮（編）：《宋河北河東大郡守臣易替考》（成都：巴蜀書社，2001 年 5 月）。

39. 李之亮（編）：《宋川陝大郡守臣易替考》（成都：巴蜀書社，2001 年 5 月）。

40. 李之亮：《宋兩江郡守易替考》（成都：巴蜀書社，2001 年 5 月）。

41. 孔凡禮：《蘇轍年譜》（北京：學苑出版社，2001 年 6 月）。

42. 游彪：《宋代蔭補制度研究》（北京：社會科學出版社，2001 年 9 月）。

43. 陳守忠：《宋史論略》（蘭州：甘肅文化出版社，2001 年 12 月）。

44. 王曾瑜：《岳飛和南宋前期政治與軍事研究》（開封：河南大學出版社，2002 年 10 月）。

45. 祝尚書（編）：《柳開年譜》，載吳洪澤（主編）：《宋人年譜叢刊》，第一冊，（成都：四川大學出版社，2003 年 1 月），頁 214。

46. 何冠環：《北宋武將研究》（香港：中華書局，2003 年 6 月）。

47. 符太浩：《溪蠻叢笑研究》（貴陽：貴州人民出版社，2003 年 10 月）。

48. 李貴泉：《北宋三槐王氏家族研究》（濟南：齊魯書社，2004 年 1 月）。

49. 劉春迎：《北宋東京城研究》（北京：科學出版社，2004 年 7 月）。

50. 趙炳林：《宋代蕃兵研究》（西北師範大學碩士論文，2005 年 4 月）。

51. 湯開建：《党項西夏史探微》（臺北：允晨文化實業股份有限公司，2005 年 6 月）。

52. 韓酉山：《韓南澗年譜》（合肥：安徽教育出版社，2005 年 6 月）。

53. 何勇強：《科學全才——沈括傳》（杭州：浙江人民出版社，2005 年 7 月）。

54. 曾瑞龍（1960～2003）：《拓邊西北——北宋中後期對夏戰爭研究》（香港：中華書局，2006 年 5 月）。

55. 游彪：《宋代特殊群體研究》（北京：商務印書館，2006 年 8 月）。

56. 曹家齊：《北宋名臣余靖》（廣州：廣東人民出版社，2006 年 8 月）。

57. 楊曾文：《宋元禪宗史》（北京：中國社會科學出版社，2006 年 10 月）。

58. 陳守忠：《河隴史地考述》（蘭州：甘肅人民出版社，2007 年 1 月）。

59. 蔡向升、杜書梅（主編）：《楊家將研究‧歷史卷》（北京：人民出版社，2007 年 2 月）。

60. 李昌憲：《中國行政區劃通史‧宋西夏卷》（上海：復旦大學出版社，2007 年 8 月）。

61. 王珺：《宋代公主生活考略》，（華東師範大學碩士論文，2008 年 5 月）。

62. 羅家祥：《宋代政治與學術論稿》（香港：華夏文化藝術出版社，2008 年 9 月）。

63. 李裕民（主編）：《首屆全國楊家將歷史文化研討會論文集》（北京：科學出版社，2009 年 1 月）。

64. 黃啓江：《泗州大聖與松雪道人：宋元社會菁英的佛教信仰與佛教文化》（臺北：臺灣學生書店，2009 年 3 月）。

65. Paul Jakov Smith,（史樂民）"A General for His Time: Chong Shiheng（985 ～1045）and the Remilitarization of the Northern Song State"（Conference summary of a chapter in progress，unpublished，2009），pp.1～27.

66. 蘇健倫：《晚唐至北宋陳州符氏將門研究》（臺灣清華大學碩士論文，2009 年 6 月）。

67. 趙振華：《洛陽古代銘刻文獻研究》（西安：三秦出版社，2009 年 12 月）。

68. 齊德舜：《唃廝囉家族世系史》（蘭州大學博士論文，2010 年 3 月）。

69. 曾瑞龍：《北宋种氏將門之形成》（香港：中華書局，2010 年 5 月）。

70. 黃啓方：《兩宋詩文論叢》（臺北：國家出版社，2010 年 10 月）。

71. 任傳寧：《略論宋代公主——兼與唐代公主比較研究》，（華東師範大學碩士論文，2011 年 5 月）。

72. 王懷中、馬書岐（編著）：《山西關隘大觀》（濟南：山東畫報出版社，2012 年 3 月）。

73. 張典友：《宋代書制論略》（北京：文物出版社，2012 年 8 月）。

74. 唐敏：《北宋熙河路歷史地理研究》（山東大學碩士論文，2013 年 4 月）。

75. 何冠環：《攀龍附鳳：北宋潞州上黨李氏外戚將門研究》（香港：中華書局，2013 年 5 月）。

76. 陶晉生：《宋遼金史論叢》（臺北：聯經出版事業股份有限公司、中央研究院，2013 年 11 月）。

77. 湯開建：《唐宋元間西北史地叢稿》（北京：商務印書館，2013 年 12 月）。

78. 方健：《北宋士人交遊錄》（上海：上海書店，2013 年 11 月）。

79. 黃啓江：《南宋六文學僧紀年錄》（臺灣：學生書局，2014 年 3 月）。

80. 高建國：《鮮卑族裔府州折氏研究》（內蒙古大學博士論文，2014 年 6 月）

81. 李鳴飛：《金元散官制度研究》（蘭州：蘭州大學出版社，2014 年 7 月）。

82. 折武彥、高建國（主編）：《府州折家將歷史文化研究集》（呼和浩特：內蒙古人民出版社，2014 年 11 月）。

83. 范學輝：《宋代三衙管軍制度研究》（北京：中華書局，2015 年 4 月）。

84. 高建國、楊海清（編著）：《宋代麟府路及折家將文獻錄》（北京：中國文史出版社，2015 年 6 月）。

85. 黃啓江：《北宋黃龍慧南禪師三鑰：宗傳、書尺與年譜》（臺北：臺灣學生書局，2015 年 7 月）。

三、期刊論文及論文集論文

1. 欒貴明：〈蘇軾、蘇轍集拾遺——《永樂大典》詩文輯佚之三〉，《文學評論》，1981 年第 5 期，頁 123～126。

2. 黃海舟：〈《岳陽樓記》首段注解四疑〉，《湘潭大學學報》（社會科學版），1987 年第 1 期，頁 81～85。

3. 向祥海：〈北宋黃捉鬼唐和尚領導的瑤族農民起義〉，《貴州民族研究》（季刊），1987 年第 3 期（總 31 期），1987 年 7 月，頁 96～102。

4. 虞師：〈論北宋御夏名將种世衡〉，載鄧廣銘（1907～1998）、徐規（1920～2010）（編）：《宋史研究論文集》（一九八四年年會編刊）（杭州：浙江人民出版社，1987 年 11 月），頁 549～566。

5. 米壽祺：〈紹聖開邊與章楶經營天都〉，《固原師專學報》，1991 年第 4 期，頁 83～87。

6. 楊果：〈從戰將到庸夫的符彥卿〉，載朱雷（主編）：《外戚傳》，下冊，（鄭州：河南出版社，1992 年 4 月），頁 84～98。

7. 柳立言：〈宋初一個武將家族的興起——眞定曹氏〉，《中國近世社會文化史論文集》（臺北：中央研究院歷史語言研究所出版品編輯委員會，1992

年 6 月），頁 55～64。

8. 王育濟：〈宋太祖遣使行刺北漢國主考〉，《中國史研究》，1992 年第 4 期，頁 96～104。

9. 張邦煒：〈兩宋無內朝論〉，《河北學刊》，1994 年第 1 期，頁 88～95。

10. 柳立言：〈北宋吳越錢家婚宦論述〉，《中央研究所歷史語言研究所集刊》，第六十五本第四分（1994 年），頁 903～955。

11. 李裕民：〈宋代太原進士考〉，《城市研究》，1995 年 1 期，頁 60。

12. 柳立言：〈宋太祖的御駕親征〉，《歷史月刊》，1996 年 5 月號，頁 38～46。

13. 黃啓昌：〈宋代湖南少數民族的反抗鬥爭〉，《民族論壇》，1996 年第 2 期，頁 81～84，96。

14. 孫建民、顧宏義：〈熙豐時期「東聯高麗」戰略研究〉，《齊魯學刊》，1996 年第 6 期，頁 38～42。

15. 柳立言：〈從御駕親征看宋太祖的創業與轉型〉，載田餘慶（1924～2014）（主編）：《慶祝鄧廣銘教授九十華誕論文集》（石家莊：河北教育出版社，1997 年 2 月），頁 151～161。

16. 鄧廣銘（1907～1998）：〈論十一世紀七十年代中葉北宋王朝與交趾李朝的戰爭〉（未完成稿），收入《鄧廣銘全集》第七卷（石家莊：河北教育出版社，2005 年 7 月），頁 362～385。

17. 許尚樞：〈濟公生平考略〉，《東南文化》1997 年第 3 期（總 117 期），頁 80～86。

18. 高路加：〈聲威顯赫的北宋高家將〉，《廣州師院學報》（社會科學版），1997 年第 4 期，頁 34～42。

19. 王國生：〈陳地名門世家〉，《周口師專學報》，第 14 卷第 4 期，（1997 年 12 月）：頁 51～53。

20. 孫建民：〈地方政府與宋、麗外交〉，《殷都學刊》，1997 年，頁 33～37，92。

21. 吳敢：〈《中國古代戲曲選本・劇本選集》敘錄（下）〉，《徐州教育學院學報》，第 14 卷第 3 期，1999 年 9 月，頁 30～35。

22. 李華瑞：〈論北宋與河湟吐蕃的關係〉，《河北青年管理幹部學院學報》，2000 年第 2 期（總第 46 期），頁 37～41。

23. 尹永森：〈論余靖的吏治觀〉，《韶關大學學報》（社會科學版），第 21 卷第 6 期（2000 年 12 月），頁 28～34。

24. 湯開建：〈穆桂英人物原型出于黨項考〉，載《西北民族研究》，2001 年第 1 期（總第 28 期），頁 65～72。

25. 李之亮：〈北宋蔡州郡守考〉，《黃河科技大學學報》，第 3 卷第 1 期（2001 年 3 月），頁 57～61。

26. 李之亮:〈北宋河東路轉運使編年〉,《華北水利水電學院學報》(社科版),第 17 卷第 2 期(2001 年 6 月),頁 55～58。

27. 何成、王育濟:〈宋代王審琦家族興盛原因述論〉,《甘肅社會科學》,2001 年第 6 期,頁 69～71。

28. 黃志輝:〈北宋中葉出色的政治改革家余靖〉,《韶關學院學報》(社會科學版),第 23 卷第 4 期(2002 年 4 月),頁 96～101。

29. 李可可、黎沛虹:〈簡論我國古代黃河泥沙運動理論及實踐〉,《人民黃河》,第 24 卷第 4 期(2002 年 4 月),頁 22～25,46。

30. 李貴泉:〈余靖詩中若干人物考釋——黃志輝《武溪集校箋》補正〉,《韶關學院學報》(社會科學版),第 23 卷第 10 期(2002 年 10 月),頁 40～45。

31. 楊倩描:〈兩宋諸班直番號及沿革考〉,《浙江學刊》,2002 年第 4 期,頁 145～148。

32. 陳曉平:〈論劉摯及其著作〉,載《忠肅集》(2002 年),附錄四,頁 675～678。

33. 顧吉辰:〈北宋奉使邈川唃厮囉政權使者劉渙事蹟編年〉,載吳洪澤、尹波(主編):《宋人年譜叢刊》第二冊(成都:四川大學出版社,2003 年 1 月),頁 691～708。

34. 邱佳慧:〈05 宋符彥琳墓誌 14738〉,載臺灣東吳大學〈宋代史料研讀會〉網頁,2003 年 2 月,第一次會。

35. 黃寬重:〈宋故符公之墓〉、〈五代、北宋時期符氏十代世系表〉,載臺灣東吳大學〈宋代史料研讀會〉網頁,2003 年 2 月。

36. 吳建華、鄭衛:〈北宋石保興兄弟神道碑及相關問題辨析〉,載洛陽市文物局編:《耕耘論叢》(二)(北京:科學出版社,2003 年 2 月),頁 272～275。

37. 王萌:〈論中國才子佳人文學中的兩性格局與文人心態〉,《中州學刊》,2003 年 3 月第 2 期(總 134 期),頁 56～60。

38. 李源:〈滿園春色關不住——元雜劇中的「後花園」文化現象〉,《藝術百家》,2003 年第 4 期(總第 74 期),頁 42～46。

39. 董秀珍:〈陝北境內宋與西夏緣邊城堡位置考〉,收入姬乃軍(主編):《延安文博》(西安:陝西旅遊出版社,2003 年 10 月),頁 45。

40. 王善軍:〈宋代真定曹氏家族剖析〉,韓國外國語大學歷史文化研究所編:《歷史文化研究》,第十九輯(2003),頁 189～209。

41. 李華瑞:〈林希與《林希野史》〉,載雲南大學中國經濟史研究所、雲南大學歷史系(編):《李埏教授九十華誕紀念文集》(昆明:雲南大學出版社,2003 年 11 月),頁 44～57。

42. 王善軍:〈宋代三槐王氏家族興替考述〉,載姜錫東、李華瑞(主編):《宋

史研究論叢》，第五輯，（保定：河北大學出版社，2003 年 11 月），頁 68
～84。

43. 張明華：〈北宋宣仁太后垂簾時期的心理分析〉，《洛陽師範學院學報》，
2004 年第 1 期，頁 99～102。

44. 張明華：〈從曹皇后的道德自虐看北宋中期儒學復興對宮廷女姓的負面影
響〉，《浙江萬里學院學報》，第十七卷第一期（2004 年 2 月），頁 13～16。

45. 李之亮：〈元雜劇中的宋朝戲〉，《中國戲曲學院學報》，第二十五卷第二
期（2004 年 5 月），頁 84～88。

46. 胡坤：〈符氏家族與宋初政治〉，載姜錫東、李華瑞（主編）：《宋史研究
論叢》，第六輯，（保定：河北大學出版社，2005 年 4 月），頁 1～18。

47. 曹汛：〈安陽修定寺塔的年代考證〉，《建築師》，2005 年 4 期（總 116 期），
2005 年 8 月。

48. 曹汛：〈期望修定寺、碑刻考證與建築考古〉，《建築師》，2005 年 5 期（總
117 期），2005 年 10 月。

49. 范學輝：〈北宋三衙管軍素質狀況的動態考察〉，《文史哲》，2005 年第 3
期，頁 70～71。

50. 李強：〈爭水洛城事的發生及影響〉，《前沿》，2005 年第 11 期，頁 258～
262。

51. 趙雨樂：〈五代的后妃與政治〉，收入盧向前（主編）：《唐宋變革論》（合
肥：黃山書社，2006 年 5 月），頁 345～347。

52. 鄒志勇：〈宋代詩讖的類型劃分及心態解析〉，《晉陽學刊》，2006 年第 4
期，頁 110～112。

53. 黃寬重、刁培俊：〈學科整合、國際化趨勢與數位化時代的史學研究與教學
——著名學者黃寬重先生訪談錄〉，《歷史教學》，2006 年第 4 期，頁 11～
18。

54. 周琦：〈濟公李氏家族天台山佛緣考〉，載浙江天台海峽兩岸濟公文化交
流活動學術組編：《海峽兩岸濟公文化研討會論文匯編》，（2007 年 5 月），
頁碼不詳。

55. 黃夏年：〈湖隱方圓叟舍利銘考釋〉，《佛學研究》，2007 年，頁 197～207。

56. 楊作山：〈北宋時期秦州路考略〉，《寧夏社會科學》，總第 142 期（2007
年 5 月），頁 94～98。

57. 李燁、周忠慶：〈陝西洋縣南宋彭杲夫婦墓〉，〈附錄：彭杲墓誌銘〉，《文
物》，2007 年第 8 期，頁 57，67～70。

58. 楊果、劉廣豐：〈宋仁宗郭皇后被廢案探議〉，《史學集刊》，2008 年第 1
期（2008 年 1 月），頁 56～60。

59. 羅家祥：〈歐陽修與狄青之死〉，《學術月刊》，第 40 卷 4 月號，2008 年 4

月，頁 117～123。

60. 吳逢箴：〈曾鞏《隆平集‧唃廝囉傳》箋證〉，《西藏民族學院學報》（哲學社會科學版），第 29 卷第 5 期（2008 年 9 月），頁 52～57。

61. 羅家祥：〈從楊業、狄青看北宋武將的悲劇色彩〉，載李裕民（主編）：《首屆全國楊家將歷史文化研討會論文集》（北京：科學出版社，2009 年 1 月），頁 202～212。

62. 李華瑞：〈麟州楊氏族屬考〉，載李裕民（主編）：《首屆全國楊家將歷史文化研討會論文集》（北京：科學出版社，2009 年 1 月），頁 117～124。

63. 李裕民：〈楊業籍貫神木新證〉，《楊家將文化》，2009 年第三期（總第七期），頁 3～4。

64. 周琦：〈濟公祖墓考略〉，《台州社會科學》，2009 年第三期（總 107 期），頁 111～112。

65. 定邊縣三邊文化研究會副主席：〈白草原界堠碑考略〉，2009 年 7 月 29 日（陝北邊塞研討會網站）。

66. 張小平：〈相門高才：曾孝寬事蹟論略〉，《遼東學院學報》（社會科學版），第 11 卷第 5 期（2009 年 10 月），頁 132～136。

67. 張多勇：〈范仲淹構築的對夏戰爭的環慶路軍事防禦體系〉，載《第三屆中國范仲淹國際學術論壇論文匯編》（杭州：2009 年 11 月），頁 332～343。

68. 趙雨樂：〈北宋中期文武禦邊典範──論韓、范戰略與狄青陷陣〉，載張希清、范國強（主編）：《范仲淹研究文集》（五）（北京：北京大學出版社，2009 年 11 月，頁 87～99。

69. 孫旭：〈宋代駙馬升行探微〉，載姜錫東、李華瑞（主編）：《宋史研究論叢》第十輯（保定：河北大學出版社，2009 年 12 月），頁 51～61。

70. 陳瑋：〈後周綏州刺史李彝謹墓志銘考釋〉，杜建錄（主編）：《西夏學》，第五輯（首屆西夏學國際論壇專號上）（上海：上海古籍出版社，2010 年 10 月），頁 234～240。

71. 王仲堯：〈飛來峰上望　唱徹千山響──南宋靈隱寺佛海慧遠論〉，載《吳越佛教》第五卷，2010 年 3 月，頁碼不詳。

72. 《開封文化藝術網/汴梁文化》http://kf.orgcc.com/article/2010/10/2010101 24679.shtml）。

73. 王育濟、范學輝：〈宋太祖父母結緣傳奇的考實與解讀──宋太祖趙匡胤連載之二〉，《文史知識》，2010 年 7 期，頁 71～75。

74. 張云箏：〈論宣仁聖烈高太后〉，《華北水利水電學院學報》，第 26 卷第 6 期（2010 年 12 月），頁 84～87。

75. 李永磊：〈從古渭寨到通遠軍──北宋禦夏政策轉變的個案分析〉，《西夏研究》，2011 年第 1 期，頁 78～83。

76. 張應橋：〈北宋劉几墓志考釋〉，《四川文物》，2011 年第 3 期，頁 67～73。

77. 王雲裳：〈宋代軍隊經營活動中所涉及的法律刑名與懲處手段〉，《浙江社會科學》，2011 年第 7 期（2011 年 7 月），頁 107～111。

78. 羅家祥：〈北宋晚期的政局演變與武將命運——以王厚軍事活動爲例〉，《學術研究》，2011 年 11 期，頁 98～106。

79. 張多勇：〈宋代大順城址與大順城防禦系統〉，載《西夏學》第 7 輯（2011 年 10 月），頁 46～56。

80. 張多勇：〈宋代大順城與大順城防禦線〉，載劉文戈、馬嘯（主編）：《范仲淹與慶陽——紀念范仲淹知慶州 970 周年學術研討會論文集》（天津：天津古籍出版社，2012 年 1 月），頁 350～373。

81. 張明華：〈北宋宮廷的《長恨歌》——宋仁宗與張貴妃宮廷愛情研究〉，《咸寧學院學報》第 32 卷第 1 期（2012 年 1 月），頁 22～26。

82. 齊德舜：〈《宋史·阿里骨傳》箋證〉，《西藏研究》，2012 年第 2 期（2012 年 4 月），頁 28～36。

83. 李裕民：〈楊業是党項人還是漢人〉，載四川大學歷史文化學院（編）：《吳天墀教授百年誕辰紀念文集》（成都：四川人民出版社，2013 年 11 月），頁 324～330。

84. 趙振華：〈北宋官妾的生活狀態與特質——以出土墓志爲中心〉，《湖南科技學院學報》第 33 卷第 10 期（2012 年 10 月），頁 26，29～32。

85. 楊俊峰：〈賜封與勸忠——兩宋之際的旌忠廟〉，《歷史人類學學刊》第十卷第二期（2012 年 10 月），頁 33～62。

86. 張明華：〈南宋初年假冒宗室成員案發覆〉，《浙江學刊》，2012 年第 6 期，頁 75～79。

87. 伍伯常：〈蘇緘仕宦生涯考述：兼論北宋文宦參與軍事的歷史現象〉，《中國文化研究所學報》，新五十六期（2013 年 1 月），頁 101～141。

88. 齊德舜：〈《宋史·瞎征傳》箋證〉，《西藏研究》，2013 年第 3 期（2013 年 6 月），頁 17～26。

89. 仝相卿：〈北宋八大王趙元儼生平新探〉，《江西社會科學》，2013 年第 5 期，頁 140～144。

90. 張多勇、王淑香：〈北宋防禦西夏的前沿陣地環州城考略研究〉，《西夏研究》，2014 第 1 期，頁 12～20。

91. 梁偉基：〈北宋沿邊堡寨金湯城探微〉，《中國文化研究所學報》，第五十八卷（2014 年 1 月），頁 89～112。

92. 盧艷秋、廖桔香：〈北宋賜茶初探〉，《黑龍江史志》，2014 年 13 期，頁 2。

93. 苗潤博：〈《續資治通鑑長編》四庫底本之發現及其文獻價值〉，《文史》，2015 年第二輯，頁 221～243。

後　記

　　筆者第一本論述北宋武將的論文集《北宋武將研究》（香港：中華書局，2003）出版後，隨即覺得應該再在北宋外戚武將、內臣武將及蕃將方面進一步探索。為此，筆者在近十多年首先全力在北宋外戚武將這一課題用功，終於在 2013 年完成並出版《攀龍附鳳：北宋潞州上黨李氏外戚將門研究》（香港：中華書局，2013）一書。為配合該書的寫作，又先後撰寫〈北宋陳州宛丘符氏外戚將門考論〉、〈北宋保州保塞劉氏外戚將門事蹟考〉和〈北宋開封浚儀石氏外戚將門第三代傳人石元孫事蹟考述〉三篇考論北宋三家外戚將門事蹟的文章，作為襯托潞州上黨李氏外戚將門的綠葉。《攀龍附鳳》出版後，再賈餘勇，考論同樣籍屬潞州上黨、由太祖樞密使李崇矩起家，因第三代的李遵勖尚太宗幼女獻穆大長公主而成外戚的另一支潞州上黨外戚將門的事蹟。在 2013 年春首先寫成〈北宋公主之楷模：李遵勖妻獻穆大長公主〉一文，並在 2013 年 5 月在臺北東吳大學舉行的「第九屆史學與文獻學學術研究會暨慶祝陶晉生教授八十大壽慶典」會上宣讀，以賀家師陶晉生院士八十大壽慶典。為求訪得更多相關資料以修訂此文稿，筆者在 2014 年七月往開封考察，蒙河南大學程民生教授引領，前往開封市順河區崗西村查訪相傳李遵勖、李端懿父子的墓地（見本書插圖），可惜除了確定墓穴所在外，並無發現任何碑銘文物。

　　筆者在 2014 年底將此課題的第二部份寫好，即本書的第五篇〈北宋潞州上黨外戚子弟李端懿、李端愿、李端慤、李評事蹟考述〉。該文部份內容曾在 2014 年夏在杭州舉行的宋史年會宣讀。以上五篇收入本書的上篇部份，作為筆者研究北宋外戚將門一個階段的總結。

　　筆者一直希望開展宋代蕃將的研究，只爲過去除了研究外戚武將外，又集中精力研究宋代內臣。今年（2015）春，收到延安大學高建國博士的邀請，參加在是年七月初在陝北榆林市府谷縣舉行的陝北歷史文化暨府州折氏研究學術會議。因檢出舊藏有關綏州高氏蕃官家族的資料，趕寫出〈北宋綏州高氏蕃官將門研究〉一文。因會議論文字數的限制，會議上只宣讀部份研究成果。會後再寫畢全文，凡九萬餘字，列入本書的中篇。

　　本書取名爲《北宋武將研究續編》，事實上，本書下篇及附錄所收的六篇文章，其內容題材均與《北宋武將研究》（以下簡稱「舊編」）所收的舊文有密切關係。因筆者曾撰寫〈北宋楊家將第三代傳人楊文廣事蹟新考〉一文（收入《北宋武將研究》），故在2007年夏獲李裕民教授相邀，參加在陝北榆林市神木縣舉行的〈第一屆全國楊家將歷史文化研討會〉，並以〈將門學士：楊家將第四代傳人楊畋生平考述〉爲題作報告，頗獲研究楊家將事蹟的前輩友好注意。該文在2009年的會議論文集刊出後不久，筆者卻在中央研究院的宋代碑拓精華資料庫找到2002年在洛陽出土的〈楊畋墓誌銘〉及〈楊畋妻陶氏墓銘〉，筆者趕緊閱讀並寫成〈楊家將研究的新史料：讀楊畋『楊畋妻陶氏墓銘』及王陶『楊畋墓誌銘』〉，作爲前文的補充。楊畋一文既是筆者楊家將研究的延續，而他的儒將身份，也是筆者研究宋代儒將另一案例。筆者於2013年夏還有幸前往洛陽新安縣的千唐志齋博物館，親手撫摸藏於該館第十四室的楊畋妹壽陽縣君墓誌碑石及其夫婿張景儒墓誌碑石（見本書插圖），算得上是與北宋楊家將結的大好緣份。

　　舊編收有〈敗軍之將劉平——兼論宋代的儒將〉一文），年前有幸檢得其弟劉兼濟的墓誌銘拓片，於是撰成〈北宋邊將劉兼濟事蹟考〉一文，既作爲劉氏將門事蹟的補充，亦提供另一個北宋邊將的案例。本書另有兩篇文章，均與劉平事蹟生平相關，其一就是本書上篇的石元孫事蹟考述，蓋石元孫爲劉平三川口之役同時被俘的副將，可補充劉平的研究。其二就是楊畋的研究，正如上文所述，楊畋的儒將身份及其軍旅生涯的成敗，正好與劉平作一比較。

　　舊編收有兩文〈狄青麾下兩虎將——張玉與賈逵〉、〈狄青故事的傳述者——狄家將第二代傳人狄諮與狄詠事蹟考〉，分別考述狄青麾下兩員起於行伍的大將賈逵與張玉，以及其二子狄諮、狄詠的事蹟。本書下篇收入〈狄諮卒年考〉及〈范仲淹麾下大將范恪事蹟考〉二文，除了補考狄諮的卒年外，又借助新近出土的兩篇墓誌銘，考述與狄青齊名而同起於行伍的名將范恪事蹟。

　　舊編最後一篇，是考論种師道、种師中兄弟在靖康之難的事蹟，筆者今次借助新出土的〈彭㕲墓誌銘〉，撰成〈南宋初年一則有關种師道的神話〉一文，作爲种師道生平事蹟的一點補充，因所論的時間已入南宋初，故將此文放入本書〈附錄〉。

　　筆者曾撰〈宋初內臣名將秦翰事蹟考〉、〈宋初高級內臣閻承翰事蹟考〉二文，考述北宋內臣武將事蹟，惟筆者擬將內臣武將研究的文章，收入宋代內臣研究之論文集，故本書不收錄上述二文。

　　本書除第五及第六篇外，其餘各篇均曾在香港及大陸的學報或論文集刊載。這次編集成書，也作出應有的修訂：除補入初稿未有引用的史料外，也參考了近年的相關研究成果，以補充或修訂前說。另外在引用宋代史籍時，亦盡量採用最近數年新出版的點校本，包括《宋會要輯稿》、《隆平集》、《建炎以來繫年要錄》、《文獻通考》、《皇宋十朝綱要》、《宋太宗皇帝實錄》等書。惟使用時亦參考舊有版本，以資比較。

　　以上是本書各篇的撰寫始末。

　　家師陶晉生院士當年爲舊編賜序，勉勵有嘉。現再爲本書賜序，師恩浩大，不知何以爲報，惟有加倍努力，不敢有辱師門。

　　羅球慶老師除了常透過電話及電郵對筆者之研究時加關注外，每年重陽前後都會從美國回來與我們相聚，並對筆者的文稿加以指正。師恩不敢有忘。

　　本書得以出版，十分感謝學長兼摯友東吳大學黃兆強教授的大力推薦。花木蘭文化出版社總編輯杜潔祥先生、社長高小娟女史不嫌拙著淺陋，慷慨接納出版，銘感不已。

　　亦師亦友的何漢威學長多年來一直支持筆者之研究，常寄贈在香港不易找到的資料，包括中央研究院藏的符氏後人墓誌銘以及許多學報文章。筆者每次往中央研究院尋找資料，均賴何學長代訂房間，而工作上、人事上之不愜，又常得到他的開解與支持，隆情厚義實感激不盡。

　　筆者對宋代佛教史所知有限，有賴精通宋代佛教史的同門黃啓江大學長不時賜告許多與本書有關的重要史料，以及精確的評論。筆者更要感謝的是，黃學長多年來更不斷從遠方給予無比的關懷及鼓勵。而他賜贈一本又一本迄今八冊的宋代佛教史的巨著，和一章又一章數十首禪意高逸的詩詞，均激勵著筆者不敢有一絲的怠惰。

　　本書多篇文章，在學術會議宣讀時，每每得到陝西師範大學李裕民教授

在史料上及觀點上的不吝賜正，李教授又特為前著《攀龍附鳳》撰寫極有啟發性的書評。李教授常規勸筆者勿過勞，需要作適當的休整，又建議我應向南宋研究方面著力。這二十多年來的得到他如同師長般的教誨，實在感激不盡。

內子惠玲多年來風雨同舟，筆者於家事及工作有不如意時，她便多方開解及體諒，愛女思齊得以健康成長，全賴惠玲無微不至的照顧。今年逢「登陸」之年，得以從繁重的全職工作崗位退下來，惠玲每天賜我以清茶淡飯，監督我起居飲食，不許我再徹夜不眠地筆耕苦讀，家有賢妻，實是我莫大的福氣。

筆者更要衷心感謝自幼啟迪、支持我學習歷史的大家姐何合時女史。回憶幼年時，常聆聽家父與她講各樣的故事，而她所藏的中學中國及世界歷史教科書（放在筆者床邊的大書櫃），以及她所藏的《國史精華表》（她的中學業師連普英編撰於 1962 年），是筆者自小學至初中時閱讀及參考的「經典」。因得力於閱遍這些課本，故筆者能在中學的歷史科的學習上順利過關，並產生更大的學習興趣，選擇在大學主修歷史。筆者在 1967 年夏升中學的時候，家姐除贈我一套精美的《三國演義》連環圖外，更應我當時不知高低的要求，買了一套價值不菲的北京中華書局新出版的點校本《史記》以茲獎勵。這是我第一次接觸閱讀中國史學的經典。當年她常帶我去位於香港中環的商務印書館及上海印書館看書，我的「打書釘」習慣便由此養成。我在大學及研究院唸歷史，當時說來有點「不合時宜」，但她從不干預以至影響我改唸較「熱門」的科目。回首前塵，今天能好好讀幾本歷史書，除了要感激羅球慶老師、陶晉生老師多年來的悉心教導，海外海內眾師友同門的砥礪外，家人的無言支持是最當感激的。近年老父身體大不如前，賴家姐與四姐添才女史及小弟冠群、小妹添笑無私的照顧，疚愧之餘是感激不盡的。謹以此書獻給家姐，祝願她健康快樂。

2015 年 9 月 24 日何冠環識於香港鰂魚涌惠安苑蝸居